宋本春秋胡傳

第一册

宋 胡安國撰

中國國家圖書館藏宋刻本（袁克文跋）

山東人民出版社·濟南

圖書在版編目（CIP）數據

宋本春秋胡傳 /（宋）胡安國撰 .— 濟南：山東人民出版社，2024.3

（儒典）

ISBN 978-7-209-14313-4

Ⅰ．①宋… Ⅱ．①胡… Ⅲ．①《春秋》- 注釋 Ⅳ．① K225.04

中國國家版本館 CIP 數據核字（2024）第 035990 號

項目統籌：胡長青

責任編輯：張艷艷

裝幀設計：武　斌

項目完成：文化藝術編輯室

宋本春秋胡傳

〔宋〕胡安國撰

主管單位　山東出版傳媒股份有限公司

出版發行　山東人民出版社

出 版 人　胡長青

社　　址　濟南市市中區舜耕路517號

郵　　編　250003

電　　話　總編室（0531）82098914

　　　　　市場部（0531）82098027

網　　址　http://www.sd-book.com.cn

印　　裝　山東華立印務有限公司

經　　銷　新華書店

規　　格　16開（160mm×240mm）

印　　張　33.5

字　　數　268千字

版　　次　2024年3月第1版

印　　次　2024年3月第1次

ISBN 978-7-209-14313-4

定　　價　80.00圓（全二册）

《儒典》選刊工作團隊

學術顧問　杜澤遜　李振聚　徐　泳

項目統籌　胡長青

責任編輯　劉　晨　劉嬌嬌　張艷艷
　　　　　吕士遠　趙　菲　劉一星

前言

中國是一個文明古國、文化大國，中華文化源遠流長，博大精深。在中國歷史上影響較大的是孔子創立的儒家思想，因此整理儒家經典、注解儒家經典，爲儒家經典的現代化闡釋提供权威、典范、精粹的典籍文本，是推進中華優秀傳統文化創造性轉化、創新性發展的奠基性工作和重要任務。

中國經學史是中國學術史的核心，歷史上創造的文本方面和經解方面的輝煌成果，大量失傳了。西漢是經學的第一個興盛期，除了當時非主流的《詩經》毛傳以外，其他經師的注釋後來全部失傳了。東漢的經解祇有鄭玄、何休等少數人的著作留存下來，其餘也大都失傳了。南北朝至隋朝興盛的義疏之學，其成果僅有皇侃《論語疏》幸存於日本。五代時期精心校刻的《九經》、北宋時期國子監重刻的《九經》以及校刻的單疏本，也全部失傳。南宋國子監刻的單疏本，我國僅存《周易正義》、《爾雅疏》、《春秋公羊疏》（三十卷殘存七卷）、《春秋穀梁疏》（十二卷殘存七卷），日本保存了《尚書正義》、《毛詩正義》、《禮記正義》（七十卷殘存八卷）、《周禮疏》（日本傳抄本）、《春秋公羊疏》（日本傳抄本）、《春秋正義》（日本傳抄本）。南宋兩浙東路茶鹽司刻八行本，我國保存下來的有《周禮疏》、《禮記正義》、《春秋左傳正義》（紹興府刻）、《論語注疏解經》（二十卷殘存十卷）、《孟子注疏解經》（存臺北『故宫』），日本保存有《周易注疏》《尚書正義》（凡兩部，其中一部被清楊守敬購歸）。南宋福建刻十行本，我國僅存《春秋穀梁注疏》、《春秋左傳注疏》（六十卷，一半在大陸，一半在臺灣），日本保存有《毛詩注疏》《春秋左傳注疏》。從這些情況可以看出，經書代表性的早期注釋和早期版本國内失傳嚴重，有的僅保存在東鄰日本。

鑒於這樣的現實，一百多年來我國學術界、出版界努力搜集影印了多種珍貴版本，但是在系統性、全面性和準確性方面都還存在一定的差距。例如唐代開成石經共十二部經典，石碑在明代嘉靖年間地震中受到損害，明代萬曆初年西安府學等學校師生曾把損失的文字補刻在另外的小石上，立於唐碑之旁。近年影印出版唐石經拓本多次，都是以唐代石刻與明代補刻割裂配補的裱本爲底本。由於明代補刻采用的是唐碑的字形，這種配補本難以區分唐刻與明代補刻，不便使用，亟需單獨影印唐碑拓本。

爲把幸存於世的、具有代表性的早期經解成果以及早期經典文本收集起來，系統地影印出版，我們規劃了《儒典》編纂出版項目。

《儒典》出版後受到文化學術界廣泛關注和好評，爲了滿足廣大讀者的需求，現陸續出版平裝單行本。共收録一百十一種元典，共計三百九十七册，收録底本大體可分爲八個系列：經注本（以開成石經、宋刊本爲主。開成石經僅有經文，無注，但它是用經注本删去注文形成的）、經注附釋文本、纂圖互注本、單疏本、八行本、十行本、宋元人經注系列、明清人經注系列。

《儒典》是王志民、杜澤遜先生主編的。本次出版單行本，特請杜澤遜、李振聚、徐泳先生幫助酌定選目。特此説明。

二〇二四年二月二十八日

目録

第一册

第二册

春秋胡氏傳三十卷

此胡氏原本宋刊尚有巾箱本大字本或疑此為元刊以其雙欄也不知宋刊亦有雙欄者而元刊此書無左朝散郎充徽猷閣待制提舉江州太平觀賜紫金魚袋臣胡安國奉聖旨纂修二行近見元刊殘本可以證矣乙卯二月初七日寒雲記於來福堂

春秋傳卷第一

左朝散郎充徽猷閣待制提舉江州太平觀賜紫金魚袋臣胡安國奉
聖旨纂修

隱公上

孟子曰王者之迹熄而詩亡詩亡然後春秋作今按邶鄘而下多春秋時詩也而謂詩亡然後春秋作何也自黍離降爲國風天下無復有雅而王者之詩亡矣春秋作於隱公適當雅亡之後又按小雅正月刺幽王詩也而曰赫赫宗周褒姒滅之逮魯孝公之末幽王已爲犬戎所斃惠公初年周既東矣春秋不作於孝公惠公者東遷之始流風遺俗猶有存者鄭武公入爲司徒善於其職則猶用賢也晉侯捍王于艱錫之秬鬯則猶有誥命也王曰其歸視爾師則諸侯猶來朝也義和之薨謚爲文侯則列國猶有請也及平王在位日久不能自強於政治棄其九族葛藟有終遠兄弟之刺不撫其民周人有東薪蒲楚之譏至其晚年失道滋甚乃以天

親一作[illegible]

王之尊下賵諸侯之妾於是三綱淪九法斁人望絕矣夫婦人倫之本朝廷風化之原平王子母適冢正后親遭褒姒之難廢黜播遷而宗國顛覆亦可省矣又不是懲而賵人寵妾是拔本塞源自戚之也春秋於此蓋有不得已焉爾矣託始乎隱不亦深切著明也哉

元年

即位之一年必稱元年者明人君之用也大哉乾元萬物資始天之用也至哉坤元萬物資生地之用也成位乎其中則與天地參故體元者人主之職而調元者宰相之事元即仁也仁人心也春秋深明其用當自貴者始故治國先正其心以正朝廷與百官而遠近莫不壹於正矣春秋立文兼述作按舜典紀元日商訓稱元祀此經書元年所謂祖二帝明三王述而不作者也正次王王次春乃立法創制裁自聖心無所述於人者非史冊之舊文矣

春王正月

按左氏曰王周正月周人以建子爲歲首則冬十有一月是也前乎周者以丑爲正其書始即位曰惟元祀十有二月則知月不易也後乎周者以亥爲正其書始建國曰元年冬十月則知時不易也建子非春亦明矣乃以夏時冠周月何哉聖人語顔回以爲邦則曰行夏之時作春秋以經世則曰春王正月此見諸行事之驗也或曰非天子不議禮仲尼有聖德無其位而改正朔可乎曰有是言也不曰春秋天子之事乎以夏時冠月垂法後世以周正紀事示無其位不敢自專也其旨微矣加王於正者公羊言大一統是也國君逾年改元必行告廟之禮國史主記時政必書即位之事而隱公闕焉是仲尼削之也古者諸侯繼世襲封則内必有所承爵位土田受之天子則上必有所稟内不承國於先君上不稟命於天子諸大夫扳已以立而遂立焉是與爭亂造端而簒弑所由起也春秋首絀隱公以明大法父子君臣之倫正矣

三月公及邾儀父盟于蔑不日

魯侯爵而其君稱公此臣子之詞春秋從周之文而不革者也我所欲曰及邾者魯之附庸儀父其君之字也何以稱字中國之附庸也王朝大夫例稱字列國之命大夫例稱字諸侯之兄弟例稱字中國之附庸例稱字其常也聖人按是非定褒貶則有例當稱字或黜而書名例當稱人或進而書字其變也常者道之正變者道之中春秋大義公天下以講信修睦爲事而刑牲歃血要質鬼神則非所貴也故盟有弗獲已者而汲汲欲焉惡隱公之私也或言褒其首與公盟而書字失之矣

夏五月鄭伯克段于鄢

用兵大事也必君臣合謀而後動則當稱國命公子呂爲主帥則當稱將出車二百乘則當稱師三者咸無稱焉而專目鄭伯是罪之在伯也猶以爲未足又書曰克段于鄢克者力勝之詞不稱弟路人也于鄢操之爲已蹙矣夫君親無將段將以弟簒兄以臣伐君必誅之罪也而莊公特不勝其母焉爾曷爲縱釋叔段移於莊

公與法若是失輕重哉曰姜氏當武公存之時常欲立段矣及公既沒姜以國君嫡母主乎内段以寵弟多才居乎外國人又悅而歸之恐其終將軋己爲後患也故授之大邑而不爲之所縱使失道以至於亂然後以叛逆討之則國人不敢從姜氏不敢主而大叔屬籍當絕不可復居父母之邦此鄭伯之志也王政以善養人推其所爲使百姓興於仁而不偷也况以惡養天倫使陷於罪因以翦之乎春秋推見至隱首誅其意以正人心示天下爲公不可以私亂也垂訓之義大矣

秋七月天王使宰咺來歸惠公仲子之賵

上古應時稱號故其名三變春秋以天自處創制立名繫王於天爲萬世法其義備矣冢宰稱宰咺者名也王朝公卿書官大夫書字上士中士書名下士書人咺位六卿之長而名之何也仲子惠公之妾爾以天王之尊下賵諸侯之妾是加冠於屨人道之大經拂矣天王紀法之宗也六卿紀法之守也議紀法而修諸朝廷之

上則與聞其謀頒紀法而行諸邦國之間則專掌其事而承命以賵諸侯之妾是壞法亂紀自王朝始也春秋重嫡妾之分故特貶而書名以見宰之非宰矣或曰僖公之母成風亦莊公妾也其卒也王使榮叔歸含且賵其葬也王使召伯來會葬下賵諸侯之妾而名其宰榮召何以書字而不名也於前賵仲子則名冢宰於後葬成風王不稱天其法嚴矣

九月及宋人盟于宿 不日

內稱及外稱人皆微者其地以國宿亦與焉微者盟會不志于春秋此其志者有宿國之君也凡書盟者惡之也或曰周官有司盟掌盟載之法詛祝作其詞玉府共其器戎右役其事太史藏其約蘇公亦曰出此三物以詛爾斯夫盟以結信出於人情先王猶不禁也而謂凡書盟者惡之可乎曰盟以結信非先王所欲而不禁逮德下衰欲禁之而不克也春秋之時會而歃血其載果掌於司盟猶不以為善也又况私相要誓慢鬼神犯刑政以成傾危之習哉

今魯既及儀父宋人盟矣尋自叛之信安在乎故知凡書盟者惡之也

冬十有二月祭伯來

按左氏曰非王命也祭伯畿内諸侯爲王卿士來朝于魯而直書曰來不與其朝也人臣義無私交大夫非君命不越境所以然者杜朋黨之原爲後世事君而有貳心者之明戒也惟此義不行然後有藉外權如綴留之語韓宣惠者交私議論如莊助之結淮南者倚强藩爲援以脅制朝廷如唐盧携之於高駢崔胤之於宣武昭緯之於邠岐者矣經於内臣朝聘告赴皆貶而不與正其本也豈有誣上行私自植其黨之患哉

公子益師卒

凡公子公孫登名於史冊貴戚之卿也不書官者故待講程頤以謂不與其以公子故而自爲卿也古者諸侯大夫皆命於天子卿卒必書此春秋貴大臣之意其不日公羊以爲遠然公子彄遠矣

而書日則非遠也穀梁以爲惡然公子牙季孫意如惡矣而書日則非惡也左氏以爲公不與小斂然公孫敖卒于外而公在內叔孫得臣卒于內而公在外不與小斂明矣而書日左氏之說亦非也其見恩數之有厚薄歟

二年春公會戎于潛

戎狄舉號外之也天無所不覆地無所不載天子與天地參者也春秋天子之事何獨外戎狄乎曰中國之有戎狄猶君子之有小人內君子外小人爲泰內小人外君子爲否春秋聖人傾否之書內中國而外四夷使之各安其所也無不覆載者王德之體內中國外四夷者王道之用是故以諸夏而親戎狄致金繒之奉首顧居下其策不可施也以戎狄而朝諸夏位侯王之上亂常失序其禮不可行也以羌胡而居塞內無出入之防非我族類其心必異萌猾夏之階其禍不可長也爲此說者其知內外之旨而明於馭戎之道正朔所不加也奚會同之有書會戎譏之也

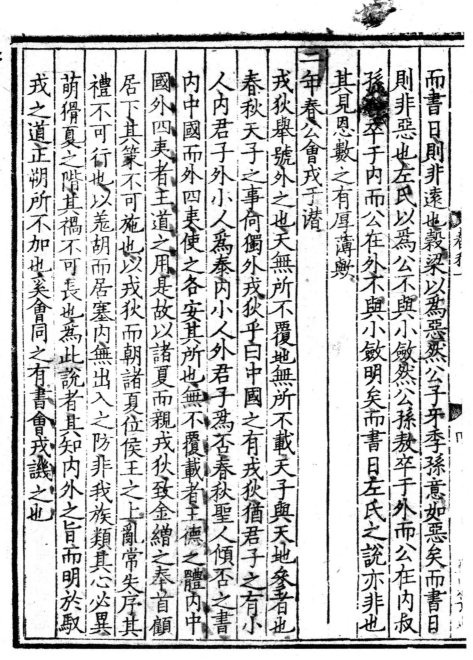

盟而書日獨志事也

夏五月莒人入向無駭帥師入極

左氏曰莒子娶于向向姜不安莒而歸莒人入向以姜氏還此所謂按也春秋書曰莒人入向此所謂斷也以事言之入者造其國都以義言之入者逆而不順莒稱人小國也無駭不氏未賜族也其書帥師用大衆也非王命而入人國邑逞其私意見諸侯之不臣也擅興而征討不加焉見天王之不君也據事直書而義自見矣

秋八月庚辰公及戎盟于唐

按費誓稱淮夷徐戎此蓋徐州之戎久居中國在魯之東者也韓愈氏言春秋謹嚴君子以爲深得其旨所謂謹嚴者何謹乎莫謹於華夷之辨矣中國而夷狄則狄之夷狄猾夏則膺之此春秋之旨也而與戎歃血以約盟非義矣是故成於日者必以事繫日而前此盟于蔑則不日盟于宿則不日後此盟于密則不日盟于石門則不日獨盟于唐而書日者謹之也後世乃有結戎狄以許婚而配耦非其類如西漢之於匈奴約戎狄以求援而華夏被其

毒如肅宗之於回紇信戎狄以與盟而臣主蒙其恥如德宗之於尚結贊雖悔於終亦將奚及春秋謹唐之盟垂戒遠矣

九月紀履緰來逆女冬十月伯姬歸于紀

按穀梁子逆女親者也使大夫非正也魯哀公問冕而親迎不以重乎孔子對曰合二姓之好以爲宗廟社稷主君何謂已重乎文定厥祥親迎于渭造舟爲梁不顯其光則世子而親迎也韓侯娶妻蹶父之子韓侯迎止于蹶之里則諸侯而親迎也有夫婦然後有父子有父子然後有君臣夫婦人倫之本也逆女必親使大夫非正也入春秋之始名宰咺歸賵以譏亂法書履緰逆女以志變常衆妾之分定矣大昏之禮嚴矣

紀子伯莒子盟于密 不日

凡闕文有斷以大義削之而非闕者有本據舊史因之而不能益者亦有先儒傳受承誤而不敢增者如隱不書即位桓不書王昭葬成風王不書天吳楚之君卒不書葬之類皆斷以大義削之而

非闕也甲戌己丑夏五紀子伯莒子盟于密之類或曰本據舊史因之而不能益者也或曰先儒傳受承誤而不敢增者也闕疑而愼言其餘可矣必曲爲之說則鑿矣

十有二月乙卯夫人子氏薨

按穀梁子曰夫人子氏者隱之妻也卒而不書葬夫人之義從君者也邦君之妻國人稱之曰小君卒則書薨以明齊也先卒則不書葬以明順也有夫婦然後有父子有父子然後有君臣夫婦人倫之本也入春秋之始於子氏書薨不書葬明示大倫俾知其義則夫夫婦婦而家道正矣

鄭人伐衛

按左氏鄭共叔之亂公孫滑出奔衛衛人爲之伐鄭取廩延至是鄭人伐衛討滑之亂也凡兵聲罪致討曰伐潛師入境曰侵兩相接曰戰繯其城邑曰圍造其國都曰入徙其朝市曰遷毀其宗廟社稷曰滅詭道而勝之曰敗悉虜而俘之曰取輕行而掩之曰

襄已去而躡之曰追聚兵而守之曰戍以弱假強而能左右之曰以皆誌其事實以明輕重內兵書敗曰戰書滅曰取特婉其詞爲君隱也征伐天子之大權今鄭無王命雖有言可執亦王法所況於修怨乎不書戰者程氏以爲衛已服也衛服則可免矣此蓋施於伐而不書戰皆可通矣

三年春王二月己巳日有食之

經書日食三十六去之千有餘歲而精曆筭者所能致也其行有常度矣然每食必書亦後世治曆明時之法也有常度則災而非異矣然每食必書亦後世遇災而懼之意也日者衆陽之宗人君之表而有食之災咎象也克謹天戒則雖有其象而無其應弗克畏天災咎之來必矣凡經所書者或妾婦乘其夫或臣子背君父或政權在臣下或夷狄侵中國皆陽微陰盛之證也是故十月之交詩人以刺日有食之春秋必書以戒人君不可忽天象也

三月庚戌天王崩

崩者上墜之形春秋歷十有三王桓襄匡簡景志崩志葬者赴告及魯往會之也平惠定靈志崩不志葬者赴告雖及魯不會也莊僖頃崩葬皆不志者王室不告魯亦不往也諸侯爲天王服斬衰禮當以所聞先後而奔喪今平王崩周人來訃而隱公不往是無君也其罪應誅不書而自見矣或曰萬國至衆也封疆至重也天王之喪不得越境以奔而修服於國卿共弔送之禮訖葬卒哭而除喪禮乎按周書康王之誥太保率西方諸侯入應門左畢公率東方諸侯入應門右再拜趨出王反喪服此奔喪王之長者安得以爲修服於國而可乎故周人有喪魯人有喪周人往弔訃使人可也魯人不往謂當親之者而不可使人代也諸侯歲時或朝覲於京師或會同於方嶽或從兵革征討之事越境踰時不以爲難何獨難於奔喪而薄君臣始終存殁之義哉大非先王之禮失春秋之義矣

夏四月辛卯尹氏卒

尹氏天子大夫世執朝權爲周階亂家父所刺秉國之均不平謂何者是也因其告喪與立子朝以朝奔楚皆以氏書者志世卿非禮爲後鑒也或曰世卿非禮褒賞者華何以作平日功臣之世土其禄世卿之官嗣其位禄以報功也故其世可延位以与賢也以其官當擇官不擇人世授之柄黨與既衆威福下移大姦根據莫除人主孤立而無助國不亡幸爾春秋於周書尹氏武氏仍叔之子於魯書季友仲遂皆志其非禮也公羊子此說必有所受矣

秋武氏子來求賻

武氏天子之大夫何以不稱使當喪未君非王命也嗣子定位於初喪其曰未君何也古者君薨諒陰百官總已以聽於冢宰三年夫百官總己以聽則是攝行軍國之事也以非王命而不稱使春秋之旨微矣於以謹天下之通喪而嚴君臣之名分也夫賻以貨財則生者所須索也君取於臣不言求而曰求賻求車求金皆甚天王之失道也上失其道則下不臣矣

八月庚辰宋公和卒

外諸侯卒國史承告而後書聖人皆存而弗削曷爲弗削春秋天子之事也古者諸侯之邦交間問殷聘世相朝蓋王事相從則有和好之情及告終易代則有弔恤之禮是諸侯所以睦鄰國也周制王哭諸侯則大宗伯爲上相司服爲王制緦麻宰夫掌邦之弔事戒令與其幣器財用是王者所以懷諸侯也凡諸侯卒皆存弗削而交鄰國待諸侯之義見矣卒而或日或不日者何謹則書日慢則書時其大致然也卒而或名或不名者何會盟則名於載書聘問則名於簡牘未嘗會盟聘問而無所證者雖使至喪其名亦不可得而知矣凡此類因舊史而不革者也諸侯曰薨大夫曰卒五等邦君何以書卒夫子作春秋則有革而不因者周室東遷諸侯放恣專享其國而上不請命聖人奉天討以正王法則有貶黜之刑矣因其告喪特書曰卒不與其爲諸侯也故曰知我者其惟春秋乎罪我者其惟春秋乎

冬十有二月齊侯鄭伯盟于石門（不日）

外盟會常事也何以書在春秋之亂世常事也於聖人之王法則非常也有虞氏未施信於民而民信夏后氏未施敬於民而民敬殷人作誓而民始畔周人作會而民始疑孔子曰大道之行與三代之英丘未之逮也而有志焉諸侯會盟來告則書而弗削者其諸以是爲非常典而有志於天下爲公之世乎故凡書盟者惡之也

癸未葬宋穆公

外諸侯葬其事則因魯會而書其義則聖人或存或削曷爲或存或削春秋天子之事也傳稱諸侯五月而葬同盟至同盟謂同方嶽之盟者其生講會同之好其沒有葬送之禮是諸侯所以睦鄰國也按周制有職喪掌諸侯之喪禮涖其禁令序其事凡諸侯及諸臣葬於墓者則冢人授之兆爲之蹕而均其禁是王者所以懷諸侯也外諸侯葬或存或削而交鄰國待諸侯之義見矣葬而或日或不日者何備則書日略則書時其大致然也卒而或葬或不

葬者何有怠於禮而不葬者有弱其君而不葬者有討其賊而不葬者有諱其辱而不葬者有治其罪而不葬者有避其號而不葬者宋殤齊昭告亂書弒矣而經不書葬是討其賊而不葬者也晉主夏盟在景公時告喪書日矣而經不書葬是諱其辱而不葬者也魯宋盟會未嘗不同而三世不葬是治其罪而不葬者也吳楚之君書卒者十亦有親送於西門之外者矣而經不書葬是避其號而不葬者也怠於禮而不往弱其君而不會無其事闕其文魯史之舊也討其賊而不葬諱其辱而不葬治其罪而不葬避其號而不葬聖人所削春秋之法也故曰知我者其惟春秋乎罪我者其惟春秋乎

丟卷六

春秋傳卷第二

隱公中

四年春王二月莒人伐杞取牟婁

取者收奪之名牟婁杞邑也聲罪伐人而強奪其土故特書曰取以著其惡或曰諸侯土地上受之天王下傳之先祖所以守宗廟之典籍也聖王不作諸侯放恣強者多兼數圻弱者日以侵削當是時有取其故地者矣豈不可然僖公嘗取濟西田矣成公嘗取汶陽田矣亦書曰取何也苟不請於天王以正疆理而擅兵爭奪雖取本邑與奪人之有者無以異春秋之義不以亂易亂故亦書曰取正其本之意也上二年莒人擅興入向而天討不加焉至是伐國取邑其暴益肆矣

戊申衛州吁弑其君完

此衛公子州吁也而削其屬籍特以國氏者罪莊公不待之以公子之道使預聞政事主兵權而當國也以公子之道待州吁教以

義方弗納於邪石以賤妨貴少陵長則桓公之位定矣亂何由作州吁有寵好兵而公弗禁石碏盡言極諫而公弗從是不待以公子之道使預聞政事主兵權而當國也春秋之旨在於端本清源以衛詩綠衣諸篇考之所謂前有讒而不見後有賊而不知者莊公是也其不稱公子而以國氏著後世爲人君父者之戒耳故傳有之曰爲人君父而不通春秋之義者必蒙首惡之名

夏公及宋公遇于清

遇者草次之期古有遇禮不期而會以明造次亦有恭肅之心春秋書遇私爲之約自此於不期而遇者直欲簡其禮耳簡略慢易無國君之禮則莫適主矣故志内之遇者三而皆書及若曰以此及彼然也志外之遇者四而皆以爵若曰以尊及卑然也其意以爲莫適主者異於古之不期而會矣故凡書遇者皆惡其無人君相見之禮也

宋公陳侯蔡人衛人伐鄭

春秋之法誅首惡與是役者首謀在衛而以宋主兵何也前者州吁弑君其罪已極至是阻兵脩怨勿論可也而鄰境諸侯聞衛之有大變也可但已乎田常弑簡公孔子沐浴而朝告於哀公請討之公曰告夫三子者子曰以吾從大夫之後不敢不告也之三子告不可子曰以吾從大夫之後不敢不告也然則鄰有弑逆聲罪赴討雖先發而後聞可矣宋殤不恤衛有弑君之難欲定州吁而從其邪說是肆人欲滅天理非人之所爲也故以宋公爲首諸國爲從亦誅亂臣討賊子必先治其黨與之法也此義行爲惡者孤矣故曰春秋成而亂臣賊子懼

秋翬帥師

按左氏諸侯謀伐鄭宋公使來乞師公辭之羽父請以師會之公弗許固請而行易曰履霜堅冰至履霜陰始凝也馴致其道至堅冰也臣弑其君子弑其父非一朝一夕之故其所由來者漸矣由辨之不早辨也宋人來乞師而公辭之羽父請以師會而公弗許

其辭而弗許義也翬以不義彊其君固請而行無君之心兆矣夫公子公孫升爲貴戚之卿者其植根膠固難御於異姓之卿況翬已使主兵而方命乎隱公不能辨之於早罷其兵權猶使之帥師也是以及鍾巫之禍春秋於此去其公子以謹履霜之戒

會宋公陳侯蔡人衛人伐鄭

春秋立義至精詞極簡嚴而不贅也若曰翬帥師會伐鄭豈不白乎再序四國何其詞費不憚煩也言之重詞之複其中必有大美惡焉四國合黨翬復會師同伐無罪之邦欲定弑君之賊惡之極也言之不足而再言聖人之情見矣天地造物化工運其神春秋討賊聖筆寫其意再序四國而誅討亂臣之法嚴矣

九月衛人殺州吁于濮

伐鄭稱人責詞也殺州吁稱人衆詞也知然者伐鄭之役公孫文仲爲主將而變文稱人則是指國人聽州吁號令從文仲而南行者也故曰責詞其殺州吁則石碏謀之而使右宰醜涖也變文稱

人則是人皆有欲討賊之心亦夫人之所得討也故曰衆詞公羊子曰稱人者何討賊之辭也其義是矣于濮者憫衛國之人著諸侯之罪也衛人失賊而曰著諸侯之罪何也夫州吁二月弒君而不能即討者緣四國連兵欲定其位故久然後能殺之于濮耳非諸侯之罪而何夫以討賊許衆人而以失賊罪鄰國與賊者寡矣故曰春秋成而亂臣賊子懼

冬十有二月衛人立晉

人衆辭立者不宜立也晉雖諸侯之子内不承國於先君上不禀命於天子衆謂宜立而遂自立焉可乎故春秋於衛人特書曰立所以著擅置其君之罪於晉絶其公子所以明專有其國之非以此垂法而父子君臣之義明矣未有爲子而不受之父也未有爲諸侯而不受之王也

五年春公觀魚于棠

齊景公問於晏子吾欲觀於轉附朝舞遵海而南放於琅琊何修

而可以比於先王觀也對曰天子適諸侯曰巡狩巡所守也諸侯朝於天子曰述職述所職也無非事者春省耕而補不足秋省斂而助不給是故諸侯非王事則不出非民事則不出令隱公慢棄國政遠事逸遊僖伯之忠言不見納亦已矣文從而爲之辭是縱欲而不能自克之以禮也能無鍾巫之及乎特書觀魚譏之也

夏四月葬衛桓公

衛亂是以緩魯往會故書聖人存而弗削者弑逆之賊討矣謚者行之迹所以紀實德垂勸戒也名之曰幽厲雖孝子慈孫百世不能改失位而見弑何以爲桓列爵惟五皆王命也衛本侯爵何以稱公見臣子不請於王而私自謚爾程氏曰正終大事也必於正寢而不沒於婦人之手豈苟然乎死而加之不正之謚知忠孝者不忍爲也春秋於邦君薨正以王法而書卒至於葬則從其私謚而稱公或革或因前以貶不臣順之諸侯後以罪不忠孝之臣子詞顯而義微皆所以遏人欲存天理大居正也

秋衛師入郕

稱師者紀其用衆而立義不同有矜其盛而稱師者如齊師宋師曹師城邢之類是也有著其暴而稱師者楚滅陳蔡公子弃疾主兵而曰楚師之類是也有惡其無名不義而稱師者次于郎以俟陳蔡及齊圍郕之類是也衛宣繼州吁暴亂之後不施德政固本恤民而毒衆臨戎入人之國失君道矣書衛師入郕著其暴也

九月考仲子之宮

考者始成而祀也其稱仲子者惠公欲以愛妾爲夫人隱公欲以庶弟爲適子聖人以爲諸侯不再娶於禮無二適孟子入惠公之廟仲子無祭享之所爲別立宮以祀之非禮也故因其來賵而正名之曰仲子之賵因其考宮而正名之曰仲子之宮而夫人衆妾之分定矣隱公攝讓之實辨矣桓公簒弑之罪昭矣存則以氏繫姓以姓繫號没則以謚繫號以姓繫謚者夫人也存不稱號没不稱謚單舉姓字者妾也凡宮廟非志災失禮則不書

初獻六羽

初獻六羽者始用六佾也不謂之佾而曰羽者佾干羽之揔稱也羽以象文德干以象武功婦人無武事則獨奏文樂故謂之羽而不曰佾也初者事之始魯僭天子之禮樂舊矣是成王過賜而伯禽受之非也用於大廟以祀周公已爲非禮其後羣公皆僭用焉仲子以別宫故不敢同羣廟而降用六羽書初獻者明前此用八之僭也諸侯僭於上大夫僭於下故其末流季氏八佾舞於庭而三家者以雍徹上下無復辨矣聖人因事而書所以正天下之大典也

邾人鄭人伐宋

按左氏宋人取邾田邾人告於鄭曰請君釋憾於宋敝邑爲道則主兵者邾也故雖附庸小國而序乎鄭之上凡班序上下以國之小大從禮之常也而盟會征伐以主者先因事之變也然則衛州吁告於宋以伐鄭事與此同而聖人以宋爲主者何此春秋撥亂

之大法也凡誅亂臣討賊子必深絕其黨

螟

蟲食苗心曰螟食葉曰螣食節曰賊食根曰蟊國以民爲本民以食爲天詩去螟螣害稼也春秋書螟記災也聖人以是爲國之大事也故書而近世王安石乃稱爲人牧者不必論奏災傷之事亦獨何哉甚矣其不講於聖人之經以欺當年而誤天下與來世也

冬十有二月辛巳公子彄卒

按左氏臧僖伯卒公曰叔父有憾於寡人寡人弗敢忘葬之加一等以公羊三世考之則所傳聞之世也而書日見恩禮之厚明矣公將如棠觀漁者僖伯諫而不聽則稱疾不從可謂忠臣矣葬之加一等夫是之謂稱然隱公不敢忘其忠而不能聽其言與郭公善善而不能用至於亡國一也其及宜矣

宋人伐鄭圍長葛

圍者繯其城邑絕其往來之使禁其樵采之途城守不下至於經

年而不解誅亂臣討賊子可也長葛鄭邑何罪乎書圍於此而書取於後宋人之惡彰矣

六年春鄭人來輸平

輸者納也平者成也鄭人曷爲納成于魯以利相結解怨釋仇離宋魯之黨也公之未立與鄭人戰于狐壤止焉元年及宋盟于宿四年遇于清其秋會師伐鄭即宋魯爲黨與鄭有舊怨明矣五年鄭人伐宋入其郛宋來告命魯欲救之使者失詞公怒而止其冬宋人伐鄭圍長葛鄭伯知其適有用間可乘之隙也是以來納成耳然則善之乎曰平者解怨釋仇固所善也輸平者以利相結則貶矣曷爲知其相結之以利也後此鄭伯使宛來歸祊而魯入其地會鄭人伐宋得郜及防而魯又取其二邑是知輸平者以利相結乃貶之也諸侯修睦以蕃王室所主者義爾苟爲以利使爲人臣者懷利以事其君爲人子者懷利以事其父爲人弟者懷利以事其兄諸侯必曰何以利吾國大夫必曰何以利吾家士庶人必

曰何以利吾身上下交征利不至於篡弒奪攘則不厭矣故特稱輸平以明有國者必正其義不謀其利杜亡國敗家之本也

夏五月辛酉公會齊侯盟于艾秋七月

四德備而後爲乾故易曰乾元亨利貞一德不備則乾道熄矣四時具而後成歲故春秋雖無事首時過則書一時不具則歲功虧矣既書時又書月者時天時也月王月也書時又書月見天人之理合也易不云乎君子行此四德者故曰乾元亨利貞君夫上下異致天人殊觀聖學不傳而春秋之義隱矣

冬宋人取長葛

宋人恃強圍邑久役大衆取非所有其罪著矣在王朝不能施九伐之威在列國不能修連帥之職鄭人土地天子所命先祖所受不能保有而失之也是上無天王下無方伯而鄭亦無君也宋人強取以王法言不可勝誅以天理言不善之積著矣初穆公屬國於與夷使其子馮出居于鄭殤公既立忌馮而伐鄭不亦逆天理

乎春秋序宋主兵以殤公之罪重也明年鄭人報宋序邾爲首以
鄭伯之罪輕也至是宋又舉兵伐鄭而圍其邑肆行暴虐不善之
積已著而不可解矣其見弑於亂臣豈一朝一夕之故哉凡此類
皆直書于策按其行事而善惡之應可攷而知天理之不誣者也
七年春王三月叔姬歸于紀
叔姬伯姬之娣非夫人也則何以書古者諸侯一娶九女必格之
同時者所以定名分窒亂源也今叔姬待年於宗國不與嫡俱行
則非禮之常所以書也眉山蘇轍以謂書叔姬賢之也若賢不得
書必貴而後書則是以位而蔑德也小國無大夫至於接我則書
是位不可以廢事也位不可以廢事而獨可以廢賢乎如叔姬不
歸宗國而歸于酅以全婦道賢可知矣賢而得書亦春秋之法也
滕侯卒
滕侯書卒何以不葬怠於禮弱其君而不葬者滕侯宿男之類是
已古者邦交有常制不以國之強弱而有謹慢也不以情之疎密

而有厚薄也春秋之時則異於是晉北國也楚南邦也地非同盟而親往俟其葬滕鄰境也宿同盟也訃告雖及而魯不之恤豈非以其壤地褊小乎怠於禮而不往弱其君而不會無其事而闕其文此魯史之舊也聖人無加損焉存其卒闕其葬義自見矣卒自外録不卒非外也葬自内録不葬非内也

夏城中丘

程氏曰爲民立君所以養之也養民之道在愛其力民力足則生養遂教化行風俗美故爲政以民力爲重也春秋凡用民必書其所興作不時害義固爲罪矣雖時且義亦書見勞民爲重事也人君而知此義則知慎重於用民力矣凡書城者完舊也書築者創始也城中丘使民不以時非人君之心也

齊侯使其弟年來聘

兄弟先公之子不稱公子貶也書盟書帥師而稱兄弟者罪其有寵愛之私書出奔書歸而稱兄弟者責其薄友恭之義攷於事而

春秋之情可見矣年者齊僖公母弟也程氏謂先儒說母弟者蓋緣禮有立嫡子同母弟之文其曰同母蓋爲嫡耳非以爲加親也此義不明久矣僖公私其同母寵愛異於他弟施及其子猶與適等而襄公絀之遂成篡弑之禍故聖人於年來聘特變文書弟以示貶焉鄭語來盟黑背帥師皆罪其私也書云于弟弗念天顯乃弗克恭厥兄兄亦不念鞠子哀大不友于弟天惟與我民彝大泯亂陳光奔楚而稱弟不念鞠子哀矣盜殺衛縶而稱兄其亦不念天顯矣秦鍼宋辰皆責其薄也仁人於兄弟絕偏係之私篤友恭之義人倫正而天理存其春秋以訓天下與來世之意也

秋公伐邾

奉詞致討曰伐按左氏公伐邾爲宋討也宋人先取邾田故邾人入其郛魯與儀父則元年盟於眛矣邾人何罪可聲特託爲辭說以伐之爾經之書伐非主兵者皆有言可執見伐者皆有罪可討也傳曰欲加之罪何患無詞魯爲宋討非義甚矣而稱伐邾所謂

欲加之罪者也而不知渝昧之盟不待貶而自見矣

冬天王使凡伯來聘戎伐凡伯于楚丘以歸

國而曰伐此一人而曰伐見其以徒衆也楚丘衛地以歸易詞也于楚丘者罪衛不救王臣之患以歸者罪凡伯失節不能死於位也周之秩官敵國賓至關尹以告候人爲導司徒具徒司寇詰姦佃人積薪火師監燎其貴國之賓至則以班加一等益虔至於王吏則皆官正涖事今凡伯承王命以爲過賓於衛而戎得伐之以歸是蔑先王之官而無君父也故旄丘録於國風見衛不能脩方伯之職也戎伐凡伯于楚丘以歸見衛不救王臣之患也爲狄所滅則有由矣

卷之八

春秋傳卷第三

隱公下

八年春宋公衛侯遇于垂三月鄭伯使宛來歸祊庚寅我入祊

鄭伯欲以太山之祊易許田前此來輸平者以言請之矣未入地也至是來歸祊者其地既輸矣未易許也周制六年五服一朝故於天子之郊有朝宿之地又六年王乃時巡諸侯各朝于方嶽故於泰山之旁有湯沐之邑諸侯於王畿之内方嶽之下皆有是乎成王以周公有大勲勞故特賜之許田爲朝宿之地如皆有焉盡天子之郊不足爲其地矣宣王以鄭伯母弟懿親故特賜之祊田爲湯沐之邑如皆有焉盡泰山之旁不足爲其邑矣祊近於魯許鄰於鄭各以其近者相易何以不可乎用是見鄭有無君之心而謂天王不復能巡狩矣用是見鄭有無親之心而敢與人以先祖所受之邑矣其言我入祊者祊非我有也入者不順之詞義不可而強入之也

夏六月己亥蔡侯考父卒辛亥宿男卒

天王崩告於諸侯則不名諸侯薨以名赴而自別於大上禮也古者死而不謚不以名爲諱周人以謚易名於是乎有諱禮故君薨赴於他國則曰寡君不禄敢告執事春秋之時猶用此禮凡赴者皆不以名矣經書其終雖五霸强國齊桓晉文之盛莫不以名者是仲尼筆之也赴不以名而書其名者與魯通也已通而不名者舊史失之爾未通而名者有所證矣故傳此義者記於禮篇曰諸侯不生名夫生則不名死而名之別於大上示君臣尊卑之等蓋禮之中也諸侯薨赴不以名而仲尼革之必以名書變周制矣春秋魯史聖人修之也而孟子謂之作以此類也

秋七月庚午宋公齊侯衛侯盟于瓦屋

程氏曰宋爲主盟與鄭絶也大道隱而家天下然後有誥誓忠信薄而人心疑然後有詛盟盟詛煩而約劑亂然後有交質子至是傾危之俗成民不立矣春秋革薄從忠於參盟書日謹其始也周

官設司盟掌盟載之法凡邦國有疑則請盟於會同聽命於天子
亦聖人待衰世之意耳德又下衰諸侯放恣其屢盟也不待會同
其私約也不繫天子口血未乾而渝盟者有矣其末至於交質子
猶有不信者焉春秋謹參盟善胥命美蕭魚之會以信待人而不
疑也蓋有志於天下爲公之世凡此類亦變周制矣

八月葬蔡宣公九月辛卯公及莒人盟于浮來

莒小國人微者而公與之盟故特言及以譏失禮且明非大夫之
罪也易曰謙尊而光卑而不可踰隱公可謂謙矣何以譏之爲失
禮曰謙亨君子以裒多益寡稱物平施屈千乘之尊下與小國之
大夫盟豈稱物平施之謂乎大卑而可踰非謙德矣

螟冬十有二月無駭卒

無駭書名未賜族也諸侯之子爲大夫則稱公子其孫也而爲大
夫則稱公孫公孫之子與異姓之臣未賜族而身爲大夫則稱名
無駭俠之類是也已賜族而使之世爲大夫則稱族如仲孫叔孫

季孫之類是也古者置卿必求賢德不以世官春秋之初猶爲近古故無駭與俠皆書名耳其後官人以世無不賜之族或以字或以謚或以官或以邑而先王之禮亡矣至於三家專魯六卿分晋諸侯失國出奔者相繼職此由也按禮天子寰内諸侯世其禄而不嗣然則諸侯所置大夫嗣其位而不易豈禮也哉觀春秋所書而是非之迹著矣治亂之効明矣

九年春天王使南季來聘

按周禮行人主者待諸侯有時聘以結好間問以諭志而穀梁子何以獨言聘諸侯非正也古者諸侯於天子比年一小聘三年一大聘五年一朝天子於諸侯不可以君是恕敵亦有聘問之禮焉隱公即位九年于此而史策不書遣使如周則是未甞聘也亦不書公如京師則是未甞朝也一不朝則貶其爵再不朝則削其地如隱公者貶爵削地可也刑則不舉遣使聘焉其斯以爲不正乎經書公如京師者一朝于王所者二卿大夫如京師者五舉魯一

歸脤者一定十四年

國則天下諸侯怠慢不臣可知矣書天王來聘者七錫命者三賵葬者四則問於他邦及齊晉秦楚之大國又可知矣王之不王如此征伐安得不自諸侯出乎諸侯之不臣如此政事安得不自大夫出乎君臣上下之分易矣陪臣執國命夷狄制諸夏矣其原皆自天王失威福之柄也春秋於此蓋有不得已焉爾矣

三月癸酉大雨震電庚辰大雨雪

震電者陽精之發雨雪者陰氣之凝周三月夏之正月也雷未可以出電未可以見而大震電此陽失節也雷已出電已見則雪不當復降而大雨雪此陰氣縱也夫陰陽運動有常而無忒凡失其度人爲感之也今陽失節而陰氣縱公子翬之讒兆矣鍾巫之難萌矣春秋災異必書雖不言其事應而事應具存惟明於天人相感之際響應之理則見聖人所書之意矣

挾卒夏城郎

城者禦暴保民之所而城有制役有時大都不過三國之一邑無

百雉之城制也魯嘗城費城郚其後復墮焉則越禮而非制矣凡土功龍見而戒事火見而致用水昏正而栽日至而畢時也隱公城中丘城郎而皆以夏則妨農務而非時矣城不踰制役不違時又當分財用平板榦稱畚築程土物議遠邇略基址揣厚薄仞溝洫具糇糧度有司量功命日不愆于素然後爲之可也况失其時制妄興大作無愛養斯民之意者其罪之輕重見矣

秋七月冬公會齊侯于防

周官行人曰時會以發四方之禁此謂非時而合諸侯以禁止天下之不義也列國何爲有此名凡書會皆譏也謂非王事相會聚亦左氏稱宋公不王鄭伯以王命討之使來告命會于防謀伐宋也于中丘爲師期也亦謂之非王事可乎曰以王命討宋而聽征討之禁於王都雖召陵之舉不是及矣始則私相會爲謀於防中則私相盟爲師期於鄧終則乗敗人而深爲利以取二邑歸諸巳奉王命討不庭者果如是乎經之書會書伐而不異其文以此

十年春王二月公會齊侯鄭伯于中丘夏翬帥師會齊人鄭人伐宋

翬不氏先期也始而會宋以伐鄭固請而行今而會鄭以伐宋先期而往不待鍾巫之變知其有無君之心矣夫亂臣賊子積其强惡非一朝一夕之故及權勢已成威行中外雖欲制之其將能乎故去其公子以戒兵柄下移制之於未亂也

六月壬戌公敗宋師于菅辛未取郜辛巳取防

内大惡其詞婉小惡直書而不隱夫諸侯分邑非其有而取之盜也曷不隱乎於取之中猶有重焉者君成公取鄟襄公取邿昭公取鄫皆覆人之邦而絶其嗣亦書曰取所謂猶有重焉者此故取郜取防直書而不隱也其不言戰而言敗敗之者爲主彼與戰而此敗之也皆陳曰戰詐戰曰敗

秋宋人衛人入鄭宋人蔡人衛人伐戴鄭伯伐取之

稱伐稱取兼之也或疑鄭人兵力不能取戴兼三國之師非矣升圍伍攻正也以寡覆衆奇也莊公蓋嘗克叔段敗王師困州吁而

入許能以奇勝可知矣故駐師於郊多方以誤之也四國已𨵿起乘其弊一舉而兼取之卞莊子之術也然則可乎孟子曰善戰者服上刑稱伐取者其以鄭莊公殘民之甚當此刑矣

冬十月壬午齊人鄭人入郕

左氏傳云宋公不王鄭伯以王命致討而郕人不會齊鄭入郕討違王命也程氏謂宋本以公子馮在鄭故二國交惡春秋不見其爲王討也王臣不行王師不出矯假以逞私忿耳此說據經爲合若討違王命則不書入矣入者不順之詞也苟以爲難詞則齊鄭大國於討郕何難哉

十有一年春滕侯薛侯來朝

諸侯朝於諸侯禮乎孔子曰邦君爲兩君之好有反坫周禮行人凡諸侯之邦交殷相聘世相朝也然謂之殷則得中而不過謂之世則終諸侯之世而一相朝其爲禮亦節矣周衰典制大壞諸侯放恣無禮義之交惟強弱之視以會事覲焉或來朝而不報其禮

或屢往而不納以歸無合於中聘世朝之制矣且列國於天子述所職者蓋闕如也而自相朝聘可乎凡大國來聘小國來朝一切書而不削皆所以示譏滕薛二君不特言者又譏旅見也非天子不旅見諸侯偃然受之而不辭亦以見隱公之志荒矣

夏公會鄭伯于時來秋七月壬午公及齊侯鄭伯入許

書會則伐許者本鄭志也書及則入許者公所欲也隱公即位十有一年天王遣使來聘者再而未嘗朝于京師罪一也平王崩不奔喪會葬至使武氏子來求賻罪二也禮樂征伐自天子出而擅興兵甲爲宋而伐邾爲鄭而伐宋罪三也山川土田各有封守上受之天王下傳之先祖而取郜及防入祊易許罪四也今又入人之國而逐其君罪五也凡此五不韙者人臣之大惡而隱公兼有之然則不善之殃豈特始於惠成於桓而隱之積亦不可得而揜矣使隱公者爲國以禮而自強於善豈有鍾巫之難乎是故春秋所載以人事言則是非善惡之迹設施於前而成敗吉凶之効見

於後以天道言則感應之理明矣不可不察也

冬十有一月壬辰公薨

致隱讓國立不以正惠公之罪也致桓弑君幾不早斷隱公之失也旣有讒人交亂其間憂虞之象著矣而曰使營菟裘吾將老焉是猶豫留時辨之弗早辨也其及也宜隱公見弑魯史舊文必以實書其曰公薨者仲尼親筆也古者史官以直爲職而不諱國惡仲尼筆削舊史斷自聖心於魯君見弑削而不書者蓋國史一官之守春秋萬世之法其用固不同矣不書弑示臣子於君父有隱避其惡之禮不書地示臣子於君父有不沒其實之忠不書葬示臣子於君父有討賊復讎之義非聖人莫能修謂此類也夫賊不討讎不復而不書葬則服不除寢苫枕戈無時而終事也以此法討罪至嚴矣故曰春秋成而亂臣賊子懼

右隱公十有一年書于經者其事七十有六以爲經世之典撥亂反正之書百王不易之大法其詳可得聞乎謂一爲元則知祖述

憲章以體元爲人主之職謂周正爲春則知立制度改正朔以夏正爲可行之時謂正月爲王正則知天下之定于一也隱公不書即位則知父子君臣之大倫不可廢也與邾儀父宋人盟而皆書曰及則知以忠信誠慤爲先而盟誓不足貴也大叔出奔共而書曰鄭伯克段則知以親愛爲主而恩義之輕重不可偏也來賵仲子而冢宰書名則知夫婦人倫之本而嫡妾之名分不可亂也祭伯朝魯直書曰來則知人臣義無私交而朋黨之原不可長也公子益師書卒則知春秋貴大臣而恩禮之哀榮不可忽也元者何仁是也仁者何心是也建立萬法酬酢萬事帥馭萬夫統理萬國皆此心之用也堯舜禹以天下相授堯所以命舜舜亦以命禹首曰人心惟危道心惟微周公稱乃考文王惟克厥宅心乃克立茲常事故一心定而萬物服矣春之爲夏正何也夫斗指寅然後謂之春建巳然後謂之夏故易曰兌正秋也以兌爲正秋則坎爲正冬必矣今以冬爲春則四時易其位春秋正名之書豈其若是哉

故程氏謂周正月非春也假天時以立義耳商人以建丑革夏正而不能行之於周周人以建子革商正而不能行之於秦秦人以建亥爲正固不可行矣自漢氏改用夏時經歷千載以至于今卒不能易謂爲百王不易之大法指此一事可知矣仲尼豈以欺後世哉王正月之定于一何也天無二日土無二王家無二主尊無二上道無二致政無二門故議常經者黜百家尊孔氏諸不在六藝之科者勿使並進此道術之歸于一也言致理者欲令政事皆出中書而變禮樂革制度則流放竄殛之刑隨其後此國政之歸于一也若乃闢私門廢公道各以便宜行事是人自爲政繆於春秋大一統之義矣盟于昧而書及公所欲也盟于宿而書及公立而求成焉非若小國之於大國不得已而要盟者後七年爲宋而伐邾昧之盟其刑牲歃血果何爲也後十年爲鄭而伐宋要質鬼神又安在乎比事以觀而盟不足貴亦審矣世衰道隱民彝泯亂若宋殤之於馮也衛侯鄭之於叔武瑕也皆爲利爭不勝計也而

莊公獨以順母爲詞養成段惡夫中也養不中才也養不才故人樂有賢父兄也仁人之於兄弟不藏怒焉不宿怨焉親愛之而已矣象憂亦憂象喜亦喜恩掩義也使吏治其國而象不得有爲義勝恩也恩義並立而中持衡焉段雖凶逆焉攸亂此春秋責莊公之意也太宰建邦六典以佐王治邦國者也而承命以賵諸侯之妾不知其不可是爲不智知其不可而不言是爲不忠不忠不智之人而可以居百寮之長乎故貶而書名賤之也或曰安知咺之不言如其不用何言而不用則辭其位而不居禮也今奉命而來則知其阿諛順旨無體國愛君之義矣其貶而書名非宰也夫危而不持顛而不扶則將焉用彼相君以其嘗爲冢宰不論功罪而曲以禮貌加之非春秋責相之意矣君子有更相汲引交好以爲公小人有互相朋黨比周以爲私其迹雖同而情異不可不察也祭伯朝魯安知其爲私而不與乎隱公之立未嘗請命王法所當治也祭伯爲王卿士不能詔王以正典刑而遠來朝之其爲阿私

審矣故尹氏來訃不稱爵祭叔來聘不言使皆以明人臣之義杜朋黨之原耳大夫書卒見君臣之義也不書葬明尊卑之等也或日或不日著禮貌之差也名而不書氏者身自爲卿而非世也其稱公子以貴戚故使爲卿也不書官者不請於王而自命也其有將兵而會戰奉使而出疆名姓已登於史冊如公子翬者而不書卒何也迷國誤朝躬行弒逆則有天討之刑矣公子遂之罪亦同而書卒何也因事之變以明卿卒不繹之禮而義不繫於遂也季孫意如無事之變而書卒獨何歟春秋有變例定哀多微詞季氏逐昭公殺務人而立宋若有漢高帝之公不賞私勞則三家退聽公室張矣定公幸於禍而忘其讎誘於利而忘其辱以意如爲大夫而不討先君之賊也天理滅矣是故比事以觀其異同可見觸類而長其指意無窮以一年之事攷之則二百四十二年之行事皆可見矣以爲經世之典撥亂反正之書百王不易之大法豈不信夫

春秋傳卷第四

桓公上

元年

元年即位之始年也自是累數雖久而不易此前古人君紀事之例春秋祖述爲編年法及漢文帝惑方士之言改後元年始亂古制矣在位十有六載矣復稱元年可乎孝武又因事別建年號歷代因之或五六年或四三年或一歲再更使記注繁蕪莫之勝載夫歷世無窮而美名有盡豈記久明遠可行之法也必欲傳久當以春秋編年爲正

春王正月公即位

桓公與聞乎故而書即位著其弒立之罪深絶之也美惡不嫌同詞或問桓非惠公之嫡子乎適子當立而未能自立是故隱公攝焉以俟其長而授之位久攝而不歸疑其遂有之也是以至於見弒而惡亦有所分矣春秋曷爲深絶桓也曰古者諸侯不再娶於

禮無二適惠公元妃旣卒繼室以聲子則是攝行内主之事矣仲子安得爲夫人母非夫人則桓乃隱之庶弟安得爲適子謂當立乎桓不當立則國乃隱公之國其欲授桓乃實讓之非攝也攝讓異乎曰非其有而居之者攝也故周公即政而謂之攝推已所有以與人者讓也故堯舜禪授而謂之讓惠無適嗣隱公繼室之子於次居長禮當嗣世其欲授桓所謂推已所有以與人者也豈曰攝之云乎以其實讓而桓乃弑之春秋所以惡桓深絶之也然則公羊所謂桓幼而貴隱長而卑子以母貴者其説非與曰此徇惠公失禮而爲之詞非春秋法也仲子有寵惠公欲以爲夫人母愛者子抱惠公欲以桓爲適嗣禮之所不得爲也禮不得爲而惠公縱其邪心而爲之隱公又探其邪志而成之公羊又肆其邪説而傳之漢朝又引爲邪議而用之夫婦之大倫亂矣春秋明著桓罪深加貶絶備書終始討賊之義以示王法正人倫存天理訓後世不可以邪汨之也

三月公會鄭伯于垂鄭伯以璧假許田
許田所以易祊也鄭既歸祊矣又加璧者祊薄於許故也魯山東之國與祊爲鄰鄭畿内之邦許田近地也以此易彼各利於國而聖人乃以爲惡而隱之獨何歟曰利者人欲之私放於利必至奪攘而後厭義者天理之公正其義則推之天下國家而可行春秋惡易許田孟子極陳利國之害皆拔本塞源杜篡弑之漸也湯沐之邑朝宿之地先王所錫先祖所受私相貿易而莫之顧是有無君之心而廢朝覲之禮矣是有無親之心而棄先祖之地矣故聖人以是爲國惡而隱之也其不曰以璧易田而謂之假者夫易則已矣言假則有歸道焉又以見許人改過遷善自新之意非止隱國惡而已也其垂訓之義大矣

夏四月丁未公及鄭伯盟于越
垂之會鄭爲主也故稱會越之盟魯志也故稱及鄭人欲得許田以自廣是以爲垂之會桓公欲結鄭好以自安是以爲越之盟夫

弑逆之人凡民罔弗憝即孟子所謂不待教命人得而誅之者也而鄭與之盟以定其位是肆人欲滅天理變中國爲夷狄化人類爲禽獸聖人所爲懼春秋所以作無俟於貶絶而惡自見矣

秋大水

大水者陰逆而與怨氣并之所致也桓行逆德而致陰沴宜矣或問堯之時豈有致之者而曰洚水警予何也曰堯之水非有以致之開闢已來水之行未得其所歸故堯有憂焉使禹治之然後人得平土而居爾若曰洪水者積雨之所成時暘而熄矣奚待乎九年十有三載之治也山谷之所洩瀨自禹功既施疏鑿決排以至于今而其流不減何也是知天非爲堯有洪水之災至禹而後水由地中行爾後世有人爲不善感動天變召水溢之災者必引堯爲解誤矣

冬十月

二年春王正月戊申宋督弑其君與夷

桓無王而元年書春王正月以天道王法正桓公之罪也桓無王而二年書春王正月以天道王法正宋督之罪也程氏曰弑逆者不以王法正之天理滅矣督雖無王而天理未嘗亡也其說是矣穀梁子以二年書王正與夷之卒其義一爾以爲諸侯之卒天子所隱痛故書王以正之誤矣

及其大夫孔父

按左氏宋殤公立十年十一戰民不堪命孔父爲司馬無能改於其德非所謂格君心之非者然君弑死於其難處命不渝亦可以無愧矣父者名也著其節而書及不失其官而書大夫是春秋之所賢也賢而名之何也故侍讀劉敞以謂既名其君於上則不得字其臣於下此君前臣名禮之大節也督將弑殤公孔父生而存則不可得而弑於是乎先攻孔父而後及其君能爲有無亦庶幾焉凡亂臣賊子畜無君之心者必先剪其所忌而後動於惡不能剪其所忌則有終其身而不敢動也華督欲弑君而憚孔父劉安

欲叛漢而憚汲直曹操欲禪位而憚孔融此數君子者義形於色皆足以衛宗社而忤邪心姦臣之所以憚也不有君子其能國乎春秋賢孔父示後世人主崇奬節義之臣乃天下之大閑有國之急務也

滕子來朝

隱公末年滕稱侯爵距此三歲爾乃降而稱子者先儒謂爲時王所黜也使時王能黜諸侯春秋豈復作乎又有言其在喪者終春秋之世不復稱侯無説矣然則云何春秋爲誅亂臣討賊子而作其法尤嚴於亂賊之黨使人人知亂臣賊子之爲大惡而莫之與則無以立於世無以立於世則莫敢勸於爲惡而篡弑之禍止矣今桓公弟弑兄臣弑君天下之大惡凡民罔弗憝也已不能討又先鄰國而朝之是反天理肆人欲與夷狄無異而春秋之所深惡也故降而稱子以正其罪四夷雖大皆曰子其降而稱子狄之也或曰非天子不制度不議禮不攷文仲尼豈以匹夫專進退諸侯

亂名實哉則將應之曰仲尼固不以匹夫專進退諸侯亂名實矣不曰春秋天子之事乎知我罪我者其惟春秋乎世衰道微暴行交作仲尼有聖德無其位不得如黃帝舜禹周公之伐蚩尤誅四凶戮防風殺管蔡行天子之法於當年也故假魯史用五刑奉天討誅亂賊垂天子之法於後世其事雖殊其理一耳何疑於不敢專進退諸侯以爲亂名實哉夫奉天討舉王法以黜諸侯之滅天理廢人倫者此名實所由定也故曰春秋成而亂臣賊子懼

三月公會齊侯陳侯鄭伯于稷以成宋亂　受賂而立華督

按左氏爲賂故立華氏也邾定公時有弒父者公瞿然失席曰是寡人之罪也嘗學斷斯獄矣臣弒君凡在官者殺無赦子弒父凡在宮者殺無赦殺其人壞其室洿其宮而豬焉蓋君踰月而後舉爵華督弒君之賊凡民罔不懟也而桓與諸侯會而受賂以立華氏使相宋公甚矣故特書其所爲而曰成宋亂夫臣爲君隱子爲父隱禮也此其目言之何桓惡極矣臣子欲盡隱之而不可以欺

後世其曰成宋亂而不書立華氏猶爲有隱乎耳春秋列會未有言其所爲者獨此與襄公末年會于澶淵各書其事者桓弑隱督弑殤般弑景皆天下大惡聖人所爲懼春秋所以作也一則受宋賂而立華氏一則謀宋災而不能討故特書其事以示貶焉然澶淵之會既不書魯卿又貶諸國之大夫而稱人此則書公又序諸侯之爵何也澶淵之會欲謀宋災而不討弑君之賊雖書曰宋災故而未能表其誅責之意也必深諱魯卿而重貶諸國之大夫然後足以啓問者見是非也稷之會前有宋督弑君後有取宋鼎之事書曰成宋亂則其責已明不必諱公與貶諸侯爵次然後見其罪矣

夏四月取郜大鼎于宋戊申納于大廟

取者得非其有之稱納者不受而強致之謂弑逆之賊不能致討而受其賂器寘於大廟以明示百官是教之習爲夷狄禽獸之行也公子牙慶父仲遂意如之惡又何誅焉聖人爲此懼而作春秋

故直載其事謹書其日垂訓後世使之寵賂之行保邪廢正能敗
人之國家也亦或知戒矣
秋七月杞侯來朝
公穀程氏皆以杞爲紀桓弟弑兄臣弑君天下之大惡王與諸侯
不奉天討反行朝聘之禮則皆有貶焉所以存天理正人倫也紀
侯來朝何獨無貶乎當是時齊欲滅紀紀侯求魯爲之主非爲桓
立而朝之也
蔡侯鄭伯會于鄧
按左氏曰始懼楚也其地以國鄧亦與焉楚自西周已爲中國之
患宣王蓋嘗命將南征矣及周東遷僭號稱王憑陵江漢此三國
者地與之鄰是以懼也其後卒滅鄧虜蔡侯而鄭以王室懿親爲
之服役終春秋之世聖人蓋傷之也夫天下莫大於理莫強於信
義循天理惇信義以自守其國家荊楚雖大何懼焉不知本此事
醜德齊莫能相尚則以地之大小力之強弱分勝負矣觀諸侯會

盟離合之迹而夷夏盛衰之由可攷也觀春秋進退與奪抑揚之旨則知安中夏待四夷之道矣

九月入杞公及戎盟于唐冬公至自唐

凡爲人子者出必告反必面事亡如事存故君行必告廟反必奠而後入禮也出必告行反而告至常事爾何以書或誌其去國踰時之久也或録其會盟侵伐之危也或著其黨惡附姦之罪也桓公弑君而立首列於中國諸侯之會而不書至同惡也今遠與戎盟而書至者危之也程氏所謂居夷浮海之意是矣語不云乎夷狄之有君不如諸夏之亡也

三年春正月

桓公三年而後經不書王有以爲周不班曆者昭公末年王室有子朝之亂豈暇班曆而經皆書王非不班曆明矣又有以爲此闕文也安得一公之内凡十四年皆不書王其非闕文亦明矣然則云何桓公弑君而立至于今三年而諸侯之喪事畢矣是入見受

命於天子之時也而王朝之司馬不施殘執之刑鄰國之大夫不聞有沐浴之請魯之臣子義不戴天反面事讎曾莫之恥使亂臣賊子肆其凶逆無所忌憚人之大倫滅矣故自是而後不書王者見桓公無王與天王之失政而不王也桓公無王而行歸罪於天子可乎齊景公問政子曰君君臣臣父父子子君不君則臣不臣父不父則子不子

公會齊侯于嬴夏齊侯衛侯胥命于蒲

公羊曰胥命者何相命也相命近正也古者不盟結言而退人愛其情私相疑貳以成傾危之俗其所由來漸矣有能相命而信諭豈不獨爲近正乎故特起胥命之文於此有取焉聖人以信易食答子貢之問君子以信易生重桓王之失信去則民不立矣故荀卿言春秋善胥命

六月公會杞侯于郕秋七月壬辰朔日有食之既

穀梁曰既盡也言日言朔食正朔也言朔不言日食既朔也言日

不言朔食晦日也不言日不言朔夜食也何以知其夜食曰王者朝日王者朝日則何以知其夜食乎日始出而有虧傷之處未之復也則知其食於夜矣日者衆陽之宗人君之象而有食之既則其爲變大矣先儒以爲荆楚僭號鄭拒王師之應

公子翬如齊逆女

娶妻必親迎禮之正也若夫邦君以爵則有尊卑以國則有小大以道途則有遠邇或迎之於其國或迎之於境上或迎之於所館禮之節也紀侯於魯以小大言則親之者也而使履緰來魯侯於齊以遠邇言則親之者也而使公子翬往是不重大昏之禮失其節矣故書

九月齊侯送姜氏于讙公會齊侯于讙夫人姜氏至自齊

古者昏禮必親迎則授受明後世親迎之禮廢於是有父母兄弟越境而送其女者以公子翬往逆則既輕矣爲齊侯來乃逆而會之于讙是公之行其重在齊侯而不在姜氏豈禮也哉不言以至

者旣得見乎公也不能防閑於是乎在敝笱之刺兆矣禮者所以別嫌明微制治于未亂不可不謹也娶夫人國之大事故詳

冬齊侯使其弟年來聘有年

舊史災異與慶祥並記故有年大有年得見于經若舊史不記聖人亦不能附益之也然十二公多歷年所有務農重穀閔雨而書雨者豈無豐年而不見於經是仲尼於他公皆削之矣獨桓有年宣大有年則存而弗削者緣此二公獲罪於天宜得水旱凶災之譴今乃有年則是反常也故以爲異特存耳然則天道亦僭乎桓宣享國十有八年獨此二年書有年他年之歉可知也而天理不差信矣此一事也在不修春秋則爲慶祥君子修之則爲變異是聖人因魯史舊文能立興王之新法也故史文如畫筆經文如化工嘗以是觀非聖人莫能修之審矣有年大有年自先儒說經者多列於慶瑞之門至程氏發明奥旨然後以爲記異此得於言意之表者也

四年春正月公狩于郎

何以書譏遠也戎祀國之大事狩所以講大事也用民以訓軍旅所以示之武而威天下取物以祭宗廟所以示之孝而順天下故中春教振旅遂以蒐中夏教茇舍遂以苗中秋教治兵遂以獮中冬教大閱遂以狩然不時則傷農不地則害物由狩之地如鄭有原圃秦有具囿皆常所也違其常所犯害民物而百姓苦之則將聞車馬之音見羽旄之美舉疾首蹙頞而相告可不謹乎徒非其地而必書是春秋謹於微之意也每謹於微然後王德全矣

夏天王使宰渠伯糾來聘

宰冢宰也渠氏伯爵糾其名也王朝公卿書爵大夫書字上士中士書名下士書人例也糾位六卿之長降從中士之例而書名貶也於糾何貶乎在周制大司馬九伐之法諸侯而有賊殺其親則正之放弑其君則殘之桓公之行當此二者舍曰不討而又聘焉失天職矣操刑賞之柄以御下者王也論刑賞之法以詔王者宰

也以經邦國則有治典以安邦國則有教典以平邦國則有政典以詰邦國則有刑典治教政刑而謂之典明此天下之大常也大宰所掌而獨謂之建以此典大宰之所定也乃爲亂首承命以聘弒君之賊乎故特貶而書名以見宰之非宰也聘于弒君之賊而名其宰則桓公沒王使榮叔來錫命矣榮叔何以書字而不名也始而來聘冢宰書名以見貶終而追錫王不稱天以示譏其義備矣夫咺賵仲子糾聘桓公其事皆三綱之所繫也然咺獨書官糾兼稱爵何也如咺者當初得政猶未受封而糾則或以諸侯入相或既相而已封者乎漢初命相必擇列侯爲之後用公孫因相而得封蓋欲倣古重其任也任之重則責益深矣嫡妾之分君臣之義天下之大倫無所輕重糾以既封故兼稱爵見春秋責相之意也

春秋傳卷第五

桓公中

五年春正月甲戌己丑陳侯鮑卒夏齊侯鄭伯如紀

按左氏齊鄭朝紀欲以襲之紀人知之夫如者朝詞也尊不朝乎卑大不朝乎小紀之爲紀微乎微者也齊在東州尊則方伯鄭亦大國也並驅而朝紀乃懷詐諼之謀欲以襲之而不虞紀人之覺也其志憯矣此外相如爾何以書紀人主會故來告其事魯史承告故備書于策夫子修經存而不削者以小國恃大國之安靖已而乃包藏禍心以圖之亦異於興滅國繼絕世之義矣故存而不削以著齊人滅紀之罪明紀侯去國之由劉敞意林所謂聖人誅意之効是也

天王使仍叔之子來聘

仍叔之子去者譏世官非公選也帝王不以私愛害公選故仕者世祿而不世官任之不以其賢也使之不以其能也卿大夫子弟

以父兄故而見使則非公選而政由是敗矣上世有自野耕釣渭
擢居輔相而人莫不以爲宜伊陟象賢復相大戊丁公世美入掌
兵權不以世故疑之也崇伯殛死禹作司空蔡叔既囚仲爲卿士
亦不以其父故廢之也惟其公而已矣及周之衰小人得政視朝
廷官爵爲已私援引親黨分據要途雖及童稚賢者退處於草門
老身而不用公道不行然後夷狄侵陵國家傾覆雖有智者不能
善其後矣春秋書武氏仍叔之子云者戒後世人主徇大臣私意
而用其子弟之弱者居公選之地以敗亂其國家欲其深省之也

葬陳桓公城祝丘秋蔡人衛人陳人從王伐鄭

按左氏王奪鄭伯政鄭伯不朝王以諸侯伐鄭鄭伯禦之戰于繻
葛王卒大敗春秋書王必稱天者所章則天命也所用則天討也
王奪鄭政而怒其不朝以諸侯伐焉非天討也故不稱天或曰鄭
伯不朝惡得爲無罪曰桓公弑君而自立宋督弑君而得政天下
大惡人理所不容也則遣使來聘而莫之討鄭伯不朝貶其爵可

也何爲憤怒自將以攻之也移此師以加宋魯誰曰非天討乎春秋天子之事述天理而時措之也旣譏天王以端本矣三國以兵會伐則言從王者又以明君臣之義也君行而臣從正也戰于繻葛而不書戰王卒大敗而不書敗者又以存天下之防也三綱軍政之本聖人寓軍政於春秋而書法若此皆裁自聖心非國史所能與也

大雩

大雩者雩于上帝用盛樂也諸侯雩于境內之山川爾魯諸侯而郊禘大雩欲悉書於策則有不勝書故雩祭則因旱以書而特謂之太郊禘亦因事以書而義自見此皆國史所不能與君子以謂性命之文是也諸侯不得祭天地大夫不得祭山川士庶人不敢以他人祖禰祭於己之寢禮也故季氏旅於泰山子曰嗚呼曾謂泰山不如林放乎明乎春秋所書郊禘大雩之義則知聖人治國如指諸掌之說矣

螽冬州公如曹

按左氏淳于公如曹度其國危遂不復天子三公稱公王者之後稱公州公諸侯而稱公者昔畢高以父師而保釐東土衛武以列國而入相于周蓋與後世出入均勞之意同此其所以稱公也外相如不書此何以書將有其末故先録其本

六年春正月寔來

按左氏自曹來朝書曰寔來不復其國也寔者州公名也春秋之法諸侯不生名失地滅同姓則名正名經世之本名正而天下定矣或曰諸侯失國而後託於諸侯孟子以爲禮也今州公來朝將以諸侯之禮接之乎則春秋乃書其名將以匹夫之賤畜之乎孟子乃以託國爲禮將何處而可曰世衰道微諸侯放恣强陵弱衆暴寡天子不能正方伯不能治其有壤地褊小迫乎大國之間而失國良不幸焉非其罪也則以諸侯之禮接之可也君譚子在莒弦子在黄温子在衛雖失國出奔而春秋不名義可見矣若夫不

能修道以正其國或棄賢保佞或驕奢淫縱或用兵暴亂自底滅亡如蔡獻舞邾益曹陽州寅之徒皆其自取焉耳則待之以初乃禮之過也觀春秋名與不名則知所以處寓公之禮與強爲善自暴棄者之勸戒矣

夏四月公會紀侯于郕秋八月壬午大閱

大閱簡車馬也周制大司馬中冬大閱教衆庶脩戰法獨詳於三時者爲農隙故也書八月不時矣以鼓則王執路鼓諸侯執賁鼓以旗則王載太常諸侯載旂以殺則王下大綏諸侯下小綏其禮固亦不同也書大閱非禮矣先王寓軍政於四時之田訓民禦暴其備豫也懼鄭忽畏齊人不因田狩而閱兵車厲農失政甚矣何以保其國乎春秋非特以不時非禮書也乃天未陰雨徹彼桑土綢繆牖戶之意

蔡人殺陳佗

佗弑太子而代其位至是踰年不成之爲君者以賊討也書蔡人

以善蔡書陳佗以善陳善蔡者以蔡人知佗之爲賊善陳者以陳國不以佗爲君知其爲賊故稱人稱人討賊之詞也不以爲君故稱名稱名當討之賊也魯桓弒君而鄭伯與之盟宋督弒君而四國納其賂則不知其爲賊矣齊商人弒君者及其見殺則稱位蔡般殺父者及其見殺則稱爵是齊蔡國人皆以爲君矣聖人於此抑揚與奪過人欲於橫流存天理於旣滅見諸行事可謂深切著明矣篡弒之賊外則異國皆欲致討而不赦內則國人不以爲君而莫之與誰敢勸於爲惡故曰孔子成春秋而亂臣賊子懼

九月丁卯子同生

適冢始生即書于策與子之法也唐虞禪夏后殷周繼春秋兼帝王之道賢可禪則以天下爲公而不拘於世及之禮子可繼則以天下爲家而不必於讓國之義萬世之通道也與賢者貴於得人與子者定於立嫡傳子以嫡天下之達禮也故有君薨而世子未生之禮植遺腹朝委裘而天下不亂者以名分素明而民志定也

經書子同生所以明與子之法正國家之本防後世配嫡奪正之事垂訓之義大矣此世子也其不曰世子何也天下無生而貴者誓於天子然後爲世子

冬紀侯來朝

按左氏會于郕咨謀齊難也冬來朝請王命以求成于齊也公告不能孟子曰觀近臣以其所爲主觀遠臣以其所主主者成敗之機榮辱之本也昭公棄晉主齊至於客死鄭伯逃齊主楚終以乞盟觀其所主而榮辱成敗見矣魯桓者弒君之賊人人之所同惡夫人得而討之也而主之以求援其能國乎然則何以免於貶志不在於朝桓也

七年春二月己亥焚咸丘

咸丘地名也易稱王用三驅在禮天子不合圍諸侯不掩羣夫子釣而不綱弋不射宿皆愛物之意也推此心以及物至於鳥獸若草木裕無淫獵之過矣書焚咸丘所謂焚林而田也

夏穀伯綏來朝鄧侯吾離來朝

春秋之法諸侯不生名穀伯鄧侯何以名桓天下之大惡也執之者無禁殺之者無罪穀伯鄧侯越國踰境相繼而來朝即大惡之黨也故特貶而書名與失地滅同姓者比焉經於朝桓者或貶爵或書名或稱人以深絶其黨撥亂之法嚴矣誅止其身而黨之者無罪則人之類不相賊殺爲禽獸也幾希四時具然後成歲故雖無事必書首時今此獨於秋冬闕焉何也立天之道曰陰陽陽居春夏以養育爲事所以生物也王者繼天而爲之子則有賞陰居秋冬以肅殺爲事所以成物也王者繼天而爲之子則有刑賞以勸善非私與也故五服五章謂之天命刑以懲惡非私怒也故五刑五用謂之天討古者賞以春夏刑以秋冬象天道也桓弟弒兄臣弒君而天討不加焉是陽而無陰歲功不能成矣故特去秋冬二時以志當世之失刑也獨於四年七年闕焉何也按周制大司馬諸侯而有賊殺其親則正之放弒其君則殘之桓弒隱公而立

大司馬九伐之法雖末之舉猶有望也及使冢宰下聘恩禮加焉則天下之望絶矣故四年宰糾書名而去秋冬二時以見天王之不復能用刑也田常弑其君孔子請討之以從大夫之後不敢不告也桓弑隱公而立雖方伯連帥環視而末之恤猶有望也及穀鄧二國自遠來朝則天下諸侯莫有可望者矣故七年穀伯鄧侯各書其名而去秋冬二時以見諸侯之不復能修其職也然則見之行事不亦深切著明矣乎故曰春秋成而亂臣賊子懼

八年春正月己卯烝

按周官大司馬烝以中冬今魯烝以春正月其不同何也周書有周月以紀政而其言曰夏數得天百王所同其在商周革命改正示不相沿至于敬授民時巡狩承享猶自夏焉然則司馬中冬教大閲獻禽以享烝所謂自夏而魯之烝祭在春正月見春秋用周正紀魯事也而穀梁子乃曰烝冬事也春興之志不時也是以閒蟄而烝爲是與周制異矣春秋非以不時志也爲再烝見瀆書也

天王使家父來聘

下聘弑逆之人而不加貶何也旣名冢宰於前其餘無責焉乃同則書重之義以此見春秋任宰相之專而責之備也虞史以人主大臣爲一體春秋以天王宰相爲一心以爲一體故帝庸作歌則曰股肱喜哉元首起哉百工熙哉臯陶賡歌則曰元首明哉股肱良哉庶事康哉而垂益九官之徒不與也以爲一心故歸賵仲子會葬成風則宰咺書名於前而王不稱天於後來聘桓公錫桓公命則宰糾書名以正其始王不稱天以正其終而榮叔家父之徒不與也故人主之職在論相而止矣

夏五月丁丑烝

春秋之文有一句而包數義者有再書而一貶者戎伐凡伯于楚丘以歸之類一句而包數義春正月己卯烝夏五月丁丑烝再書而一貶

秋伐邾冬十月雨雪祭公來遂逆王后于紀

劉敞曰祭公王之三公也曷爲不稱使不與王之使祭公也師傅之官坐而論道其任重矣今其來魯乃命魯侯以婚姻之事者也若是則大夫可矣何必三公任之重使之輕故祭公緣此義得專命不報遂行如紀而王以輕使爲失祭公以遂行爲罪矣此說是也爲之節者宜使卿往逆公監之則於禮得矣使祭公命魯主婚姻之事則曰不可卿往而公監之何以可乎命魯輕矣卿往公監之重矣官師從單靖公逆王后于齊劉夏非卿而書靖公合禮則不書故先儒以爲使卿逆公監之禮也

九年春紀季姜歸于京師

往逆則稱王后既歸何以書季姜自逆者而言則當尊崇其匹内主六宮之政使妃妾不得以上僭故從天王所命而稱王后示天下之母儀也自歸者而言則當樛屈逮下使夫人嬪婦皆得進御於君而無嫉妬之心故從父母所子而稱季姜化天下以婦道也其詞之抑揚上下進退先後各有所當而不相悖皆正始之道王

化之基春秋之所謹也京師者衆大之稱

夏四月秋七月冬曹伯使其世子射姑來朝

按周官典命凡諸侯之適子誓於天子而攝其君則下其君之禮一等未誓則以皮帛繼子男世子固有出會朝聘之儀矣然攝其君繼子男者謂諸侯朝於天子有時而不敢後故老疾者使世子攝己事以見天子急述職也諸侯閒於王事則相朝其禮本無時曹伯既有疾何急於朝桓而使世子攝哉大位姦之窺也危病邪之伺也世子君之貳也君疾而儲副出啓窺伺之心危道也當享而射姑歎踰月而終生卒其有疾明矣而使世子來終生之過也世子將欲已乎則方命矣曰孝子盡道以事其親者也不盡道而茍焉以從命爲孝又焉得爲孝故尸子曰夫已多乎道

十年春王正月

桓無王今復書王何也十者盈數也天道十年則亦周矣人事十年則亦變矣故易稱守貞者十年而必反傳論遠惡者十年而必

桒栢公至是其數已盈宜見誅於天人矣十年書王紀常理也有習於穀梁子而不得其傳者見二年書王以爲正與夷之卒此年書王而曹伯適薨遂附益之以爲正終生之卒誤矣果正諸侯之卒不緣篡弑者陳侯鮑在五年之正月胡不書王以正其卒乎

庚申曹伯終生卒夏五月葬曹桓公秋公會衛侯于桃丘弗遇

弗者遷詞惡失信也衛初約魯會于桃丘至是中變而從齊鄭於是乎有郎之師其戰于郎直書曰來盟于惡曹俱奪其爵則桃丘之弗遇也蓋惡衛侯之失信矣桃丘衛地

冬十有二月丙午齊侯衛侯鄭伯來戰于郎

春秋加兵于魯衆矣未有書來戰者此獨不稱侵伐而以來戰爲文何也兵凶器戰危事聖人之所重也誅暴禁亂敵加於己蓋有不得已而應之者矣未有悖道縱欲得已不已而先之者也魯桓弑立天下大惡人人之所得討也鄭伯則首盟于越以定其位齊侯則繼會于稷以濟其姦曾不能修方伯之職駐師境上聲罪致

討伸天下之大義也今特以私忿小怨親帥其師戰于魯境尚爲
知類也哉此春秋之所必誅而不以聽也故以三國爲主而書來
戰于郎鄭人主兵而首齊猶衛州吁主兵而先宋

春秋傳卷第六

桓公下

十有一年春正月齊人衛人鄭人盟于惡曹

盟會皆君臣之禮故微者之盟會不志于春秋凡春秋所志必有君與貴大夫居其間者也惡曹之盟即三國之君矣既不以道與師爲郎之戰又結怨固黨爲惡曹之盟故前書其爵而以來戰著罪後書出盟而以奪爵示貶

夏五月癸未鄭伯寤生卒

鄭莊公志殺其弟使餬其口於四方自以爲保國之計得也然身没未幾而世嫡出奔庶孽奪正公子五爭兵革不息忽儀亹突之際其禍憯矣亂之所生也起於一念之不善後世則而象之至於兄弟相殘國內大亂民人思保其室家而不得不亦酷乎有國者所以必循天理而不可以私欲滅之也莊公之事可以爲永鑒矣

秋七月葬鄭莊公九月宋人執鄭祭仲

祭仲鄭相也見執於宋使出其君而立不正罪較然矣何以不名命大夫也命大夫而稱字非賢之也乃尊王命貴正卿大祭仲之罪以深責之也其意若曰以天子命大夫爲諸侯相而執其政柄事權重矣固將下庇其身而上使其君保安富尊榮之位也今乃至於見執廢黜其君而立其非所立者不亦甚乎任之重者責之深祭仲無所逃其罪矣春秋美惡不嫌同詞突之書名則本非有國由祭仲立之也若忽則以世嫡之正至於見逐不能立乎其位貴賤之分亡矣凡此類抑揚其詞皆仲尼親筆非國史所能與而先儒或以從赴告而書者殊誤矣或曰孔父賢而書名則曰禮之大節也今此則名其君於下而字其臣於上何以異乎曰春秋者輕重之權衡也變而不失其正之謂權常而不過於中之謂正宋孔父道其常祭仲昭公語其變惟可與權者其知之矣

突歸于鄭

突不稱公子絕之也小白入于齊則曰齊小白突歸于鄭何以不

稱鄭突乎以小白繫之齊者明桓公之宜有齊也不以突繫之鄭者正厲公不當立也突不當立何以書歸于鄭乎春秋書歸有二義一易詞也一順詞也其書入亦有二義一難詞也一逆詞也突以庶奪正固爲不順矣然內則權臣許之立外則大國爲之援而世子忽之才不能以自固也則其歸無難故穀梁子曰歸易詞也

鄭忽出奔衛

忽以國氏正也出奔而名不能君也攷於詩有女同車刺無大國之助也山有扶蘇所美非美然也蘀兮君弱臣強不唱而和也狡童不能與賢臣圖事權臣擅命也夫以狡童目其君聖人猶錄其詩所以見忽之失國亦其自取非獨仲之罪矣或曰詩人刺忽之不昏于齊至於見逐欲固其位者必待大國之援乎曰此獨爲鄭忽言也如忽之爲人苟無大援則不能立爾若夫志士仁人卓然有以自立者進退之權在我矣鄭自五霸之後益以侵削他日子產相焉馳詞執禮以當晉楚至於壞諸侯之館垣却逆女之公子干

野皆變其常度以晉楚之強卒莫能屈亦待大國之助乎然則仲見脅忽出奔咸其自取焉爾春秋書法如此欲人自強於爲善也

柔會宋公陳侯蔡叔盟于折公會宋公于夫鍾冬十有二月公會宋公于闞

臣與宋公盟于折君與宋公會于夫鍾于闞于虛于龜皆存而不削何其詞費也曰盟者春秋所惡而屢盟以長亂會者諸侯所不得而數會以厚疑聖人皆存而不削於以見屢盟而卒叛數會而卒離其事可謂著明矣是故春秋之志在於天下爲公講信修睦不以會盟爲可恃也

十有二年春正月夏六月壬寅公會杞侯莒子盟于曲池秋七月丁亥公會宋公燕人盟于穀丘八月壬辰陳侯躍卒公會宋公于虛冬十有一月公會宋公于龜丙戌公會鄭伯盟于武父丙戌衛侯晉卒十有二月及鄭師伐宋丁未戰于宋

既書伐宋又書戰于宋者責賂於鄭而無厭屢盟於魯而無信者

宋也二國督其罪以致討故書曰伐夫宋人之罪則固可伐矣然
取其賂以立督者魯桓也資其力以簒國者鄭突也無諸已然後
可以非諸人春秋之義用賢治不肖不以亂易亂也故又書曰戰
于宋來戰者罪在彼戰于郎是也往戰者罪在內戰于宋是也
十有三年春二月公會紀侯鄭伯己巳及齊侯宋公衛侯燕人戰齊
師宋師衛師燕師敗績
左氏以爲鄭與宋戰公羊以爲宋與魯戰穀梁以爲紀與齊戰趙
匡攷據經文內兵則以紀爲主而先於鄭外兵則以齊爲主而先
於宋獨取穀梁之説蓋齊紀者世讎也齊人合三國以攻紀魯鄭
援紀而與戰戰而不地於紀也不然紀懼滅亡不暇何敢將兵越
國助魯鄭以增怨乎齊爲無道恃強陵弱此以紀爲主何也彼爲
無道加兵於己必有引咎責躬之事禮義辨喻之文猶不得免焉
則亦固其封疆効死以守上訴諸天子下告諸方伯連率與鄰國
之諸侯其必有伸之者矣不如是而憤然與戰豈已亂之道乎力

同度德動則相時小國讎大國而幸勝焉禍之始也息伐鄭而亡鄭勝蔡而懼蔡敗楚而滅今紀人不度德不量力不禦詞輕與齊戰而爲之援者弑君之賊簒國之人也不能保其國自此戰始矣春秋以紀爲主省德相時自治之意也

三月葬衛宣公

葬自内録也既與衛人戰曷爲葬宣公怨不棄義怒不廢禮是知古人以葬爲重也禮喪在殯孤無外事衛宣未葬朔乃即戎已爲失禮又不稱子是以吉服從金革之事其爲惡大矣凡此類據事直書年月具存而惡自見也

夏大水秋七月冬十月

十有四年春正月公會鄭伯于曹無冰

按豳風七月周公陳王業之詩也其詞曰二之日鑿冰冲冲三之日納于凌陰四之日其蚤獻羔祭韭周官凌人之職頒冰於夏其藏之也固陰沍寒於是乎取其出之也賓食喪祭於是乎用藏之

周用之偏亦理陰陽天地之一事也今在仲冬之月燠而無冰則政治縱弛不明之所致也故書于策夫春秋所載皆經邦大訓而書法若此其察於四時寒暑之變詳矣

夏五

夏五傳疑也疑而不益見聖人之愼也故其自言曰吾猶及史之闕文也其語人曰多聞闕疑愼言其餘則寡尤而世或以私意改易古書者有矣盍亦視此爲鑒可也然則春秋何以謂之作曰其義則斷自聖心或筆或削明聖人之大用其事則因舊史有可損而不能益也

鄭伯使其弟語來盟

來盟稱使則前定之盟也其不稱使如楚屈完齊高子則權在二子盟不盟特未定也諸侯之弟兄例以字通而書名者罪其有寵愛之私非友于之義也

秋八月壬申御廩災

門觀災而新作則書御廩粢盛之所藏其新必矣何以不書營宮室以宗廟爲先重本也御廩災而新則不書常事也以爲常事而不書垂教之意深矣知其說者然後知有國之急務爲政之後先雖勤於工築而民不怨勞與安興土木困民力以自奉者異矣

乙亥嘗

嘗祭時事之常則何以書志不時與不敬也春秋紀事用周月而以八月嘗則不時也御廩災于壬申而嘗以乙亥是不改卜而供未易災之餘則不敬也禮以時爲大施於事則不時禮以敬爲本發於心則不敬故書

冬十有二月丁巳齊侯祿父卒宋人以齊人蔡人衛人陳人伐鄭

師而曰以者能左右之以行已意也宋怨鄭突之背已故以四國伐鄭魯怨齊人之侵已故以楚師伐齊蔡怨囊瓦之拘已故以吳子伐楚蔡弱於吳魯弱於楚宋與蔡衛陳敵而弱於齊乃用其師以行已意故特書曰以列國之兵有制皆統乎天子而敢私用之

與私爲之用以伐人國大亂之道也故穀梁子曰以者不以者也
十有五年春二月天王使家父來求車
遣使需索之謂求王畿千里租稅所入足以充費不至於有求四方諸侯各有職貢不至於來求以喪事而求貨財已爲不可況車服乎經於求賻求車求金皆書曰求垂後戒也夫上有好者下必有甚焉者矣王者有求下觀而化諸侯必將有求以利其國大夫必將有求以利其家士庶人必將有求以利其身皇皇焉唯恐不足未至於篡弑奪攘則不厭矣古之君人者必昭儉德以臨照百官尊卑登降各有度數示等威明貴賤民志既定之後皆安其分而無求兵刑寢矣及侈心一動莫爲防制必至於亢不衷官失德廉耻道喪寵賂日章淪於危亡而後止也觀春秋所書則見王室衰亂之由而知興衰撥亂之説矣
三月乙未天王崩夏四月己巳葬齊僖公五月鄭伯突出奔蔡
按左氏祭仲專鄭伯使其壻雍糾殺之雍姬知之以告仲仲殺雍

糾公出奔蔡是祭仲逐之也沒而不書其義何也陸淳曰逐君之臣其罪易知也君而見逐其惡甚矣聖人之教在乎端本清源故凡諸侯之奔皆不書所逐之臣而以自奔爲名所以警乎人君其説是也夫君實有國而出於臣乃其自取焉耳本正而天下之事理矣

鄭世子忽復歸于鄭

忽嘗嗣位君其國歸而獨稱世子則亡其君位明矣其稱復歸者謂既絶而復歸也然諸侯失國出奔歸而稱復則可大夫失位出奔歸而稱復則不可古者諸侯世國大夫不世官或曰復猒詞也

許叔入於許

許大岳之胤先王建國迫於齊鄭不得奉其社稷未聞可滅之罪也則當伸大義以直詞上告諸天王下赴諸方伯求復其國糞除宗廟孰能與之爭今乃因亂竊入則非復國之義故書入于許入云者難詞也

公會齊侯于艾邾人牟人葛人來朝

公羊曰皆何以稱人夷狄之也其狄之何天王崩不奔喪而相率朝弑君之賊也

秋九月鄭伯突入于櫟

經於厲公復國削而不書獨書入于櫟何也夫制邑之死虢君共城之叛大叔皆莊公所親戒也今又城櫟而寘子元焉使昭公不立何謀國之誤也衛有蒲戚而出獻公楚有陳蔡不羹而叛棄疾末大必折有國之害也故夫子行乎季孫曰古者家不藏甲邑無百雉之城遂墮三都以張公室於厲公復國削而不書者若曰既入于櫟則其國已復矣於以明居重馭輕強榦弱枝以身使臂之義為天下與來世之鑒也為國者可不謹於禮乎春秋此義皆小康之事衰世之意也

冬十有一月公會宋公衛侯陳侯于袲伐鄭

左氏曰將納厲公也弗克而還穀梁曰地而後伐疑詞非其疑也

昭公與突之是非邪正亦明矣然昭公雖正其才不足以君一國之人復歸于鄭曰以微弱厲公雖簒其智足以結四鄰之援既入于櫟曰以盛強諸侯不顧是非而計其強弱始疑於輔正終變而與邪穀梁所謂非其疑者非其疑於爲義而果於爲不義相與連兵動衆納簒國之公子也故詳書其會地而後言伐以譏之也

十有六年春正月公會宋公蔡侯衛侯于曹夏四月公會宋公衛侯陳侯蔡侯伐鄭

春正月會于曹蔡先於衛夏四月伐鄭衛先於蔡王制諸侯之爵次其後先固有序矣在周官大司馬設儀辨位以等邦國猶天建地設不可亂也及春秋時禮制既亡霸者以意之向背爲升降諸國以勢之強弱相上下蔡嘗先衛今序陳下者先儒以爲後至也以至之先後易其序是以利率人而不要諸禮也豈所以定民志乎後世有以濃賞誘人之趨事赴功以重罰沮人之奉公守正意亦如此夫亂之所由生也則儀位以爲階春秋防微杜漸尤嚴於

名分考其所書意自見矣
秋七月公至自伐鄭
伐鄭則致罪之也曷爲罪之以納突也諸侯失國諸侯納之正也伐鄭以納突非正也故書至以罪桓之上無王法恣爲不義而莫之禁也
冬城向十有一月衛侯朔出奔齊
十有七年春正月丙辰公會齊侯紀侯盟于黃二月丙午公會邾儀父盟于趡五月丙午及齊師戰于奚六月丁丑蔡侯封人卒秋八月蔡季自陳歸于蔡
季字也歸順詞蔡季之去以道而去者也其歸以禮而歸者也公子不去國季何以去權也既歸何以不有國獻舞立矣若季者劉敞所謂智足以與權而不亂力足以得國而不居遠而不攜邇而不迫者也是以見貴於春秋
癸巳葬蔡桓侯

唉助曰蔡桓何以稱侯蓋蔡季之賢知請謚也人亦多愛其君者莫能愛君以禮而季能行之此賢者所以異於衆人也或曰葬未有不稱公者其稱侯傳失之爾臣子之於君極其尊而稱之禮也其說誤矣孔子疾子路使門人爲臣子曰無臣而爲有臣吾誰欺欺天乎曾子疾革而易簀曰吾得正而斃焉斯已矣故終而必安於正人子不以非所得而加之於父是爲孝人臣不以非所得而加之於君是爲忠極其尊而稱之不正之大者而可以爲禮哉或曰魯君生而稱公亦非禮乎曰生而稱公爲虛位禮之文也歿而繫謚爲定名禮之實也春秋諸侯雖伯子男葬皆稱公志其失禮之實爲後世戒欲其以正終也其垂訓之義大矣

及宋人衛人伐邾冬十月朔日有食之

十有八年春王正月

是年桓公已終復書王者春秋之時諸侯放恣弑君篡國者已列於會則不復致討故魯宣殺惡及視以取國賂齊請會而傳曰會

于平州以定公位曹伯負芻殺太子自立見執於晉而曹人請之曰君爲有罪則君列諸會矣孔子爲此懼作春秋於十八年復書王者明弑君之賊雖身已没而王法不得赦也又據桓十五年天王崩至是新君嗣立三年之喪畢矣明弑君之賊雖在前朝而古今之惡一也然則簒弑者不容於天地之間身無存没時無古今皆得討而不赦聖人之法嚴矣已列於會則不致討可乎故曰春秋成而亂臣賊子懼

公會齊侯于濼公與夫人姜氏遂如齊

與者許可之詞曰與者罪在公也按齊詩惡魯桓微弱不能防閑文姜使至淫亂爲二國患而其詞曰敝笱在梁其魚唯唯齊子歸止其從如水言公於齊姜委曲從順若水從地無所不可故爲亂者文姜而春秋罪桓公治其本也易曰夫夫婦婦而家道正夫不夫則婦不婦矣乾者夫道也以乘御爲才坤者婦道也以順承爲事易著於乾坤述其理春秋施於桓公見其用

夏四月丙子公薨于齊丁酉公之喪至自齊

魯公弒而薨者則以不地見其弒今書桓公薨于齊豈不沒其實乎前書公與夫人姜氏如齊後書夫人孫于齊去其姓氏而莊公不書即位則其實亦明矣

秋七月冬十有二月己丑葬我君桓公

公羊曰賊未討何以書葬讎在外也穀梁子曰讎在外者不責踰國而討于是也夫桓公之讎在齊則外也隱公之讎在魯則内也在外者不責其踰國固有任之者矣在内者討于是此春秋之法也故十八年書王而桓公書葬惟可與權者其知之矣

春秋傳卷第七

莊公上

元年春王正月

不書即位內無所承上不請命也或曰莊公嫡長其爲儲副明矣雖內無所承上不請命獨不可以享國而書即位乎曰諸侯之嫡子必誓於王莊雖嫡長而未誓安得爲國儲君副稱世子也夫爲世子必誓於王爲諸侯可以內無所承上不請命擅有其國即諸侯之位耶春秋絀而不書父子君臣之大倫正矣

三月夫人孫于齊

夫人文姜也桓公之弒姜氏與焉爲魯臣子者義不共戴天矣嗣君夫人所出也恩如之何徇私情則害天下之大義舉王法則傷母子之至恩此國論之難斷者也經書夫人孫于齊而恩義之輕重審矣梁人有繼母殺其父者而其子殺之有司欲當以大逆孔季彥曰文姜與弒魯桓春秋去其姜氏傳謂絕不爲親禮也夫絕

不爲親即凡人耳方諸古義宜以非司寇而擅殺當之不得以逆論也人以爲允故通於春秋然後能權天下之事矣孫者順讓之詞使若不爲人子所逐以全恩也哀姜去而弗返文姜即歸于魯例以孫書何也與聞弒桓之罪已極有如去而弗返深絕之也然則恩輕而義重矣河廣之詩其詞何取而聖人錄于國風者明宋襄公之重本亦此義也其垂訓遠矣

夏單伯逆王姬

單伯者吾之命大夫也逆王姬使我爲之主也其不言如者穀梁子以爲義不可受於京師也躬君弒於齊使之主婚姻與齊爲禮其義固不可受也此明忘親釋怨則無以立人道矣

秋築王姬之館于外

魯於王室爲懿親其主王姬亦舊矣館於國中必有常處今特築之于外者穀梁子以爲仇讎之人非所以接婚姻也衰麻非所以接弁冕也知其不可故特築之于外也築之于外得變之正乎曰

不正有三年之喪夫王於義不當使之主有不戴天之讎莊公於義不可爲之主築之於外之爲宜不若辭而弗主之爲正也是以君子貴端本焉或曰天王有命固不可辭使單伯逆于京師上得尊周之義爲之築館于外下未失居喪之禮奚爲不可曰以常禮言之可也今莊公有父之讎方居苫塊此禮之大變也而爲之主婚是廢人倫滅天理矣春秋於此事一書再書又再書者其義以復讎爲重示天下後世臣子不可忘君親之意故雖築館于外不以爲得禮而特書之也

冬十月乙亥陳侯林卒王使榮叔來錫桓公命

啖助曰不稱天王寵簒弒以瀆三綱也春秋書王必稱天所履者天位也所行者天道也所賞者天命也所刑者天討也今桓公弒君簒國而王不能誅反追命之無天甚矣桓無王王無天其失非小惡也與葬成風引爲夫人使妾並嫡無以異故其文一施之范甯乃以出居于鄭來聘求車三事爲證而謂非義之所存誤矣

王姬歸于齊

魯主王姬之嫁舊矣在他公時常事不書此獨書者以歸于齊故也逆于京師築館于外而不書歸于齊則無以見其罪之在也書歸于齊而後忘親釋怨之罪著矣春秋復讎之義明矣

齊師遷紀郱鄑郚

郱鄑郚者紀三邑也邑不言遷遷不言師其以師遷之者見紀民猶足與守而齊人強暴用大衆以迫之爲已屬也凡書遷者自是而滅矣春秋興滅國繼絶世則遷國邑者不再貶而罪巳見矣

二年春王二月葬陳莊公夏公子慶父帥師伐於餘丘

按二傳於餘丘邾邑也國而曰伐此邑爾其曰伐何也誌慶父之得兵權也莊公幼年即位首以慶父主兵卒致子般之禍於餘丘法不當書聖人特書以誌亂之所由爲後戒也魯在春秋中見弑者三君其賊未有不得魯國之兵權者公子翬再爲主將專會諸侯不出隱公之命仲遂擅兵兩世入杞伐邾會師救鄭三軍服其

威令之日久矣故翬弒隱公而寪氏不能明其罪慶父弒子般而成季不能遏其惡公子遂殺惡及視而叔仲惠伯不能免其死夫豈一朝一夕之故哉春秋所書爲戒遠矣

秋七月齊王姬卒

内女嫁爲諸侯妻則書卒王姬何以書比内女爲之服也故檀弓曰齊告王姬之喪魯莊公爲之大功或曰由魯嫁故爲之服姊妹之服夫服稱情而爲之節者也莊公於齊王姬厚矣如不共戴天之念何此所謂不能三年之喪而緦小功之察也特卒王姬以著其罪

冬十有二月夫人姜氏會齊侯于禚

婦人無外事送迎不出門見兄弟不踰閾在家從父既嫁從夫夫死從子今會齊侯于禚是莊公不能防閑其母失子道也故趙匡曰姜氏齊侯之惡著矣亦所以病公也曰子可以制母乎夫死從子通乎其下况於國君君者人神之主風教之本也不能正家如

正國何者莊公者哀痛以思父誠敬以事母威刑以督下車馬僕從莫不俟命夫人徒往乎夫人之往也則公威命之不行哀戚之不至爾

乙酉宋公馮卒

三年春王正月溺會齊師伐衛

穀梁子曰此公子溺也其不稱公子何也惡其會仇讎伐同姓故貶而名之也有父之讎而釋怨其罪大矣況與合黨興師伐人國乎

夏四月葬宋莊公五月葬桓王

左氏曰緩也天子七月而葬同軌畢至諸侯五月同盟至大夫三月同位至士踰月外姻至王崩至是蓋七年矣先儒或言天子不志葬又以爲不言葬者常也夫事孰有大於葬天子者而可以不志乎死生終始之際人道之大變豈以是爲常事而不書也

秋紀季以酅入于齊

大夫不得用地公子不當去國盜地以下敵棄君以避患非人臣也故春秋之義私逃者必書奔有罪者必加貶今季不書奔則非竊地也不書名則非貶也諸侯兄弟貶則書名宋辰秦鍼之類是也不貶則書字蔡季許叔之類是也紀季所以不書奔者有紀侯之命矣所以不書名者天下無道強衆相陵夫子不能正方伯不能伐屈己事齊請後五廟其亦不得已而爲之者非其罪也所以無貶乎入云者難詞也

冬公次于滑

穀梁子曰次止也有畏也欲救紀而不能也春秋紀兵伐而書次以次爲善救而書次以次爲譏次于滑譏之也魯紀有婚姻之好當恤其患忿齊有父之讎不共戴天苟能救紀抑齊一舉而兩善并矣見義不爲而有畏也春秋之所惡故書公次于滑以譏之也或言夫子意在刺無王命者譏其怯懦則當褒其勇者春秋乃皷亂之書爲此言者誤矣易於謙之六五則曰利用侵伐師之六四

則曰左文無咎進退勇怯顧義如何爾豈可專以勇爲鼓亂而不
與乎
四年春王二月夫人姜氏享齊侯于祝丘
享者兩君之禮所以訓共儉也兩君相見享于廟中禮也犧象不
出門嘉樂不野合非兩君相見又去其國而享諸侯甚矣
三月紀伯姬卒夏齊侯陳侯鄭伯遇于垂
蘇轍曰鄭伯子儀也桓十五年書突出奔蔡忽歸于鄭是年九月
突入于櫟十七年高渠彌弑忽立子亹十八年齊襄公殺子亹鄭
人立子儀莊十四年突使傅瑕弑子儀而入則遇于垂者子儀也
然則鄭有二君可乎春秋有一國而二君者鄭突與儀衛衎與剽
是也突衎始終爲君子儀君鄭十有四年剽君衛十有一年皆能
君者也故春秋因其實而君之然則孰與曰皆不與也突之入以
篡衎之出以惡儀剽雖國人所立而突衎在焉非所以爲安也故
四人者春秋莫適與也皆不没其實耳君子不幸而處於此如子

臧季札可也不如是則亂不止爲此說者善矣然而鄭伯實厲公也非子儀也

紀侯大去其國

凡大閲大雩大蒐而謂之大者譏其僭也大無者志倉廩之竭也大去者土地人民儀章器物悉委置之而不顧也或曰以爭國爲小而不爲以去國爲大而爲之者也夫守天子之土疆承先祖之祭祀義莫重焉委而去之無貶歟曰有國家者以義言之世守也非身之所能爲則當效死而勿去以道言之不以其所以養人者害人亦可去而不守於斯二者顧所擇如何爾然則擬諸大王去邠之事其可以無愧矣曰夫大王去邠從之者如歸市紀侯去國日以微滅則何大王之可擬哉故聖人與其不爭而去而不與其去而不存與其不爭而去是以異於失地之君而不名不與其去而不存是故書叔姬歸酅而不録紀侯之卒明其爲君之末矣

六月乙丑齊侯葬紀伯姬

葬紀伯姬不稱齊人而曰其君者見齊襄迫逐紀侯使之去國雖其夫人在殯而不及葬然後襄公之罪著矣或曰葬之禮也而以爲著其罪何也殺魯君滅其婚姻之國而葬其女是猶加刃於人以手撫之也而可以爲禮乎言齊侯賤之也或曰惡其詐也如紀似禮存季似義葬伯姬似仁惡似而非者惡莠恐其亂苗也

秋七月冬公及齊人狩于禚

穀梁子曰齊人者齊侯也其曰人何也卑公之敵所以卑公也何爲卑公不復讎而怨不釋刺釋怨也父母之讎不共戴天兄弟之讎不與同國九族之讎不同鄉黨朋友之讎不同市朝今莊公於齊侯不與共戴天則無時焉可通也而與之狩是忘親釋怨非人子矣夫狩者馳騁田獵其爲樂下主乎己一爲乾豆其事上主乎宗廟以爲有人心者宜於此焉變矣故齊侯稱人而魯公書及以著其罪

五年春王正月夏夫人姜氏如齊師

師者衆多之地按齊詩載驅刺襄公無禮義盛其車服疾驅於通道大都與文姜淫之詩也其三章曰汶水湯湯行人彭彭魯道有蕩齊子翱翔彭彭者多貌也其四章曰汶水滔滔行人儦儦魯道有蕩齊子遊敖儦儦者衆貌也曰會曰享猶爲之名也至是如齊師著惡之心忘矣夫人之行不可復制矣春秋書此以戒後世謹禮於微慮患於早之意也

秋郳黎來來朝

郳國也黎來名也國何以名夷狄之附庸也中國附庸例書字郳儀父蕭叔是也夷狄附庸例書名郳黎來介葛盧是也能修朝禮故特書曰朝其後王命以爲小邾子蓋於此已能自進於禮矣

冬公會齊人宋人陳人蔡人伐衛

穀梁子曰是齊侯宋公也其曰人何也人諸侯所以人公也其人公何也逆王命也桓公十六年衛侯朔出奔齊經書其名者以王命絶之也文黨有罪以納之故貶而稱人

六年春王正月王人子突救衛

王人微者子突其字也以下士之微超從大夫之例而書字者褒救衛也朔陷其兄使至於死罪固大矣然其父所立諸侯莫得而治也王治其舊惡而廢之可也又藉諸侯之力抗王命以入國是故四國之君貶而稱人王人之微嘉而書字或曰子突王之子弟也用兵大事而委諸子弟使無成功故書人以譏之必若此言是春秋以成敗論事而不計理也使諸侯苟顧順逆之理子突雖微自足以申王命矣彼既肆行莫之顧也雖天子親臨將有請從如祝聃者況其下乎子突不勝五國使之得入也其亦不幸焉爾矣幸不幸命也守義循理者法也君子行法以俟命故其褒貶如此

夏六月衛侯朔入于衛秋公至自伐衛

入有二義一難詞也一逆詞也朔藉諸侯之力連五國之師距王官之微者以復歸于衛其勢宜無難矣而書入者逆王命也春秋大義在於天下爲公選賢與能而不拘大人世及之禮雖以正取

國末之貴也況殺其兄文逆王命乎故衛朔書名書入以著其罪王人書字書救以著其善外則諸侯書人内則莊公書至而春秋之情見矣

螟冬齊人來歸衛俘

俘者二傳以爲寶按商書稱遂伐三朡俘厥寶玉則俘者正文也寶者釋詞也言齊歸衛寶即知四國皆受朔之賂矣春秋特書此事結正諸侯之罪也夫以弟弑兄臣弑君篡居其位上逆天王之命人理所不容矣彼諸侯者豈其弗察而援之甚力則未有以驗其喪心失志迷惑之端也及書齊人歸寶然後知其有欲貨之心而後動於惡也世衰道微暴行交作徇于貨寶賄賂公行使君臣父子兄弟終去仁義懷利以相與不至於篡弑奪攘則不厭也春秋書此結正諸侯之罪垂戒明矣

七年春夫人姜氏會齊侯于防夏四月辛卯夜恒星不見夜中星隕如雨

恒星者列星也如雨者言衆也人事感於下則天變動於上前此者五國連衡旅拒王命後此者齊桓晉文更霸中國政歸盟主而王室遂虛其爲法度廢絶威信陵遲之象著矣漢成帝永始中亦有星隕之異而五侯擅權賊莽居攝漢法宗支掃蕩幾盡天之示人顯矣春秋謹於天象至矣

秋大水無麥苗

書大水畏天災也無麥苗重民命也畏天災重民命見王者之心矣忽天災而不懼輕民命而不圖國之亡無日矣春秋所以謹之也

冬夫人姜氏會齊侯于穀

防魯地也穀齊地也初會于禚次享于祝丘又次如齊師又一歲而再會焉其爲惡益遠矣明年無知弑諸兒其禍淫之明驗也

八年春王正月師次于郎以俟陳人蔡人

用大衆曰師次止也伐而次者有整兵慎戰之意其次善之也遂

伐楚次于陘是也救而次者有緩師畏敵之意其次譏之也次于
匡于聶北于雍榆是也俟而次者有無名妄動之意次于郎以俟
陳人蔡人是也何俟乎陳蔡或曰陳蔡將過我俟而邀之也或曰
魯將與陳蔡有事於鄰國而陳蔡不至故次于郎以待之也若是
皆非義矣其曰次曰以俟者深貶之也

甲午治兵

此治兵于郎也俟而不至㬥師露衆役久不用則有失伍離次逃
亡潰散之虞故復申明軍法以整齊之其志非善之也譏黷武也

夏師及齊師圍郕郕降于齊師

書及齊師者親仇讎也圍郕者伐同姓也郕降于齊師者見伐國
無義而不能服也於是莊公之惡著矣

秋師還

書師還譏役久也按左氏仲慶父請伐齊師莊公不可是國君上
將親與圍郕之役也然其次其及其還皆不稱公者重衆也春秋

正例君將不稱帥師則以君爲重今此不稱公又以爲重衆何也輕舉大衆妄動久役侯陳蔡而陳蔡不至圍郕而郕不服歷三時而後還則無名黷武非義害人未有如此之甚也至是師爲重矣義繫於師故不書公以著勞民毒衆之罪爲後戒也春秋於王道輕重之權衡此類是矣

冬十有一月癸未齊無知

無知曷爲不稱公孫而以國氏罪僖公也弑君者無知於僖公何罪乎不以公孫之道待無知使恃寵而當國也按無知者夷仲年之子年者僖公毋弟也私其同毋異於他弟施及其子衣服禮秩如嫡此亂本也故於年之來聘特以弟書於無知之弑不稱公孫著其有寵而當國也垂戒之義明矣古者親親與尊賢並行而不相悖故堯親九族必先明俊德而後九族睦周封同姓必庸康叔蔡仲而後王室強徒知寵愛親屬而不急於尊賢使爲儀表以明親親之道必有篡弑之禍矣

弑其君諸兒

按左氏齊侯游于姑棼遂田于貝丘徒人費遇賊于門先入伏公出而鬭死石之紛如死于階下是能死節者也春秋重死節之臣而法有特書其不見于經何也如費等所謂便嬖私暱之臣逢君之惡由獵畢弋而不修民事使百姓苦之者也與大臣孔父仇牧義形於色不畏強禦以身死其職則異矣當是時管仲隰朋鮑叔皆沉於下寮不見庸也而徒人費石之紛如乃得居左右襄公之所昵遠親信者如此故以齊國之強大一世桓公用之則九合諸侯不以兵車由親賢人遠小人所以興也襄公用之不能保其身死于戶下由親小人遠賢人所以亡也此二人雖死于難與自經於溝瀆而莫之知者猶不遠焉乃致亂之臣死不償責又何取乎

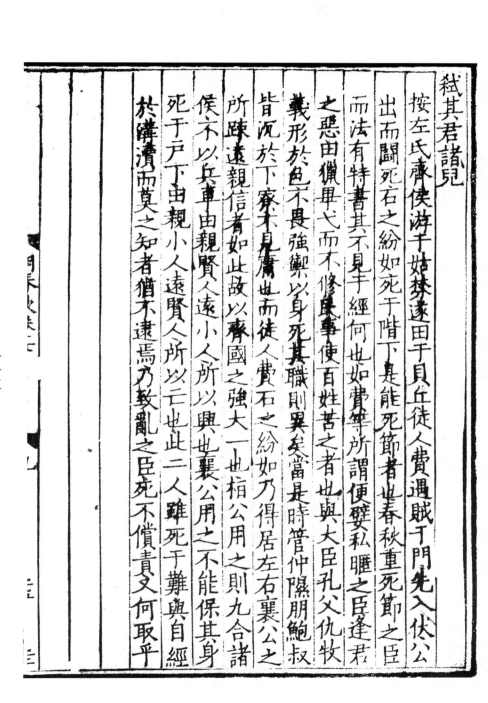

春秋傳第八

莊公中

九年春齊人殺無知

殺無知者雍廩也而曰齊人者討賊之詞也弑君之賊人人之所惡夫人之所得討故稱人人者衆詞也無知不稱君己不能君齊人亦莫之君也

公及齊大夫盟于蔇

及者内爲志大夫不名者義繫於齊而不繫於大夫之名氏也曰公及齊大夫盟者譏公之釋父怨親仇讎也或曰以德報怨寬身之仁何以譏之也曰德有輕重怨有深淺怨莫甚乎父母之仇而德莫重乎安定其國家而圖其後嗣也有父之讎而不知怨乃欲以重德報之也則人倫廢天理滅矣然則如之何以直報怨以德報德

夏公伐齊納糾齊小白入于齊

左氏書子糾二傳曰伐齊納糾君子以公穀爲正納者不受而強致之稱入者難詞糾不書子者明糾不當立也以小白繫齊者明小白宜有齊也所以然者襄公見殺糾與小白皆以庶公子出奔而糾弟也文未嘗爲世子按史稱周公誅管蔡以安周齊桓殺其弟以反國是糾幼而小白長其有齊宜矣宜則何以不稱公子内無所承上不禀命故以王法絕之也桓公於王法雖可絕視子糾則當立故管氏相桓爲徒義而聖人稱之曰微管仲吾其被髮左衽矣召忽死於子糾爲傷勇比諸匹夫匹婦之諒自經於溝瀆而莫之知也

秋七月丁酉葬齊襄公八月庚申及齊師戰于乾時我師敗績

内不言敗此其言敗者爲與讎戰雖敗亦榮也按左氏戰于乾時公喪戎路乘傳而歸則敗績者公也能與讎戰雖敗亦榮何以不言公恥之也公本忘親釋怨欲納讎人之子謀定其國家不爲復讎與之戰也是故沒公以見恥若以復讎舉事則此戰爲義戰當

書公冠于敗績之上與沙隨之不得見平丘之不與盟爲比以示榮矣惟不以復讎戰也是故諱公以重貶其忘親釋怨之罪其義深切著明矣

九月齊人取子糾殺之

取者不義之詞前書納糾不稱子者明不當立也此書殺糾復稱子者明不當殺也或奪或予於義各安春秋精意也仁人之於兄弟不藏怒焉不宿怨焉親愛之而已糾雖爭立越在他國置而勿問可也必請于魯殺之然後快于心其不仁亦甚矣後世以傳讓爲名而取國者必殺其主以爲一人心防後患意與此同流毒豈不遠哉故孟子曰五伯三王之罪人也仲尼之徒無道桓文之事者

冬浚洙

固國以保民爲本輕用民力妄興大作邦本一摇雖有長江巨川限帶封域洞庭彭蠡河漢之險猶不足憑而況洙乎書浚洙見勞

民於守國之末務而不知本為後戒也

十年春王正月公敗齊師于長勺

齊師伐魯經不書伐意責魯也詐戰曰敗敗之者為主或曰長勺魯地而齊師至此所謂敵加於己不得已而後應者也疑若無罪焉何以見責乎善為國者不師善師者不陣善陣者不戰故行使則有文告之詞而疆埸則有守禦之備至於善陣德已衰矣而況兵刃相接又以詐謀取勝乎故書魯為主以責之皆已亂之道寡怨之方主者之事也

二月公侵宋三月宋人遷宿

其曰遷宿者宿非欲遷為宋人之所遷也懷土常物之大情遷國重事也雖違害就利去危即安猶或恐沉于衆不肯率從而況迫於横逆非其所欲棄久宅之田里刈新徙之蓬藋道途之勤營築之勞起怨咨傷和氣曾不惻然有憐乎肆行莫之顧也其不仁亦甚矣凡書遷不再見而惡已見矣

夏六月齊師宋師次于郎公敗宋師于乘丘

齊宋輕舉大衆深入他境肆其報復之心誠有罪也魯人若能不用詐謀奉其辭令二國去矣偷得一時之捷而積四鄰之忿此小人之道故次者不以其事勝者不以其理交譏之

秋九月荆敗蔡師于莘以蔡侯獻舞歸

蔡侯何以名絶之也凡書敗書滅書入而以其君歸皆名者為其服為臣虜故絶之也若蔡獻舞潞嬰兒沈嘉許斯頓牂胡豹曹陽邾益之類是矣國君死社稷正也逃之雖罪猶有恥焉虜甚矣楚人滅夔以夔子歸獨不名者夔子以無罪見討雖國滅身為臣虜其義直其詞初不服也是以獨假之爵而不名也春秋之法諸侯不生名失地則生而名之比於賊者欲使有國之君戰戰兢兢長守富貴無危溢之行也

冬十月齊師滅譚譚子奔莒

滅而書奔責不死位也不書出國亡無所出也國滅身奔而不能

守其富貴何以書爵乎已無取滅之罪爲橫逆所加而力不能勝至於出奔則亦不幸焉爾矣其義蓋未絕也按左氏齊侯之出也過譚譚不禮焉及其入也諸侯皆賀譚又不至責其失事大之禮可矣坐此見滅可乎齊師滅譚譚子奔莒楚人滅弦弦子奔黄狄滅溫溫子奔衛三國所以皆存其爵不比於失地之君而名之也然則吴滅徐徐子章羽奔楚何以獨名按左氏吴伐徐徐子斷其髮攜其夫人以逆吴子旣已屈服而後奔豈有興復之志乎獨書名所以絕之也春秋之義雖在於抑強扶弱又責弱者之不自強於爲善也故其書法如此

十有一年春王正月夏五月戊寅公敗宋師于鄑秋宋大水

凡外災告則書所謂災者害及民物如水火兵戎之寇是也諸侯於四鄰有恤病救急之義則告爲得禮而不可以不弔故四國同災許人不弔君子以是知許之先亡也凡志災見春秋有謹天戒恤民隱之心王者之事也

冬王姬歸于齊

按周制王姬嫁於諸侯車服不繫其夫下王后一等禮亦隆矣春秋之義尊君抑臣其書王姬下嫁曷爲與列國之女同辭而不異乎曰陽唱而陰和夫先而婦從天理也述天理訓後世則雖以王姬之貴其當執婦道與公侯大夫士庶人之女何以異哉故舜爲匹夫妻帝二女而其書曰嬪于虞西周王姬嫁於齊侯亦執婦道成肅雍之德其詩曰曷不肅雍王姬之車自秦而後尤欲尊君抑臣爲治而不得其道至謂列侯尚公主使男事女夫屈於婦道陰陽之位故王陽條奏世務指此爲失而長樂王回亦以其弊至父母不敢畜其子舅姑不敢畜其婦原其意雖欲尊君抑臣爲治而使人倫悖於上風俗壞於下又豈所以爲治也其流至此然後知春秋書王姬侯女同詞而不異垂訓之義大矣

十有二年春王三月紀叔姬歸于酅

莊公四年紀侯去國叔姬至此始歸于酅者紀侯方卒故叔姬至

此然後歸爾歸者順詞以宗廟在鄭歸奉其祀也曾爲宗國婦人有來歸之義絶旣亡矣不歸于魯所謂全節守義不以亡故而虧婦道者也魯人高其節義恩禮有加焉是故其歸于鄭其卒其葬史冊悉書夫子修經存而弗削使與衛之共姜同垂不朽爲後世勸若夏侯令女曹爽之弟婦也寡居守志父母欲奪而嫁之誓而弗許而曰曹氏全盛之時尚欲保終況今衰亡何忍棄之聞者爲之感動其聞叔姬之風而興起者乎

夏四月秋八月甲午宋萬弑其君捷及其大夫仇牧

君弑而大夫死於其難春秋書之者其所取也大夫死於弑君之難而有不書者故知孔父牧息皆所取也夫仇牧可謂不畏强禦矣然徒殺其身不能執賊無益於事也亦足取乎食焉不避其難義也徒殺其身不能執賊亦足爲求利焉而逃其難者之訓矣何名爲無益哉夫審事物之重輕者權也權重輕而處之得其宜者義也太宰督亦死於閔公之難削而不書者身有罪也惠伯死於

子惡之難亦削而不書者非君命也召忽死於子糾之難孔子比於匹夫匹婦之諒自經於溝瀆而莫之知者所事不正也崔杼弑君晏平仲曰人有君而人弑之吾焉得死之而焉得亡之君子不以是罪晏子者齊莊公不爲社稷死而晏子非其私暱之臣也君仇牧荀息立乎人之本朝執國之政而君見弑不以其私也雖欲勿死焉得而勿死聖人書而弗削以爲求利焉而逃其難者之勸也惟此義不行然後有視棄其君猶土梗弁髦曾莫之省而三綱絶矣

冬十月宋萬出奔陳

按左氏宋萬弑閔公於蒙澤奔陳宋人請萬于陳以賂陳人使婦人飲之酒而以犀革裹之宋人醢萬然則賊已討矣曷爲不書陳人殺萬而葬閔公乎夫天下之惡一也陳人不以萬爲賊而納之又受宋人之賂而使婦人飲之酒是與賊爲黨非政刑也特書萬出奔陳而閔公不葬以著陳人與賊爲黨之罪而不能正天討其

法嚴矣故曰春秋成而亂臣賊子懼

十有三年春齊侯宋人陳人蔡人邾人會于北杏

桓何以及四國之微者會是宋公邾子也然則何以稱人春秋之世以諸侯而主天下會盟之政自北杏始其後宋襄晉文楚莊秦穆交主夏盟跡此而爲之者也桓非受命之伯諸侯自相推戴以爲盟主是無君矣故四國稱人以誅始亂正王法也齊侯稱爵其與之乎上無天子下無方伯有能會諸侯安中國而免民於左衽則雖與之可也誅諸侯者正也與桓公者權也或曰桓公始平宋亂遂得諸侯故四國稱人言衆與之也

夏六月齊人滅遂

滅國之與見滅罪孰爲重取國而書滅奪人土地使不得有其民人毀人宗廟使不得奉其祭祀非至不仁者莫之忍爲見滅而書滅亡國之善詞上下之同力也其亦不幸焉爾語有之曰興滅國繼絕世天下之民歸心焉今乃滅人之國而絕其世罪莫重矣齊

人滅遂其稱人微者爾凡書滅者不待再貶而惡已見

秋七月冬公會齊侯盟于柯

始及齊平也讎而平可乎於傳有之敵惠敵怨不在後嗣魯於襄公有不共戴天之讎當其身則釋怨不復而主王姬狩于禚會伐衛同圍郕納子糾故聖人詳加譏貶以著其忘親之罪今易世矣而桓公始合諸侯安中國攘夷狄尊天王乃欲修怨怒鄰而危其宗社可謂孝乎故長勺之役專以責魯而柯之盟公與齊侯皆書其爵則以爲釋怨而平可也或稱齊襄公復九世之讎而春秋賢之信乎以仲尼所書柯之盟具詞無貶則復九世之讎而春秋賢之者妄矣其諸傳者借襄公事以深罪魯莊當其身而釋怨耶

十有四年春齊人陳人曹人伐宋

宋人背北杏之會諸侯伐宋其稱人者將卑師少也齊自管仲得政滅譚之後二十年閒未嘗遣大夫爲主將亦未嘗動大衆出侵伐蓋以制用兵而賦於民薄矣故能南摧強楚西抑秦晉天下莫

能與之爭也或以爲貶齊稱人誤矣

夏單伯會伐宋

隱公四年諸侯伐鄭與翬帥師會伐則再舉宋陳蔡衛四國之名今諸侯伐宋而單伯會伐不復再舉三國之名何也宋人背北杏之會合諸國而伐之者齊桓公也會伐者無貶焉故其詞平主謀伐鄭而欲求寵於諸侯以定其位者州吁也會之者黨逆賊矣故其詞繁而不殺疾之也再舉而列書者甚疾四國之詞也言之不足故再言之而聖人之情見矣

秋七月荆入蔡冬單伯會齊侯宋公衛侯鄭伯于鄄十有五年春齊侯宋公陳侯衛侯鄭伯會于鄄夏夫人姜氏如齊秋宋人齊人邾人伐郳

伯者之先諸侯專征也非伯者而先諸侯主兵也此齊桓之師何以序宋下猶未成乎伯也二十七年同盟于幽天下與之然後成乎伯矣

鄭人侵宋

侵伐之義三傳不同左氏曰有鍾鼓曰伐無鍾鼓曰侵先儒或非其說以爲聲罪致討曰伐無名行師曰侵未有以易之也然考諸五經皆稱侵伐在易謙之六五曰利用侵伐征不服也書之太誓曰我武惟揚侵于之疆詩之皇矣曰依其在京侵自阮疆周官大司馬以九伐之法正邦國而曰賊賢害民則伐之負固不服則侵之而以爲無名行師可乎然則或曰侵或曰伐何也聲罪致討曰伐潛師掠境曰侵聲罪者鳴鍾擊鼓整衆而行兵法所謂正也潛師者銜枚卧鼓出人不意兵法所謂奇也

冬十月

十有六年春王正月夏宋人齊人衛人伐鄭秋荊伐鄭冬十有二月會齊侯宋公陳侯衛侯鄭伯許男滑伯滕子同盟于幽

會者公也不書公諱也其諱公何也程氏曰齊桓始霸仗義以盟而魯首叛盟故諱不稱公惡失信也其曰同盟何也程氏曰上無

明王下無方伯列國交爭桓公始霸天下與之故書同盟志同欲也自古皆有死民無信不立故聖人以信易食荅子貢之問君子以信易生重桓王之失春秋之諱公與是盟也豈不以信之重於生與食乎先儒或以爲不書公者諱與讎盟誤矣果以桓爲讎而諱與盟者曷不於柯之盟諱之也

邾子克卒

十有七年春齊人執鄭詹

書齊人執詹惡齊之詞也鄭既侵宋又不朝齊詹爲執政蓋用事之臣也其見執宜矣而以惡齊何也以責人之心責己則盡道以愛己之心愛人則盡仁此春秋待齊之意也

夏齊人殲于遂

殲盡也齊滅遂使人戍之遂之餘民飲戍者酒而殺之齊人殲焉春秋書此者見齊人滅遂恃強陵弱非伐罪弔民之師遂人書滅乃亡國之善詞上下之同力也夫以亡國餘民能殲強齊之戍則

申胥一身可以存楚楚雖三戶可以亡秦固有是理足爲強而不義之戒而弱者亦可省身而自立矣

秋鄭詹自齊逃來

穀梁子曰逃義曰逃逃者匹夫之事詹之見執君其有罪雖死可也儻曰無罪苟見免焉請從惠於會使諸侯聞之則不辱君命矣不能以理自明也而反效匹夫之行遁逃苟免越在他國不可賤乎特書曰逃以著其幸免而不知命之罪也齊桓始霸同盟于幽而詹首叛盟受其逋逃虧信義矣書自齊逃來又以罪魯也

冬多麋

麋魯所有也多則爲異以其又害稼也故書此亦禹放龍蛇周公遠犀象之意也害稼則及人矣

十有八年春王三月日有食之夏公追戎于濟西

此未有言侵伐者而書追戎是不覺其來已去而追之也爲國無武備啓戎心而不知警危道也春秋之意其必未雨而徹桑土間

暇而明政刑

秋有蜮

蜮魯所無也故以有書夫以含沙射人其爲物至微矣魯人察之以聞于朝魯史異之以書于策何也山陰陸佃曰蜮陰物也麋亦陰物也是時莊公上不能防閑其母下不能正其身陽淑消而陰慝長矣此惡氣之應其說是也然則簫韶作而鳳凰來儀春秋成而麟出于野何足怪乎春秋書物象之應欲人主之慎所感也世衰道微邪說作正論消小人長善類退夫變動於上地變動於下禽獸將食人而不知懼也亦昧於仲尼之意矣

冬十月

十有九年春王正月夏四月秋公子結媵陳人之婦于鄄遂及齊侯宋公盟

媵淺事陳人微者公子往焉是以所重臨乎禮之輕者也齊侯伯主宋公王者之後盟國之大事也大夫輒與焉是以所輕當乎禮

之重者也禮者不失己亦不失人失己與人寇之招也是故結書
公子而曰媵陳人之婦譏其重以失己也齊宋書爵而曰遂譏其
輕以失人也遂者專事之詞聘禮大夫受命不受辭出境有可以
安社稷利國家則專之可者謂本有此命得以便宜從事特不受
專對之辭爾若違命行私雖有利國家安社稷之功使者當以矯
制請罪有司當以擅命論刑何者終不可以一時之利亂萬世之
法是春秋之旨也

夫人姜氏如莒冬齊人宋人陳人伐我西鄙

奉詞曰伐其稱人將卑師少也結方與三國盟則其來伐我何也
齊桓始霸責魯不恭所謂失己與人以招寇也或以結能爲魯設
免難之策爲齊宋畫講好之計身在境外而權其國家爲春秋予
之故稱公子非矣

春秋傳卷第九

莊公下

二十年春王二月夫人姜氏如莒

十有五年夫人姜氏如齊至是再如莒而春秋書者禮義天下之大防也其禁亂之所由生猶坊止水之所自來也衛女嫁於諸侯父母終思歸寧而不得故泉水賦許穆夫人閔衛之亡思歸唁其兄而阻於義故載馳作聖人録於國風以訓後世使知男女之別自遠於禽獸也今夫人如齊以寧其父母而父母已終以寧其兄弟又義不得宗國猶斷而況如莒乎婦人從人者也夫死從子而莊公失子之道不能防閑其母禁亂之所由生故初會于禚次享于祝丘又次如齊師又次會于防于穀又次如齊又再如莒此以舊坊爲無所用而廢之者也是以至此極觀春秋所書之法則知防閑之道矣

夏齊大災秋七月冬齊人伐戎

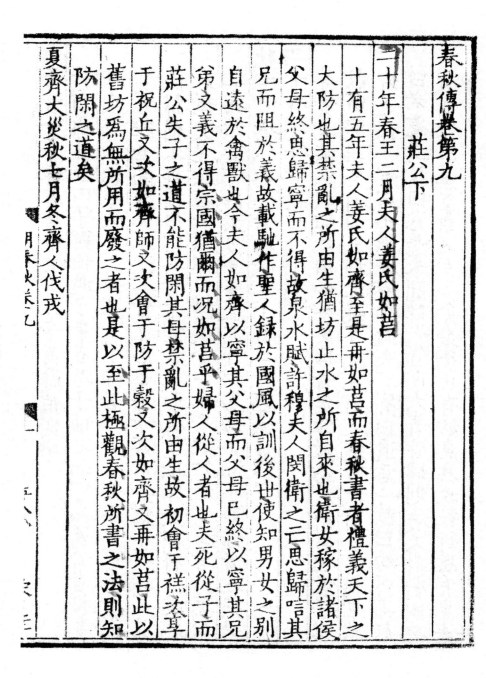

二十有一年春王正月夏五月辛酉鄭伯突卒

杜預稱莊公四年鄭伯遇于垂者乃子儀也而以爲厲公者按春秋突歸于鄭之後其出奔蔡入于櫟皆以名書猶繫於爵雖篡而實君雖君而實篡不沒其實也忽雖世子其出奔猶不得稱子其復歸猶不得稱伯以其實不能君也而況子儀雖乘閒得立其爲君微矣豈敢輕去國都與諸侯會于外乎故知遇于垂者乃厲公也其始終書爵不沒其實也亦可以爲居正而不能保者之戒矣

秋七月戊戌夫人姜氏薨冬十有二月葬鄭厲公

二十有二年春王正月肆大眚

肆眚者蕩滌瑕垢之稱也舜典曰眚災肆赦易於解卦曰君子以赦過宥罪呂刑曰五刑之疑有赦五罰之疑有赦周官司刺掌赦宥之法一宥曰不識再宥曰過失三宥曰遺忘一赦曰幼弱再赦曰老耄三赦曰惷愚未聞肆大眚也大眚皆肆則廢天討虧國典縱有罪虐無辜惡人幸以免矣後世有姑息爲政數行恩宥惠姦

執賊良民而其弊益滋蓋流於此故諸葛孔明曰治世以大德不以小惠其爲政於蜀軍旅數興而赦不妄下蜀人久而歌思猶周人之思召公也斯得春秋之旨矣肆眚而曰大眚譏失刑也

癸丑葬我小君文姜

文姜之行甚矣而用小君之禮其無譏乎以書夫人孫于齊不稱姜氏及書哀姜薨于夷齊人以歸攷之則議小君典禮當謹之於始而後可正也文姜已歸爲國君母臣子致送終之禮雖欲貶之不可得矣

陳人殺其公子禦寇

公子之重視大夫殺而或稱君或稱國或稱人何也稱君者獨出於其君之意而大夫國人有不與焉如晉侯殺其世子申生之類是也稱國者國君大夫與聞其事而不請於天子如鄭殺其大夫申侯之類是也稱人者有二義其一國亂無政衆人擅殺而不出於其君則稱人如陳人殺其公子禦寇之類是也其一弑君之賊

人人所得討背叛之臣國人之所同惡則稱人如衛人殺州吁鄭人殺良霄之類是也考於傳之所載以觀經之所斷則罪之輕重見矣

夏五月秋七月丙申及齊高傒盟于防冬公如齊納幣

微者名姓不登於史冊高傒齊之貴大夫也曷爲就吾之微者盟蓋公也其不言公諱與高傒盟也來議結昏娶仇人女大惡也娶者其爲吉下主乎巳上主乎宗廟以爲有人之心者宜於此焉變矣公親如齊納幣則不待貶也

二十有三年春公至自齊祭叔來聘

穀梁子曰其不言使天子之内臣也不正其私交故不與使也祭伯來朝而不言朝祭叔來聘而不言使尹氏王子虎劉卷來計而不書其爵秩皆所以正人臣之義也人君而明此不容下比之臣人臣而明此不爲交私之計黨錮之禍息矣

夏公如齊觀社

莊公將如齊觀社曹劌諫曰齊棄太公之法觀民於社君爲是舉而往觀之非故業也天子祀上帝諸侯會之受命焉諸侯祀先公卿大夫佐之受事焉不聞諸侯之相會祀也君舉必書書而不法後嗣何觀

公至自齊荆人來聘

荆自莊公十年始見於經十四年入蔡十六年伐鄭皆以州舉者惡其猾夏不恭故狄之也至是來聘遂稱人者嘉其慕義自通故進之也朝聘者中國諸侯之事雖蠻夷而能修中國諸侯之事則不念其猾夏不恭而遂進焉見聖人之心樂與人爲善矣後世之君能以聖人之心爲心則與天地相似凡變於夷者叛則懲其不恪而威之以刑來則嘉其慕義而接之以禮邇人安遠者服矣春秋謹華夷之辨而荆吴徐越諸夏之變於夷者故書法如此

公及齊侯遇于穀蕭叔朝公

穀齊地蕭叔附庸之君也爲禮必當其物與其所而後可以言禮

大夫宗婦覿而用幣則非其物也蕭叔朝公在齊之穀則非其所
也嘉禮不野合而朝公于外是委之於野矣故禮非其所君子有
不受必反之於正而後止此亦春秋撥亂之意也
秋丹桓宫楹冬十有一月曹伯射姑卒十有二月甲寅公會齊侯盟
于扈
程氏曰遇于穀盟于扈皆爲要結姻好也傳稱男子二十而冠冠
而列丈夫三十而不娶則非禮矣然天子諸侯十五而冠者以娶
必先冠而國不可久無儲貳欲人君早有繼體故因以爲節也鰥
者老而無妻之稱舜方三十未娶而師錫帝堯已曰有鰥在下矣
妻帝之二女則不告於父母以爲告則不得娶而廢人之大倫堯
亦不告而妻焉其欲及時而無過如此也今莊公生於桓之六年
至是三十有六載矣以世嫡之正諸侯之貴尚無内主同任社稷
之事何也蓋爲文姜所制使必娶于母家而齊女待年未及故莊
公越禮不顧如此其急齊人有疑如此其緩而遇于穀盟于扈要

結之也要夫人奉祭祀爲宗廟之主而毋言是聽不以大義裁之至於失時不孝甚矣春秋詳書于策爲後戒也

二十有四年春王三月刻桓宮桷

公將逆姜氏丹桓宮之楹刻其桷爲盛飾以夸示之此非特有童心而已御孫諫曰儉德之共也侈惡之大也先君有共德而君納諸大惡無乃不可乎自常情觀之丹楹刻桷疑若小失而春秋詳書于策御孫以爲大惡何也桓公見殺于齊則不能復而盛飾其宮夸示仇人之女乃有亂心廢人倫悖天道而不知正者也御孫知爲大惡而不敢盡言春秋謹禮於微正後世人主之心術者也故詳書于策并言桓宮以惡莊爲後鑒也

葬曹莊公夏公如齊逆女秋公至自齊

穀梁子曰親迎常事也不志此其志何也不正其親迎於齊也或曰常事不志歲事之常也親迎可以常乎則其說誤矣所謂常者其事非一有月事之常則視朔是也有時事之常則蒐狩是也有

歲事之常則郊祀雩祭之類是也有合禮之常則婚姻納幣逆女至歸之類是也凡此類合禮之常則不志矣其志則於禮不合將以爲戒者也若夫崩薨卒葬即位之類不以禮之合否而皆書此人道始終之大變也其於親迎異矣

八月丁丑夫人姜氏入

何以不致不可見乎宗廟也姜氏齊襄公之女入者不順之詞以宗廟爲弗受也昏義以正始爲先而公不與夫人皆至姜氏不從公而入已失夫婦之正弑閔孫邾之亂兆矣莊公不勝其母越禮踰時侯仇人之女薦舍於宗廟以成好合卒使宗嗣不立弑逆相仍幾至亡國故春秋詳書其事以著莊公不孝之罪爲後戒也

戊寅大夫宗婦覿用幣

禮夫人至大夫郊迎明日執贄以見宗婦大夫之妻也公事曰見私事曰覿見夫人禮也曷爲以私言之夫人不可見乎宗廟則不可以臨諸臣故以私言之也覿用幣何以書男贄大者玉帛小者

禽鳥以章物也女贄不過榛栗棗脩以告虔也今男女同贄是無別也公子牙慶父之亂兆矣春秋詳書正始之道也

大水冬戎侵曹曹羈出奔陳赤歸于曹

杜預謂羈蓋曹世子也曹伯已葬猶不稱爵者以微弱不能君故爲戎所逐爾赤者曹之庶公子歸易詞也宋人執鄭祭仲而忽出突歸權在宋也戎侵曹而羈出赤歸制在戎也使鄭忽曹羈明而能斷雖有宋戎之衆突赤之孽何緣而起以國儲君副不能自定其位於誰責而可故雖以國氏皆不書爵爲居正者之戒

郭公

此郭公也義不可曉而先儒或以爲郭亡者於傳有之齊桓公之郭問父老曰郭何故亡曰以其善善而惡惡也公曰若子之言乃賢君也何至於亡父老曰郭君善善不能用惡惡不能去所以亡也考其時與事謂之郭亡理或然也夫善善而不能用則無貴於知其善惡惡而不能去則無貴於知其惡未之或知者猶有所覬

也夫既或知之矣不能行其所知君子所以高舉遠引小人所以肆行而無忌憚也然則非有能亡郭者郭自亡爾

二十有五年春陳侯使女叔來聘夏五月癸丑衛侯朔卒六月辛未朔日有食之鼓用牲于社

按禮諸侯旅見天子入門不得終禮者四而日食與焉古者固以是爲大變人君所當恐懼修省以荅天意而不敢忽也故夏書曰乃季秋月朔辰弗集于房瞽奏鼓嗇夫馳庶人走周官鼓人救日月則詔王鼓大僕凡軍旅田役贊王鼓救日月亦如之諸侯用幣于社伐鼓于朝退而自責皆恐懼修省以荅天意而不敢忽也然則鼓用牲于社何以書譏不鼓于朝而鼓于社又用牲則非禮矣

伯姬歸于杞

其不言逆何也逆者非卿其名姓不登於史策則書歸以志禮之失也大夫來逆名姓已登於史策足以志其失矣猶書歸者以別於大夫之自逆者也猶書歸者紀伯姬是也自逆者莒慶齊高固

是也

秋大水鼓用牲于社于門冬公子友如陳

二十有六年春公伐戎夏公至自伐戎曹殺其大夫

稱國以殺者國君大夫與謀其事不請於天子而擅殺之也義繫於殺則止書其官曹殺其大夫宋人殺其大夫是也義繫於人則兼書其名氏楚殺其大夫得臣陳殺其大夫洩冶之類是也然殺大夫而曰大夫與謀其事何也與謀其事者用事之大夫也見殺者不得於君之大夫也所謂義繫於殺者罪在於專殺而見殺者之是非有不足紀也故止書其官而不録其名氏也古者諸侯之卿大夫士命于天子而諸侯不敢專命也其有罪則請于天子而諸侯不敢專殺也及春秋時國無小大卿大夫士皆專命之而不以告於王朝有罪無罪皆專殺之而不以歸於司寇無王甚矣五霸三王之罪人而葵丘之會猶曰無專殺大夫故春秋明書于策備天子之禁也凡諸侯之大夫方其交政中華會盟征伐雖齊晉

上卿止録其名氏至於見殺雖曹莒小國亦書其官或抑或揚或奪或與聖人之大用也明此然後可以司賞罰之權矣

秋公會宋人齊人伐徐

按書伯禽甞征徐戎則戎在徐州之域爲魯患舊矣是年春公伐戎秋又伐徐者必戎與徐合兵表裏爲魯國之患也故雖齊宋將卑師少而公獨親行其不致者役不淹時而齊人同會則無危殆之憂矣

冬十有二月癸亥朔日有食之

二十有七年春公會杞伯姬于洮

左氏曰會于洮非事也天子非展義不巡守諸侯非民事不舉卿非君命不越境伯姬莊公之女非事而特會于洮愛其女之過而不能節之以禮此春秋之所禁也惟不節之以禮然後有使自擇配如僖公之於季姬而與訓亡矣

夏六月公會齊侯宋公陳侯鄭伯同盟于幽

同盟之例有惡其反覆而書同盟有諸侯同欲而書同盟此盟鄭伯之所欲而書同盟者也凡盟皆小國受命於大國不得已而從焉者也其有小國願與之盟非出於勉強者則書同盟所以志同欲也前此鄭伯嘗貳於齊矣至是齊桓強成有伯中國攘夷狄之勢諸侯皆歸之鄭伯於是焉有畏服之心其得與於盟所欲也故特書同穀梁子所謂於是而後授之諸侯是也其授之諸侯齊侯得衆也視他盟爲愈矣

秋公子友如陳葬原仲

公子友如陳葬原仲私行也人臣之禮無私交大夫非君命不越境何以通季子之私行而無貶乎曰春秋端本之書也京師諸夏之表也祭伯以寰內諸侯而來朝祭叔以王朝大夫而來聘尹氏以天子三公來告其喪誣上行私表不正矣是故季子違王制委國事越境而會葬齊高固莒慶以大夫即魯而圖婚其後陳莊子死赴喪於魯魯人欲勿哭繆公召縣子而問焉曰古者大夫束修

之問不出境雖欲哭焉得而哭諸令之大夫交政於中國雖欲勿哭焉得而勿哭末流可知矣春秋深貶王臣以明始亂備書諸國大夫而無譏焉則以著其効也凡此皆正其本之意

冬杞伯姬來

左氏曰歸寧也禮父母在歲一歸寧若歸而合禮則常事不書其曰杞伯姬來者不當來也女子有行遠父母兄弟春會于洮矣冬又歸魯故知其不當來也來而必書春秋於男女往來之際嚴矣

莒慶來逆叔姬

莒慶莒大夫也叔姬莊公女也何以稱字大夫自逆則稱字爲其君逆則稱女尊卑之別也何以書諸侯嫁女於大夫而公自主之非禮也

杞伯來朝公會齊侯于城濮

二十有八年春王三月甲寅齊人伐衛衛人及齊人戰衛人敗績

春秋紀兵及者爲主齊人舉兵而伐衛衛人見伐而受兵則其以

衛及之何也按左氏衛嘗伐周立子頹至是王使召伯廖賜齊侯命且請伐衛則齊人舉兵乃奉王命聲衛立子頹之罪以討之也爲衛計者誠有是罪則當請歸司寇服刑可也若惠邀康叔不泯其社稷使得自新亦惟命則可以免矣今不禦詞請罪而上逆王命下拒方伯之師直與交戰則是衛人爲志乎此戰故以衛主之也戰不言伐伐不言日而書日者戰之日也見齊人奉詞伐罪方以是日至而衛人不請其故直以是日與之戰所以深疾之也而聖人之情見矣齊稱人將卑師少也

夏四月丁未邾子瑣卒秋荆伐鄭公會齊人宋人救鄭

按左氏楚令尹子元無故以車六百乘伐鄭入自純門是陵弱暴寡之師也故以州舉狄之也鄭人將奔桐丘諸侯救之楚師夜遁是得救急恤鄰之義也故書救鄭善之也齊宋稱人將卑師少桓公主兵攘夷狄安中國之事見矣

冬築郿

一郿邑也凡用功大曰城小曰築故館則書築臺則書築囿則書築一郿邑而書築者創作邑也其志不視歲之豐凶而輕用民力於其所不必爲也則非君人之心矣

大無麥禾

麥熟於夏禾成在秋而書於冬者莊公惟宫室臺榭是崇是飾費用浸廣調度不充有司會計歲入之多寡虛實然後知倉廩之竭也故於歲杪而書曰大無麥禾大無者倉廩皆竭之詞也古者三年耕餘一年之食九年耕餘三年之食今莊公享國二十八年當有九年之積而虛竭如此所謂寄生之君也民事古人所急食者養民之本不敦其本而肆後心何以爲國故下書臧孫告糴以病公而戒來世爲國之不知務也

臧孫辰告糴于齊

劉敞曰不言如齊告糴而曰告糴于齊者言如齊則其詞緩告糴于齊則其情急所以譏大臣任國事治名而不治實之蔽也魯人

恍其名而以急病讓夷爲功君子責其實而以不能務農重穀節
用愛人爲罪
二十有九年春新延廄
言新者有故也何以書晉韓昭侯作高門屈宜臼曰不時所謂時
者非時日也人固有利不利時前年秦拔宜陽今年旱君不以此
時恤民之急而顧益奢此所謂時詘舉贏者也故穀梁子曰古之
君人者必時視民之所勤民勤於力則功築罕民勤於財則貢賦
少民勤於食則百事廢矣大無麥禾告糴于齊冬築郿春新延廄
以其用民力爲已悉矣
夏鄭人侵許秋有蜚冬十有二月紀叔姬卒
紀已滅矣其卒之何見紀侯去國終不能自立異於古公亶父之
去故特書叔姬卒而不卒紀侯以明其不爭而去則可能使其民
從而不釋則微矣
城諸及防

三十年春王正月夏師次于成秋七月齊人降鄣

降者脅服之詞前書郕降于齊師意責魯也此言齊人降鄣專罪齊也鄣者紀之附庸微乎微者也齊人不道肆其強力脅使降附不書鄣降而曰降鄣者以齊之強故罪之深以鄣之微故責之薄春秋之法扶弱抑強明道義也霸者之政以強臨弱急事功也故曰五伯三王之罪人仲尼之徒無道桓文之事者

八月癸亥葬紀叔姬

滅國不葬此何以葬賢叔姬也紀侯既卒不歸宗國而歸于酅所謂秉節守義不以亡故而睽婦道者也故繫之於紀而録其卒葬先儒謂賢而得書是也賢而得書所以爲後世勸也

九月庚午朔日有食之鼓用牲于社冬公及齊侯遇于魯濟齊人伐山戎

齊人者齊侯也其稱人譏伐戎也自管仲得政至是二十年未嘗命大夫爲主將亦未嘗興大衆出侵伐故魯莊十一年而後凡用

兵皆稱人者以將卑師少爾今此安知其非將卑師少而獨以爲齊侯何也以來獻戎捷稱齊侯則知之矣夫北戎病燕燕職貢不至桓公內無因國外無從諸侯越千里之險爲燕闢地可謂能修方伯連帥之職何以譏之乎桓不務德勤兵遠伐不正王法以譏其罪則將開後世之君勞中國而事外夷捨近政而貴遠略困吾民之力爭不毛之地其患有不勝言者故特貶而稱人以爲好武功而不修文德者之戒也然則伐楚之役何以美之其謂退師召陵責以大義不務交兵而強楚自服乎觀此可以見聖人強本治內柔服遠人之意矣

三十有一年春築臺于郎

何以書厲民也天子有靈臺以候天地諸侯有時臺以候四時去國築室于遠而不緣占候是爲遊觀之所厲民以自樂也厲民自樂而不與民同樂則民欲與之偕亡雖有臺豈能獨樂乎

夏四月薛伯卒築臺于薛六月齊侯來獻戎捷

軍獲曰捷凡諸侯有四夷之功則獻于王王以警于夷中國則否
諸侯不相遺俘獻者下奉上之辭齊伐山戎以其所得躬來誇示
書來獻者抑之也後世宰臣有不賞邊功以沮外徼生事之人得
春秋抑戎捷之意

秋築臺于秦冬不雨

三十有二年春城小穀夏宋公齊侯遇于梁丘秋七月癸巳公子牙
卒

牙有令將之心而季子殺之其不言刺者公羊以爲善之也季子
殺母兄何善爾誅不得避兄君臣之義也曷爲不直誅而酖之使
託若以疾死然親親之道也陸淳曰季子恩義俱立變而得中矣
子書其自卒以示無譏也得之矣

八月癸亥公薨于路寢

趙匡曰君終必於正寢就公卿也大位姦之窺也危病邪之伺也
若蔽於隱是女子小人得行其志矣然則莊公以世適承國不爲

不貴周公之宇奄有龜蒙不爲不強即位三十有二年不爲不久薨于路寢不爲不正而嗣子受禍幾至亡國何也大倫不明而宗嗣不定兵柄不分而主威不立得免其身幸矣

冬十月己未子般卒

初公築臺臨黨氏見孟任生子般焉般嘗鞭圉人犖公薨般即位次于黨氏慶父使犖賊般成季奔陳立閔公昔舜不告而娶恐廢人之大倫以懟父母君子以爲猶告也莊公過時越禮謬於易基乾坤詩始關雎大舜不告而娶之義甚矣而子般乃孟任之所出也胡能有定乎雖享國日久獲終路寢而嗣子見弒幾至亡國有國者可不以爲戒哉

公子慶父如齊

子般之卒慶父弒也宜書出奔其曰如齊見慶父專兵自恣國人不能制也昔成王將終命大臣相康王方是時掌親兵者太公望之子伋也宰臣召公奭命仲桓南宮毛取二干戈虎賁百人于伋

以逆嗣子伋雖掌兵非有宰臣之命不敢發也召公雖制命非二諸侯將命以往伋亦不承也兵權散主不偏屬於一人可知矣今莊公幼年即位專以兵權授之慶父歲月既久威行中外其流至此故於餘丘法不當書而聖人特書慶父帥師以志得兵之始而卒書公薨子般卒慶父如齊以見其出入自如無敢討之者以示後世其垂戒之義明且遠矣

狄伐邢

春秋傳卷第十

閔公

元年春王正月

不書即位內無所承上不請命也莊公薨子般卒慶父夫人利閔公之幼而得立焉是內不承國於先君也按周制王哭諸侯則大宗伯爲上相未有諸侯之薨而不告于王者也職喪掌諸侯之喪以國之喪禮涖其禁令序其事凡國有司以王命有事焉則詔贊主人未有諸侯之子主喪而王不遣使者也今魯有大故不告于周閔既主喪而王不遣使是上不請命於天子也內無所承上不請命故不書即位正人道之大倫也

齊人救邢

凡書救者未有不善之也救在京師則罪列國子突救衛是也救在夷狄則罪諸侯狄救齊吳救陳是也救在遠國則罪四鄰晉陽處父帥師伐楚以救江是也救而不速救者則書所次以罪其慢

叔孫豹救晉次于雍榆是也救而不敢救者則書所至以罪其怯

齊侯伐我北鄙圍成公救成至遇是也兵者春秋之所甚重衛靈公問陳孔子對曰俎豆之事則嘗聞之矣軍旅之事未之學也獨至於救兵而書法若此聖人之情見矣其稱人將卑師少也

夏六月辛酉葬我君莊公秋八月公及齊侯盟于落姑季子來歸

按左氏盟于落姑請復季友也其曰季子貴之也其曰來歸喜之也自外至者爲歸是嘗出奔矣何以不書莊公薨子般弒慶父主兵勢傾公室季子力不能支避難而出奔恥也魯國方危內賊未討國人思得季子以安社稷而公爲落姑之盟以請於齊則是賢也春秋欲没其恥故不書奔欲旌其賢故特稱季子聖人之情見矣隱惡而揚善舜也樂道人之善惡稱人之惡孔子也爲尊者諱爲親者諱爲賢者諱春秋也明此可以畜納汙之德樂與人爲善矣其不稱公子見季友自以賢德爲國人所與不緣宗親之故也堯敦九族而急親賢退嚚訟周孚本枝而庸旦仲黜蔡鮮義皆在

此而親親之殺尊賢之等著矣此義行則内無貴戚任事之私外無棄親用羇之失而國不治者未之有也此春秋待來世之意

冬齊仲孫來

仲孫齊大夫也其不稱使而曰來者略其君臣之常詞以見桓公使臣不以禮仲孫事君不以忠也按左氏齊侯憂魯使仲孫來省難何以言使臣不以禮也鄰有弑逆則當聲罪戒嚴修方伯之職以奉天討而更使計謀之士窺覘虚實有乘亂取國之心則使臣非以禮矣仲孫歸曰不去慶父魯難未已君其務寧魯難而親之何以言事君不以忠也田常弑簡公孔子沐浴而朝告於哀公請討焉苟曰齊人方強姑少待之也不勸其君急於討賊而俟其自斃則事君非以忠矣使慶父稔惡閔公再弑則桓公與仲孫始謀不臧之所致耳直書曰齊仲孫來交譏之也

二年春王正月齊人遷陽夏五月乙酉吉禘于莊公

程氏曰天子曰禘諸侯曰祫其禮皆合祭也禘者禘其所自出之

帝爲東向之尊其餘皆合食於前此之謂禘諸侯無所出之帝則止於太祖之廟合羣廟之主以食此之謂祫天子禘諸侯祫大夫享庶人薦上下之殺也魯諸侯爾何以有禘成王追念周公有大勳勞於天下賜魯公以天子禮樂使用諸太廟以上祀周公魯於是乎有禘祭春秋之中所以言禘不言祫也然則可乎孔子曰魯之郊禘非禮也周公其衰矣禘言吉者喪未三年行之太早也于莊公者方祀于寢非宮廟也一舉而三失禮焉春秋之所謹也四時之祭有禘之名蓋禮文交錯之失

秋八月辛丑公薨

按左氏初公傅奪卜齮田公不禁慶父使卜齮賊公于武闈魯史舊文必以實書其曰公薨不地者仲尼親筆也觀於删詩在諸國則變風皆取在魯則獨編史克之頌或問吾黨有直躬者其父攘羊而子證之則曰吾黨之直者異於是父爲子隱子爲父隱直在其中矣後世緣此制爲五服相容隱之條以綴骨肉之恩春秋有

諱義蓋如此禮記稱魯之君臣未嘗相弑者蓋習於經文而不知
聖人書薨不地之旨故云爾然則諱而不言弑也何以傳信於將
來曰書薨以示臣子之情不地以存見弑之實何爲無以傳信也
凡君終必書其所獨至於見弑則没而無所其情厚矣其事亦白
矣非聖人能修之乎後世記言之士欲諱國惡則必失其實直書
毋隱又非臣子所當施之於君父也而春秋之法不傳矣

九月夫人姜氏孫于邾

夫人稱孫聞乎故也不去姓氏降文姜也莊公忘親釋怨無志於
復讎春秋深加貶絶一書再書又再書屢書而不諱者以謂三綱
人道所由立也忘父子之恩絶君臣之義國人習而不察將以是
爲常事則亦不知有君之尊有父之親矣莊公行之而不疑大臣
順之而不諫百姓安之而無憤疾之心也則人欲必肆天理必滅
故叔牙之弑械成于前慶父之無君動於後圉人犖卜齮之刃交
發于黨氏武闈之間哀姜以國君母與聞乎故而不忌也當是時

魯君再弒幾至亡國其應不亦憯乎春秋以復讎爲重而書法如此所謂治之於未亂保之於未危不可不察也

公子慶父出奔莒

公子出奔譏失賊也閔公立而季子歸何以見弒慶父主兵日久其權未可遽奪也季子執政日淺其謀未得盡行也設以聖人處之期月而已可矣季子賢人而當此能必克乎及閔公再弒慶父罪惡貫盈而疾之者愈衆季子忠誠顯著而附之者益多外固強齊之援内協國人之情正邪消長之勢判矣然後夫人不敢安其位慶父不得肆其姦此明爲國者不知圖難於其易爲大於其細雖有智者亦不能善其後矣世儒或言用魯之衆因齊之力以戮慶父其勢甚易而季子不能故書夫人孫邾慶父奔莒所以深惡其縱不討賊則非也以絳侯勃之果陳平之無謀將相交歡而内有朱虛外連齊楚以制諸吕庸人宜易於反手然太尉已入北軍士皆左袒猶恐不勝未敢誦言誅之也況於慶父巨姦七百里之

侯國革車千乘而三十年執其兵柄其植根深矣其耳目廣矣其用物弘矣而以爲戕之其勢甚易此未察乎難易遲速之幾者也經書莊公忘親無復讎之志使百官則而象之亦不知有君父也而又使慶父主兵失馭臣之道是以至此極故書孫邾奔莒爲後世之永鑒也

冬齊高子來盟

高子齊大夫也子者男子之美稱其稱子賢之也何賢乎高子莊公薨子般卒閔公弑慶父夫人亂乎内魯於是曠年無君齊桓公使將南陽之甲至魯而謀其國其命高子必曰魯可取則兼其國以廣地魯可存則平其亂以善鄰非有安危繼絶一定不可易之計也高子至則平魯難定僖公魯人賴焉以爲美談至于久而不絶曰猶望高子也聖人美其明人臣之義得奉使之宜特稱高子以著其善其不曰齊侯使之者權在高子也

十有二月狄入衛

衛康叔之後蓋北州大國狄何以能入乎臣昔嘗謂河南劉弈曰史氏記煩而志寡如班固書載諸王淫亂等事盡削之可也弈曰必若此言仲尼刪詩如牆有茨鶉之奔奔桑中諸篇何以録於國風而不削乎臣不能荅後以問延平楊時時曰此載衛爲戎狄所滅之因也故在定之方中之前因以是說考於歷代凡淫亂者未有不至於殺身敗家而亡其國者也然後知古詩垂戒之大而近世有獻議乞於經筵不以國風進讀者殊失聖經之旨矣

鄭棄其師

按鄭詩清人刺文公也高克好利而不顧其君文公惡之而不能遠使克將兵禦狄于境陳其師旅翱翔河上久而不召衆散而歸高克奔陳公子素惡高克進之不以禮文公退之不以道危國亡師之本故作是詩觀此則鄭棄其師可知矣或曰高克進不以禮曷不書其出奔以貶克爲人臣之戒而獨咎鄭伯何也曰人君擅一國之名寵殺生予奪惟我所制爾使克不臣之罪已著按而誅

之可也情狀未明黜而遠之可也愛惜其才以禮馭之可也焉有假以兵權委諸境上坐視其失伍離散而莫之恤乎然則棄師者鄭伯乃以國稱何也二三執政股肱心膂休戚之所同也不能進謀於君協志同力黜逐小人而國事至此是謂危而不持顛而不扶則將焉用彼相矣晉出帝時景延廣專權諸藩擅命及桑維翰爲相出延廣於外一制書所敕者十有五鎮無敢不從者以五季之末維翰能之而鄭國二三執政畏一高克不能退之以道何政之爲書曰鄭棄其師君臣同責也

春秋傳卷第十一

僖公上

元年春王正月

不書即位内無所承上不請命也閔公薨夫人孫于邾慶父出奔莒公於是焉以成風所屬而季子立之内無所承也嗣子定位於初喪而魯使不告于周明年正位改元而周使亦不至于魯又明年服喪已畢而不見于京師上不請命也承國於先君者父子之倫請命於天王者君臣之義今僖公内無所承上不請命不書即位正王法也是故有四海而即天王之位者受之於天者也有一國而即諸侯之位者受之於王者也受之於天者必奉若天道而後能保天下受之於王者必謹守王度而後能保其國

齊師宋師曹師次于聶北救邢

三國稱師見兵力之有餘也聶北書次譏救邢之不速也春秋大義伐而書次其次爲善遂伐楚次于陘美之也救而書次其次爲

貶救邢次于聶北譏之也聖人之情見矣故救患分災於禮爲急而好攻戰樂殺人者於罪爲大

夏六月邢遷于夷儀齊師宋師曹師城邢

書邢遷于夷儀見齊師次止緩不及事也然邢以自遷爲文而再書齊師宋師曹師城邢者美桓公志義卒有救患之功也不以王命興師亦聖人之所與乎中國衰微夷狄猾夏天子不能正至於遷徙奔亡諸侯有能救而存之則救而存之可也以王命興師者正能救而與之者權

秋七月戊辰夫人姜氏薨于夷齊人以歸

夫人薨不地其曰薨于夷故也桓公召而殺之也其曰齊人以歸者以其喪歸于魯也齊爲盟主義得舉法是伯者之所以行乎諸侯也既誅其人又歸其喪何居魯欲拒而勿受乎則子無讎母之義受而葬之乎已絕者復得享小君之禮典刑紊矣故特書以歸而不曰歸夫人之喪以者不以者也

楚人伐鄭

楚稱人浸強也莊公十年敗蔡師虜獻舞固已強矣然獨舉其號者始見于經則本其僭竊之罪正其夷狄之名著王法也二十三年來聘嘉其慕義乃以人書二十八年伐鄭惡其猾夏復以號舉至是又伐鄭也亦書人者豈許其伐國而人之乎會中華執盟主朝諸侯長齊晉其所由來者漸矣

八月公會齊侯宋公鄭伯曹伯邾人于檉九月公敗邾師于偃

檉之會謀救鄭而公與邾人咸與焉則是志同而謀協也今既會邾人于檉又敗邾師于偃於此責公無攘夷狄安中國之誠矣凡此類皆直書其事而義自見也詐戰曰敗敗之者為主

冬十月壬午公子友帥師敗莒師于酈獲莒挐

按公羊慶父走莒莒人逐之將由乎齊齊人不納却反舍于汶水之上使奚斯入請不可而死莒人曰吾已得子之賊以求賂乎魯魯人弗與為是興師而來伐然則罪在莒也而以季友主此戰何

也抑鋒止鋭喻以詞命使知不縮而引去則善矣今至於兵刃既接又用詐謀擒其主將此強國之事非王者之師春秋之志故以季友爲主而書敗獲責之備也

十有二月丁巳夫人氏之喪至自齊

夫人預弑二君幾於亡國大義已絕不可復入宗廟矣書孫于邾薨于夷者絕哀姜也書齊人以歸夫人氏之喪至自齊者譏桓公也不稱姓者殺于齊不去氏者受於魯

二年春王正月城楚丘

楚丘衛邑桓公帥諸侯城之而封衛也不書桓公不與諸侯專封也木瓜美桓公而夫子録之意豈異乎不與專封正王法也木瓜有取焉善衛人之情也曷爲善之報者天下之利以德報德則民有所勸矣城楚丘略而不書城邢詞繁而不殺何也按周制凡封國大宗伯儐司几筵設黼扆内史作册命是天子大權非諸侯所得擅而行之者也衛人渡河野處曹邑許穆夫人閔其亡而載馳

賦文公徙居楚丘而後百姓悦則其國固嘗亡滅而不存矣城楚丘是擅天子之大權而封國也邢遷于夷儀經以自遷爲文則其遷出於己意其國未嘗滅也諸侯城邢是謂同惡相恤以從簡書故詞繁而不殺美救患也桓公封衛而衛國忘亡其有功於中華甚大爲利於衛人甚博宜有美詞發揚其事今乃微之若此者正其義不謀其利明其道不計其功略小惠存大節春秋之法也故曰五伯三王之罪人仲尼之徒無道桓文之事者

夏五月辛巳葬我小君哀姜虞師晋師滅下陽

按孟子晋人以垂棘之璧與屈産之乘假道於虞以伐虢宫之奇諫百里奚不諫然則晋人造意以虞首惡何也貪得重賂遂其強暴滅兄弟之國以及其身而亡其社稷所以爲首乎春秋聖人律令也觀此義可以見法矣唐高宗賜其臣長孫無忌金寶繒錦欲以立武昭儀雖無忌終不順旨君子猶譏其没於利而不反君賜也矧受他人之賂遂其強暴者乎國而曰滅下陽邑爾其書滅何

也下陽虞虢之塞邑猶秦有潼關蜀有劒嶺皆國之門戶也潼劒不守則秦蜀破下陽既舉而虞虢亡矣春秋此義以天下爲家以城郭溝池爲固以山川丘陵爲險設之以守國而待暴客者也其衰世之意邪

秋九月齊侯宋公江人黄人盟于貫

按左氏盟于貫服江黄也荆楚天下莫強焉江黄者其東方之與國也二國來定盟則楚人失其右臂矣樂毅破齊先結韓趙孔明伐魏申好江東雖武王牧野之師亦誓友邦遠及庸蜀彭濮八國之人共爲掎角之勢也桓公此盟其服荆楚之慮周矣其攘夷狄免民於左衽之義著矣盟雖春秋所惡然諸侯皆在獨言遠國者許是盟也

冬十月不雨楚人侵鄭

三年春王正月不雨夏四月不雨

穀梁子曰不雨者勤雨也每時而一書閔雨也閔雨者有志乎民

者也歷時而總書不憂雨也不憂雨者無志乎民者也按詩稱僖公儉以足用寬以愛民務農重穀則誠賢君也其有志乎民審矣故冬不雨而書春不雨而書夏不雨而書以著其勤也文公以練祭則緩於作主以宗廟則太室屋壞以賦政則四不視朔以邦交則三不會盟其無志乎民亦審矣故自十有二月不雨至于秋七月而書自正月不雨至于秋七月而書以著其慢也

徐人取舒六月雨

雨云者喜雨也閔雨與民同其憂喜雨與民同其樂此君國子民之道也觀此義則知春秋有懼天災恤民隱之意遇天災而不懼視民隱而不恤自樂其樂而不與民同也國之亡無日矣

秋齊侯宋公江人黄人會于陽穀

按左氏謀伐楚也或曰侵蔡次陘之師諸侯皆在江黄獨不與焉則安知其爲謀伐楚乎曰兵有聚而爲正亦有分而爲奇諸侯之師同次于陘所謂聚而爲正也江人黄人各守其地所謂分而爲

奇也次陘大衆厚集其陣聲罪致討以震中國之威江人黄人各守其境按兵不動以爲八國之援此克敵制勝之謀也退于召陵而盟禮定循海以歸而濤塗執然後及江人黄人伐陳則知侵蔡次陘而二國不會自爲掎角之勢明矣此大會而末言者善是謀也

冬公子友如齊涖盟楚人伐鄭

四年春王正月公會齊侯宋公陳侯衛侯鄭伯許男曹伯侵蔡蔡潰遂伐楚次于陘

潛師掠境曰侵侵蔡者奇也聲罪致討曰伐伐楚者正也遂者繼事之詞而有專意次止也楚貢包茅不入王祭不供無以縮酒桓公是徵而楚人服罪師則有名矣孟氏何以獨言春秋無義戰也譬諸殺人者或曰人可殺與曰可孰可以殺之曰爲士師則可以殺之矣國可伐與曰可孰可以伐之曰爲天吏則可以伐之矣楚雖暴横憑陵上國齊不請命擅合諸侯豈所謂爲天吏以伐之乎

春秋以義正名而樂與人爲善以義正名則君臣之分嚴矣書遂伐楚譏其專也樂與人爲善苟志於善斯善之矣書次于陘楚屈完來盟于師盟于召陵序其績也

夏許男新臣卒

劉敞曰諸侯卒于外者在師則稱師在會則稱會今許男一無稱者此去師與會而復歸其國之驗也召陵地在潁川是以許男復焉古者國君即位而爲椑歲一漆之出疆必載椑卒于師曰師卒于會曰會正也許男新臣卒非正也其爲人君不知命者也不知命則必畏死畏死則必貪生貪生則必亂於禮矣而後有容身苟免之恥而後有淫祀非望之惑此說是也夫知死生之說通晝夜之道者亦豈有以異於人哉苟得正而斃焉則無求矣

楚屈完來盟于師盟于召陵

楚大夫未有以名氏通者其曰屈完進之也其不稱使權在完也來盟于師嘉服義也盟于召陵序楚績也桓公帥九國之師侵蔡

而蔡潰伐楚而楚人震恐兵力强矣責包茅之不貢則諾問昭王之不復則辭傲與同好則承以寡君之願語其戰勝攻克則對以用力之難然而桓公退師召陵以禮楚使卒與之盟而不遂也於此見齊師雖强桓公能以律用之而不暴楚人已服桓公能以禮下之而不驕庶幾乎王者之事矣故春秋之盟於斯爲盛而楊子稱之曰齊桓之時緼而春秋美召陵是也

齊人執陳轅濤塗秋及江人黄人伐陳八月公至自伐楚葬許穆公

冬十有二月公孫玆帥師會齊人宋人衛人鄭人許人曹人侵陳

楊子法言或問爲政有幾曰思斁昔在周公征于東方四國是王其思矣夫齊桓公欲徑陳陳不果納執袁濤塗其斁矣夫桓公識明而量淺管仲器不足而才有餘方楚人未帖而齊以爲憂也致勤於鄭振中夏之威會于陽穀傳遠國之信按兵于陘修文告之詞退舍召陵結會盟之禮何其念之深禮之謹也存此心以進善則桓有王德而管氏爲王佐矣堯舜性之也湯武身之也五伯假

之也久假而不歸烏知其非有惜乎桓公假之不久而遽歸也楚方受盟志已驕溢陳大夫一謀不協其身見執其國見伐見侵而怒猶未息也桓德於是乎衰矣愛人不親反其仁治人不治反其智禮人不荅反其敬行有不得者皆反求諸己其身正而天下歸之曾可厚以責人不自反乎原其失在於量淺而器不宏也魏武纔得荆州而張松見忽唐莊宗自矜取汴而高氏不朝成湯勝夏撫有萬方乃曰茲朕未知獲戾于上下慄慄危懼若將隕于深淵其爾萬方有罪在予一人予一人有罪無以爾萬方人之度量相越豈不遠哉春秋稱人以執罪齊侯也稱侵陳者深責之也故孟子曰仲尼之徒無道桓文之事者曾仲曾西之所不爲也而子爲我願之乎

五年春晉侯殺其世子申生

公羊子曰殺世子母弟直稱君者甚之也申生進不能自明退不能違雖愛父以姑息而陷之不義讒人得志幾至亡國先儒以爲

大仁之賊也而目晉侯斥殺專罪獻公何也春秋端本清源之書也内寵並后嬖子配適亂之本也驪姬寵奚齊卓子嬖亂本成矣尸此者其誰乎是故目晉侯斥殺專罪獻公使後世有欲紊妃妾之名亂適庶之位縱人欲滅天理以敗其家國者知所戒焉以此防民猶有以寵母名門使姦臣逆探其意有危皇后太子之心以成巫蠱之禍者

杞伯姬來朝其子夏公孫茲如牟公及齊侯宋公陳侯衛侯鄭伯許男曹伯會王世子于首止

書以會尊之也以王世子而下會諸侯則陵以諸侯而上與王世子會則抗春秋抑強臣扶弱主撥亂世反之正特書及以會者若曰王世子在是諸侯咸往會焉示不可得而抗也後世論其班位有大于三公宰臣之下亦有序乎其上者則將奚正自天王而言欲屈遠其子使大乎其下示謙德也自臣下而言欲尊敬王世子則序乎其上正分義也天尊地卑而其分定典叙禮秩而其義明

使羣臣得伸其敬則貴有常尊上下辨矣經書宰周公祗與王人同序於諸侯之上而不得與殊會同書此聖人尊君抑臣之旨也而班位定矣

秋八月諸侯盟于首止

無中事復舉諸侯會盟同地再言首止者書之重詞之複其中必有大美惡焉首止之盟美之大者也王將以愛易世子桓公有憂之控大國扶小國會于首止以定其位太子踐阼是爲襄王一舉而父子君臣之道皆得焉故夫子稱之曰管仲相桓公一匡天下民到于今受其賜微管仲吾其被髮左衽矣中國之爲中國以有父子君臣之大倫也一失則爲夷狄矣故曰首止之盟美之大者也

鄭伯逃歸不盟

事有惡者不與爲幸其善者不與爲貶平丘之盟惡也請魯無勤是以爲幸故直書曰公不與盟首止之盟善也犯衆不盟是以爲

貶故特書曰鄭伯逃歸逃者匹夫之事以諸侯之尊下行匹夫之事雖悔於絇病而乞盟如所喪何其書逃歸不盟深貶之也或曰首止之會非王志也王惡齊侯定世子而使周公召鄭伯曰吾撫汝以從楚可以少安鄭伯喜於王命而畏齊故逃歸不盟然則何罪乎曰春秋道名分尊天王而以大義爲王夫義者權名分之中而當其可之謂也諸侯會王世子雖衰世之事而春秋與之者是變之中也鄭伯雖承王命而制命非義春秋逃之者亦變之中也天下之大倫有常有變舜之於父子湯武之於君臣周公之於兄弟皆處其變者也賢者守其常聖人盡其變會首止逃鄭伯處父子君臣之變而不失其中也噫此春秋之所以爲春秋而非聖人莫能修之者矣

楚人滅弦弦子奔黄九月戊申朔日有食之冬晉人執虞公

公羊子曰虞已滅矣其言執何不與滅也滅者亡國之善詞上下之同力也若夫虞公地之縕於晉久矣晉命行乎虞民信矣其曰

晉人執之者猶衆執獨夫耳貴爲天子富有四海而身爲獨夫商紂是也貴爲諸侯富有一國而身爲獨夫虞公是也其曰公者非存其爵猶下執之之詞也不言以歸驗其爲匹夫之實也書滅下陽於始而記執虞公於後可以見棄義趨利瀆貨無厭之能亡國敗家審矣

六年春王正月夏公會齊侯宋公陳侯衛侯曹伯伐鄭圍新城秋楚人圍許諸侯遂救許冬公至自伐鄭

齊自召陵之後兵服四夷威動諸夏今合六國之師圍新造之邑宜若振槁然圍而不舉有遺力者矣及楚人攻許即解新城之圍移師救許是又得討罪分災救急之義也故特書曰楚人圍許諸侯遂救許凡書救者未有不善之也其曰遂救許善之尤者也善之尤則何以致乆也

七年春齊人伐鄭夏小邾子來朝鄭殺其大夫申侯

將卑師少稱人聲罪致討曰伐鄭伯背華即夷南與楚合而不離

也故桓公復治之孔叔言於其君請下齊以救國鄭伯曰吾知其所由來矣姑少待我於是殺申侯以說于齊稱國以殺者罪累上也不知自反内忌聽讒而擅殺其大夫信失刑矣如申侯者其見殺何也專利而不厭則足以殺其身而已矣

秋七月公會齊侯宋公陳世子款鄭世子華盟于甯母曹伯班卒公子友如齊冬葬曹昭公

八年春王正月公會王人齊侯宋公衛侯許男曹伯陳世子款盟于洮鄭伯乞盟

王人下士也内臣之微者莫微於下士外臣之貴者莫貴於方伯公侯今以下士之微序乎方伯公侯之上外輕内重不亦偏乎春秋之法内臣以私事出朝者直書曰來以私好出聘者不稱其使以私情出訃者止録其名不以其貴故尊之也以王命行者雖下士之微序乎方伯公侯之上不以其賤故輕之也然則班列之高下不在乎内外特係乎王命耳聖人之情見矣尊君之義明矣乞

者甲遜自屈之詞欲與是盟而未知其得與否也始而逃歸今則
乞盟於以見舉動人君之大節不可不慎也
夏狄伐晉秋七月禘于太廟用致夫人
按禮大禘升歌清廟下而管象朱干玉戚以舞大武八佾以舞大
夏此天子之禮樂也踐其位則行其禮奏其樂故雖禘大祖周頌
也而其詩曰相維辟公天子穆穆周公人臣不踐其位魯侯國而
用天子之禮亂名犯分莫大乎是故夫子志之曰郊社之禮所以
事上帝也宗廟之禮所以祀乎其先也魯侯國而以王禮祀太廟
是誣偽不誠而非所以事乎其先矣故夫子傷之曰禘祀既灌而
往者吾不欲觀之夫灌以降神乃祭之始而已不欲觀是自始至
終皆非禮矣用者不宜用也致者不宜致也夫人者風氏也初成
風聞季友之繇遂事之而屬僖公焉故季子立之公賜季子汶陽
之田及費又生而命之氏俾世其卿而私門強矣於成風則舉大
事於始祖之廟立以爲夫人而嫡妾亂矣以私勞寵其臣而卑公

室以私恩崇其母而輕宗廟皆越禮之罪也經書夫人而不稱姓氏其貶深矣

冬十有二月丁未天王崩

九年春王三月丁丑宋公御説卒夏公會宰周公齊侯宋子衛侯鄭伯許男曹伯于葵丘

其曰宰周公者以冢宰兼三公也古者三公無其人則以六卿之有道者上兼師保之任冢宰或闕亦以三公下行端揆之職禹自司空進宅百揆又曰作朕股肱耳目是以宰臣上兼師保之任也周公爲師又曰位冢宰正百工是以三公下行端揆之職也所以然者三公與王坐而論道固難其人而冢宰揆百官均四海亦不易處也夫以冢宰兼三公其職任重矣而不殊會之何也人臣則有進退之節出入均勞之義非王世子貴有常尊之可比矣

秋七月乙酉伯姬卒九月戊辰諸侯盟于葵丘

會盟同地再言葵丘何也書之重辭之複其中必有大美惡焉葵

丘之盟美之大者也初命曰誅不孝無易樹子無以妾爲妻再命曰尊賢育材以彰有德三命曰敬老慈幼無忘賓旅四命曰士無世官官事無攝取士必得無專殺大夫五命曰無曲防無遏糴無有封而不告曰凡我同盟之人既盟之後言歸于好以是爲盡禁矣諸侯咸喻乎桓公之志盖束牲載書而不歃血也是故會盟同地而再言葵丘美之也觀孟子所載此盟初命之詞則知桓公翼戴襄王之事信矣

甲子晉侯詭諸卒冬晉里克殺其君之子奚齊

穀梁子曰其君之子云者國人不子也不正其殺申生而立之也人君擅一國之名寵爲其所子則當子矣國人何爲不子也民至愚而神是非好惡靡不明且公也其所子而弗子者莫能使人弗之子也非所子而子之者莫能使人之亦子也周幽王嘗黜太子宜臼子伯服矣而犬戎殺其身晉獻公亦殺世子申生立奚齊矣而大臣殺其子詩不云乎天生蒸民有物有則民之秉彜好是懿

德此言天理根於人心雖以私欲滅之而有不可滅也春秋書此以明獻公之罪抑人欲之私示天理之公爲後世戒其義大矣以此防民猶有欲易太子而立趙王如意致夫人之爲人彘者

十年春王正月公如齊狄滅温温子奔衛晉里克弒其君卓

國人不君奚齊卓子而曰里克弒其君卓何也是里克君之也克者世子申生之傅也驪姬將殺世子而難里克使優施飲之酒而告之以其故里克聽其謀乃欲以中立自免稱疾不朝居三旬而難作是謂持禄容身速獻公殺適立庶之禍者故成其君臣之名以正其弒逆之罪克雖欲辭而不受其可得乎使克明於大臣之義據經庭諍以動其君執節不貳固太子以攜其黨多爲之故以變其志其濟則國之福也其不濟而死於其職亦無歉矣人臣所明者義於功不貴幸而成所立者節於死不貴幸而免克欲以中立祈免自謂智矣而終亦不能免等死耳不死於世子而死於弒君其亦不知命之蔽哉語曰不知命無以爲君子也爲人臣而不

知春秋之義者必陷於篡弑誅死之罪克之謂矣

及其大夫荀息

荀息者奚齊卓子之傅也君弑而死於難書及所以著其節書大夫不失其官也於荀息何取焉若息者可謂不食其言矣或曰息既從君於昏不食其言庸足取乎世衰道微人愛其情私相疑貳以成傾危之俗至於刑牲歃血要質鬼神猶不能固其約也孰有可以託六尺之孤寄百里之命臨死節而不可奪如息者哉自古皆有死民無信不立故聖人以信易食而君子以信易生息不食言其可少乎

夏齊侯許男伐北戎晉殺其大夫里克

里克弑二君與一大夫不以討賊之詞書者惠公殺之不以其罪也殺之不以其罪柰何里克所為弑者為重耳也夷吾曰是又將殺我也則謂克曰爾既殺夫二孺子矣又將圖寡人為爾君者不亦病乎里克對曰不有廢也君何以興欲加之罪何患無詞臣聞

命矣伏劍而死若惠公既立而謂克曰先君命大夫爲世子傅世子死非其罪而大夫不之恤君奚齊者既有先君之命矣而大夫又殺之以及卓大夫雖殺之獨不念先君之命乎則克必再拜而死不復有言矣惠公乃曰又將圖寡人是殺之不以其罪也故稱國以殺而不去其官

秋七月冬大雨雪

十有一年春晉殺其大夫平鄭父

按左氏平鄭言於秦伯請出晉君則鄭有罪矣曷爲稱國以殺而不去其官惠公以私意殺里克故其黨皆懼鄭之有此謀由殺里克致之也春秋以大義公天下爲誅賞故書法如此其稱國者衆罪用事大夫不能格君心之非至於多忌濫刑危其國也

夏公及夫人姜氏會齊侯于陽穀

襄陵許翰曰先乎陽穀之會爲大雨雪後乎陽穀之會爲大雩僖公賢君不能禮佐齊桓儆其怠忽而更與之俱肆于寵樂是以見

戒于天如此以公夫人穀陽之會觀之齊桓霸業怠矣故楚人伐黃不能救凡此類屬詞比事直書于策而義自見者也

秋八月大雩冬楚人伐黃

按穀梁子曰貫之盟管敬仲言於桓公江黃遠齊而近楚楚為利之國也若伐而不能救則無以宗諸侯矣桓公不聽遂與之盟管仲死楚伐江滅黃桓公不能救故君子閔之也遠國慕義背夷即華所謂出自幽谷遷于喬木春秋之所取也被兵城守更歷三時告命已至而援師不出則失救患分災攘夷狄安與國之義矣滅弦滅溫皆不書伐滅黃而書伐者罪桓公既與會盟而又不能救也

春秋傳卷第十二

僖公中

十有二年春王三月庚午日有食之夏楚人滅黃

春秋滅人之國其罪則一而見滅之君其例有三以歸者既無死難之節又無克復之志貪生畏死甘就執辱其罪爲重許斯頓牂之類是也出奔者雖不死於社稷有興復之望焉託於諸侯猶得寓禮其罪爲輕弦子温子之類是也若夫國滅死於其位是得正而斃焉者矣於禮爲合於時爲不幸若江黃二國是也其書滅者見夷狄之強罪諸夏之弱責方伯連帥之不修其職使小國賢君困於強暴不得其所公羊子所謂亡國之善詞上下之同力者也

秋七月冬十有二月丁丑陳侯杵臼卒

十有三年春狄侵衛

齊桓公爲陽穀之會是肆于寵樂其行荒矣楚人伐黃而救兵不起是忽于簡書其業怠矣然後狄人窺伺中國今年侵衛明年侵

鄭近在王都之側淮夷亦來病杞而不忌也伯益戒于舜曰無怠無荒四夷來王此至誠無息帝王之道春秋之法也齊桓晉文若此類者其事則直書于策其義則游聖門者默識於言意之表矣故曰仲尼之徒無道桓文之事者

夏四月葬陳宣公公會齊侯宋公陳侯衛侯鄭伯許男曹伯于鹹秋九月大雩冬公子友如齊

十有四年春諸侯城緣陵

齊桓公城三國而書詞不同城楚丘則沒諸侯而不書城緣陵則書諸侯而不序城邢則再序三國之師何也邢以自遷爲文故再列三師而書城邢者美其得救患分災之義無封國之嫌也淮夷病杞諸侯會于鹹城緣陵而遷杞焉則其事專矣故前目後凡直書諸侯而不序也衛爲狄滅東徙渡河野處漕邑桓公使公子無虧戍以甲士歸其祭服乘馬凡爲國之用其力尤勤其功尤大其事尤專而春秋責之尤重曰城楚丘而不書諸侯正王法也是故

以功言之則楚丘爲大以義言之則城邢爲美春秋之法明其道不計其功正其義不謀其利者也詳著城邢之師而深没楚丘之迹貴王賤霸羞稱桓文以正待人之體也明此則知曾西不爲管仲深畏仲由之説矣

夏六月季姬及鄫子遇于防使鄫子來朝

春秋内女適人者明有所從則繫諸國君杞伯姬是也其未適人者欲有所别則書其字君子叔姬是也季姬書字而未繫諸國其女而非婦亦明矣及者内爲志内女而外與諸侯遇譏魯也朝不言使言使非正鄫子國君而季姬使之朝病鄫也魯秉周禮男女之際豈其若是之甚乎蓋魯公鍾愛其女使自擇配故得與鄫子遇于防而遂以季姬歸之爾有孟光之德有伯鸞之賢變而不失禮之正則猶可矣不然非所以爲愛而厚其别也故稱及稱遇稱使罪魯與鄫以正男女之禮爲後世戒也

秋八月辛卯沙鹿崩

沙鹿晉地也卜偃曰朞年必有大咎國幾亡詩稱百川沸騰山冢崒崩言西周之將亡也書沙鹿崩於前書獲晉侯於後雖不指其事應而事應具存此春秋畏物之反常爲異使人恐懼修省之意也其垂戒明矣

狄侵鄭冬蔡侯肸卒

十有五年春王正月公如齊楚人伐徐三月公會齊侯宋公陳侯衛侯鄭伯許男曹伯盟于牡丘遂次于匡公孫敖帥師及諸侯之大夫救徐

楚都于郢距徐亦遠而舉兵伐徐暴橫憑陵之罪著矣徐在山東與齊密邇以封境言之不可以不速救以形勢言之非有餽糧越險之難也今書盟于牡丘見諸侯救患之不協矣書次于匡見霸主號令之不嚴矣書大夫帥師而諸侯不行見桓德益衰而禦夷狄安中國之志怠矣凡兵而書救未有不善之也救而書次則尤罪其當速而故緩失用師之義矣中庸曰至誠無息不息則久春

秋謹始卒欲有國者敦不息之誠也始勤而終怠則不能久而無以固其國矣

夏五月日有食之秋七月齊師曹師伐厲八月螽九月公至自會季姬歸于鄫己卯晦震夷伯之廟

震者雷電擊夷伯之廟也不曰夷伯之廟震而曰震夷伯之廟者天應之也天人相感之際微矣夷伯者魯大夫也大夫既卒不名穀梁以爲因此見天子至于士皆有廟天子七廟諸侯五大夫三士二故德厚者流光德薄者流卑是以貴始德之本也始封必爲祖

冬宋人伐曹楚人敗徐于婁林十有一月壬戌晉侯及秦伯戰于韓獲晉侯

秦伯伐晉而經不書伐專罪晉也獲晉侯以歸而經不書歸免秦伯也書伐書及者兩俱有罪而以及爲主書獲書歸者兩俱有罪而以歸爲甚今此專罪晉侯之背施幸災貪愛怒隣而恕秦伯也

然則秦戰義乎春秋無義戰彼善於此則有之矣其不言師敗績何也君獲不言師敗績君重於師也大夫戰而見獲必書師敗績師與大夫敵也君爲重師次之大夫敵春秋之法也與孟子之言何以異孟子爲時君牛羊用人莫之恤也故以民爲貴君爲輕春秋正名定分爲萬世法故以君爲重師次之堯以天下命舜舜亦以命禹必稱元后爲先此經世大常而仲尼蓋祖述之者也惟此義不行然後叛逆之黨有託以爲民輕棄君親而不顧者矣

十有六年春王正月戊申朔隕石于宋五是月六鷁退飛過宋都

隕石自空凝結而隕也退飛有氣逆驅而飛也石隕鷁飛而得其數與名在春秋時凡有國者察於物象之變亦審矣此宋異也何以書于魯史亦見當時諸國有非所當告而告者矣何以不削乎聖人因災異以明天人感應之理而著之於經垂戒後世如石隕于宋而書曰隕石此天應之也和氣致祥乖氣致異人事感於下則天變應於上苟知其故恐懼修省變可消矣宋襄公以亡國之

餘欲圖霸業五石隕六鷁退飛不自省其德也後五年有盂之執又明年有泓之敗天之示人顯矣聖人所書之義明矣可不察哉

三月壬申公子季友卒

季者其字也友者其名也大夫卒而書名則曷爲稱字聞諸師曰春秋時當卿有生而賜氏者季友仲遂是也生而賜氏者何命之世爲卿也季子忠賢在僖公有援戴之勤襄仲弑逆在宣公有援立之力此二君者不勝私情欲以異賞報之也故皆生而賜氏俾世其官經於其卒各以氏書者志變法亂紀之端貽權臣竊命之禍其垂戒遠矣

夏四月丙申鄫季姬卒

内女嫁於諸侯則尊同尊同則記其卒記其卒則必記其葬然而有不記者此筆削之旨非可以例求者也宋伯姬在家爲淑女既嫁爲賢婦死於義而不回此行之超絶卑異者既書其葬又載其謚僖公鍾愛季姬使自擇配季姬不能自克以禮恃愛而行雖書

其卒自奔其葬所以謹夫婦之道正人倫之統明王教之始也以此防民猶有嫁殤立廟奉[illegible][illegible][illegible]親臨祖載如魏明帝之厚其女者

秋七月甲子公孫茲卒冬十有二月公會齊侯宋公陳侯衛侯鄭伯許男邢侯曹伯于淮

十有七年春齊人徐人伐英氏夏滅項

按左氏淮之會公有諸侯之事未歸而取項齊人以爲討而止公然則滅項者魯也二傳以爲桓公滅之孰信乎考於經未有書外滅而不言國者如齊師滅譚是也亦未有書內取而直言魯者如取鄟取邿取鄫是也由此知項爲魯滅無疑矣然聖人於魯事有君臣之義凡大惡必隱避其詞而爲之諱今此滅項其惡大矣曷不諱乎曰事有隱諱臣子施之於君父者也故成公取鄟襄公取邿昭公取鄫皆不言滅而書取程氏以爲在君則當諱是也若夫滅項則僖公在會季孫所爲有執政之臣擅權爲惡而不與之諱

此春秋尊君抑臣不爲朋黨比周之意也
秋夫人姜氏會齊侯于卞九月公至自會冬十有二月乙亥齊侯小白卒
十有八年春王正月宋公曹伯衛人邾人伐齊夏師救齊五月戊寅宋師及齊師戰于甗齊師敗績狄救齊
伐齊之喪奉少奪長其罪大故其責詳書師救齊者善魯也救者善則伐者惡矣凡書救者未有不善之也書狄救齊者許狄也許夷狄則罪諸夏矣許之曷爲不稱人深著中國諸侯之罪也凡伐者爲客受伐者爲主今齊人受伐以宋爲主者曲在宋也凡師直爲壯曲爲老書齊師敗績者責齊臣也或曰桓公管仲嘗屬孝公於宋襄以爲世子矣則何以不可立乎曰不能制命雖天王欲撫鄭伯以從楚春秋猶以大義裁之而不與也桓公君臣乃欲以私愛亂長幼之節其可哉獨不見宣王與仲山甫爭魯侯戲括之事其後如之何也春秋深罪宋公大義明矣

秋八月丁亥葬齊桓公

桓公九合諸侯不以兵車威令加乎四海幾於改物雖名方伯實行天子之事然而不能慎終如始付託非人柩方在殯四鄰謀動其國家而莫之恤至於九月而後葬以此見功利之在人淺矣春秋明道正義不急近功不規小利於齊桓晉文之事有所貶而無過褒以此

冬邢人狄人伐衛

狄稱人進之也慕義而來進之可也以夷狄伐衛而進之可乎伐衛所以救齊也衛嘗亡滅東徙渡河無所控告齊桓公攘戎狄而封之使衛國忘亡誰之賜也桓公方沒不念舊德欲厚報之遽伐其喪亦太甚矣以直報怨聖人之公也以怨報怨天下之利也以德報怨寬身之仁也以怨報德刑戮之民也至是人理亡矣桓公攘夷狄安中國免民於左衽諸侯不念其賜而於衛爲尤先書狄救齊以著中國諸侯之罪再書狄人伐衛所以見救齊之善功近

而德遠矣

十有九年春王三月宋人執滕子嬰齊

執之是非決於稱人與稱爵而見執者則以名與不名知其罪之在也經書見執於人者悉皆不名而滕子獨名是亦有罪焉耳夫以齊桓之盛九合諸侯不以兵車雖江黃遠國猶相繼來盟而滕介齊宋之間不與衣裳之會者三十有七年及宋襄繼起又不尊事大國其見執則有由矣書名著其罪也苟爲有罪其見執固宜宋何以稱人不得爲伯討乎執雖以罪不歸于京師則稱人惡其專也歸于京師而執非其罪則稱人惡其濫也

夏六月宋公曹人邾人盟于曹南鄫子會盟于邾己酉邾人執鄫子用之秋宋人圍曹

盟于曹南口血未乾今復圍曹者討不服也愛人不親反其仁治人不治反其智襄公不能内自省德而急於合諸侯執嬰齊非伯討不足以示威盟曹南非同志不足以示信卒於兵敗身傷不知

反求諸己欲速見小利之過也漢景削七國而吴楚叛東都疾横議而黨錮興唐文宗切於除姦而訓注用故子夏爲莒父宰問政子曰無欲速無見小利欲速則不達見小利則大事不成經書襄公不越數端而知其操心之若此者仲尼筆削推見至隱如化工賦像弃其情不得遯焉非特畫筆之肖其形耳故春秋者化工也非畫筆也

衛人伐邢冬會陳人蔡人楚人鄭人盟于齊

盟會皆君之禮也微者盟會不志于春秋凡所志者必有君與貴大夫居其間也然則爲此盟者乃公與陳蔡楚鄭之君或其大夫矣曷爲内則没公外則人諸侯與其大夫諱是盟也楚人之得與中國會盟自此始也莊公十年荆敗蔡師始見于經其後入蔡伐鄭皆以號舉夷狄之也僖公元年改而稱楚經亦書人於是乎浸強矣然終桓公世皆止書人而不得與中國盟會者以齊修霸業能制其强故也桓公既没中國無霸鄭伯首朝于楚其後遂爲此

盟故春秋沒公人陳蔡諸侯而以鄭列其下蓋深罪之也又二年復盟于鹿上至會于盂遂執宋公以伐宋而楚於是乎大張列位於陳蔡之上而書爵矣聖人書此豈與之乎所以著夷狄之強傷中國之衰莫能抗也故深諱此盟一以外夷狄二以惡諸侯之失道三以謹盟會之始也

梁亡

陸淳曰秦肆其暴取人之國沒而不書其義安在曰乘人之危惡易見也滅人之國罪易知也自取亡滅者其事微矣春秋之作聖人所以明微也梁本侯國魚爛而亡何哉易曰天行健君子以自強不息古者諸侯朝修其業令晝攷其國職夕省其典刑夜儆百工無使慆淫而後即安故克勤于邦荒度土功者禹也慄慄危懼撿身若不及者湯也自朝至于日中昃不遑暇食用咸和萬民者文王也凡有國家者土地雖廣人民雖衆兵甲雖多城郭雖固而不能自強於政治則日危月削如火銷膏以至滅亡而莫覺也而

況好土功輕民力湎於酒淫於色心昏而出惡政者乎其亡可立而待矣

二十年春新作南門

言新者有故也言作者創始也其曰南門者南非一門也庫門天子皐門雉門天子應門書新作南門譏用民力於所不當爲也魯人爲長府閔子騫曰仍舊貫如之何何必改作孔子曰夫人不言言必有中春秋凡用民力得其時制者猶書于策以見勞民爲重事而況輕用於所不當爲者乎然僖公嘗修泮宮復閟宮矣奚斯董其役史克頌其事而經不書者宮廟以事其祖考學校以教國之子弟二者爲國之先務雖用民力不可廢也其垂教之意深矣

夏郜子來朝五月乙巳西宮災鄭人入滑秋齊人狄人盟于邢冬楚人伐隨

二十有一年春狄侵衛宋人齊人楚人盟于鹿上夏大旱秋宋公楚子陳侯蔡侯鄭伯許男曹伯會于盂執宋公以伐宋

執宋公者楚子也何以不言楚子執之分惡於諸侯也諸侯皆在會而蠻夷執其會主拱手以聽而莫之敢違其不勇於爲義亦甚矣故特列楚人於陳蔡之上而以同執爲丈夫以楚之強豈能勝秦五國之衆何弱於趙然澠池之會藺相如一奮其氣威信敵國秦雖虎狼猶不敢動況以五國之君而不能得志於荆楚乎宋以乘車之會往而楚伏兵車以執之則宋直楚曲其義已明雖以匹夫自反而縮猶不可耻矧南面之君也哉然春秋爲賢者諱宋公見執不少隱之何也夫盟主者所以合天下之諸侯攘戎狄尊王室者也宋公欲繼齊桓之烈而與楚盟會豈攘戎狄尊王室之義乎故人宋公於鹿上之盟而盂之會直書其事而不隱所以深貶之也

冬公伐邾楚人使宜申來獻捷

不曰來獻宋捷爲魯諱也諸侯從楚伐宋而魯獨不與故楚來獻捷以脅魯爲魯討者拒其使而不受可也請於天王而討之可也

宋公先代之後作賓王家方修盟會而伐兵車執之於壇坫之上又以軍獲遺獻諸侯其橫逆甚矣拒其使而不受聲其罪而致討不患無詞魯於是時曾不能申大義以攘荆楚尊中國故不曰宋捷特爲魯諱之也

十有二月癸丑公會諸侯盟于薄釋宋公

會不書其所爲獨會于稷書成宋亂者爲受郜鼎立華督也會于澶淵言宋災故者爲葬蔡侯不討般也盟不書所爲而盟于薄言釋宋公者宋方主會而蠻夷執而伐之以其俘獲來遺是夷狄反爲中國主禽獸將逼人而食之矣此正天下大變春秋之所謹也魯既不能申大義以抑其強暴使宋公見釋出自天王與中國而顧與歃血要言求楚子以釋之是操縱大權自蠻夷出其事已傎甚矣故書會書盟書釋皆不言楚子爲魯諱以深貶之也穀梁謂不與楚專釋是已或以爲嘉我公之救患誤矣

二十有二年春公伐邾取須句

按左氏須句風姓實司大皥與有濟之祀邾人滅之須句子來奔因成風也公伐邾取須句而反其君焉審如是固得崇明祀保小寡之禮何以書取乎不請於王命而傳爲母家報怨謀動干戈於邦內擅取人國而反其君是以亂易亂非所以爲禮也與收奪者無以異矣

夏宋公衛侯許男滕子伐鄭秋八月丁未及邾人戰于升陘

邾人以須句故出師公卑邾不設備戰于升陘我師敗績邾人獲公冑縣諸魚門記稱邾婁復之以矢蓋自戰於升陘始也魯既敗績邾亦幾亡輕用師徒害及兩國亦異於誅暴禁亂之兵矣故諱不言公而書及內以諱爲貶

冬十有一月己巳朔宋公及楚人戰于泓宋師敗績

泓之戰宋襄公不阨人於險不鼓不成列先儒以謂至仁大義雖文王之戰不能過也而春秋不與何哉物有本末事有終始順事恕施者王政之本也襄公伐齊之喪奉少奪長使齊人有殺無虧

之惡有敗績之傷此晉獻公之所以亂其國者罪一也桓公存三亡國以屬諸侯義士猶曰薄德而一會虐二國之君罪二也曹人不服盍姑省德無闕然後動而興師圍之罪三也凡此三者不仁非義襄公敢行而獨愛重傷與二毛則亦何異盜跖之以分均出後爲仁義陳仲子以避兄離母居於陵爲廉乎夫計末遺本飾小名妨大德者春秋之所惡也故詞繁不殺而宋公書及以深貶之也

二十有三年春齊侯伐宋圍緡

齊霸國之餘業也宋襄公既敗於泓荊楚之勢益張矣齊侯既無尊中國攘夷狄恤患災畏簡書之意文乘其約而伐之此左義之所不得爲者也故書伐國而言圍邑以著其罪然則桓公伐鄭圍新城何以不爲貶乎鄭與楚合憑陵中國桓公伐之攘夷狄也宋與楚戰兵敗身傷齊侯伐之殘中夏也其事異矣美惡不嫌同詞

夏五月庚寅宋公茲父卒秋楚人伐陳冬十有一月杞子卒

按左氏杞成公卒書曰子杞夷也杜預以謂杞實稱伯而書曰子者成公始行夷禮終其身故仲尼於其卒以文貶之此説是也或曰信斯言是春秋黜陟諸侯爵次以見褒貶不亂名實乎曰春秋固天子之事也而尤謹於華夷之辨中國之所以爲中國以禮義也一失則爲夷狄再失則爲禽獸人類滅矣魯桓簒弑滕首朝之貶而稱子治其黨也夷不亂華成公變之貶而稱子存諸夏也

二十有四年春王正月夏狄伐鄭秋七月冬天王出居于鄭

按左氏鄭人入滑王爲滑請鄭不聽命王怒使頹叔出狄師伐鄭而德狄人立其女隗氏爲后富辰諫不聽大叔帶通于隗氏王絀狄女頹叔懼狄之怨已遂奉叔帶以狄師攻王王適鄭處于汜自周無出特書曰出者言其自取之也夫鄭伯不王固有罪矣襄王不知自反念其制命之未順也忍小忿暱懿親以扞外侮而棄德崇姦遂出狄師是用夷制夏如木之植拔其本也不亦傎乎王者以天下爲家京師爲室而四方歸往猶天之無不覆也東周降于

列國既不能家天下矣又毀其室而不保則是寄生之君耳既而書出以爲後戒唐資突厥之兵以代隋而世有戎狄之禍晉藉契丹之力以取唐而卒有播遷之辱許翰以謂不講於春秋戒襄王之所以出其言信矣而華夷之辨可不謹夫居者宅其所有之稱出而曰居者君曰普天之下莫非王土撥亂反正存天理之意也

晉侯夷吾卒

二十有五年春王正月丙午衛侯燬滅邢

衛侯何以名滅同姓也春秋之法諸侯不生名滅同姓則名者謂其絶先祖之裔蔑骨肉之恩故生而書名示王法不容誅也聖人與天地合德滅人邦國而絶其祀同姓與異姓奚別焉而或名或否何也正道理一而分殊異端二本而無分分殊之弊私勝而失仁無分之罪兼愛而失義春秋之法由仁義行而人道立者也何以無差等乎然則晉滅虞楚滅夔亦同姓也曷爲不名曰諸侯滅同姓則名其常也有名有不名例之變也邢雖與狄伐衛而經無

譏文者爲能救齊也衛人曾不反思而遷怒於邢又遣禮至昆弟往仕焉誘其守而殺之于外與虞公貪璧馬以易鄰國及其身者其情異矣春秋原情定罪而衛燬獨名蓋輕重之權衡也若荆楚則僭號稱王聖人比諸夷狄於滅夔乎何誅

夏四月癸酉衛侯燬卒宋蕩伯姬來逆婦

伯姬公女也而配蕩氏其往嫁不見於經者國君不與大夫敵也今來逆婦而史策書之見公失禮下王大夫之昏是慢宗廟卑朝廷也姑自逆婦其失明矣

宋殺其大夫秋楚人圍陳納頓子于頓

圍陳納頓子也納云者不與納也諸侯失國諸侯納之正也何以不與乎夫陳先代之後不能以禮安靖鄰國保恤寡小中國諸侯又不能修方伯連帥之職而使楚人納之是夷狄仗義正諸夏也故書曰楚人圍陳納頓子于頓其責中國深矣此亦正本自治之意也

葬衛文公冬十有二月癸亥公會衛子莒慶盟于洮

二十有六年春王正月己未公會莒子衛甯速盟于向齊人侵我西鄙公追齊師至酅弗及

書人書侵書師罪齊也書追書至酅弗及罪魯也潛師入境曰侵少則稱人衆則稱師前書齊人是見其弱以誘魯也後書齊師是伏其衆以邀魯也其爲譎明矣凡書追者在境内則譏其不預追戎于濟西是也在境外則譏其深入追齊師至酅是也酅者齊地至者言遠也弗者遷詞也有畏而弗敢及之也齊魯皆私憤之兵而非正也故交譏之

夏齊人伐我北鄙衛人伐齊公子遂如楚乞師

衛人報德以怨伐齊之喪助少陵長又遷怒於邢而滅其國不義甚矣公既與其君盟于洮又與其臣盟于向是黨衛也故齊人既侵其西又伐其北齊師固亦非義矣而僖公不能省德自反深思遠慮計安社稷乃乞楚師與齊爲敵是以蠻夷殘中國也於義可

乎其書公子遂如楚乞師而惡自見矣

秋楚人滅夔以夔子歸

春秋滅國以其君歸無有不名者而夔何以獨不名按左氏夔子不祀祝融與鬻熊楚人讓之對曰我先君熊摯有疾鬼神弗赦自竄于夔以是失楚又何祀焉諸侯之祀無過其祖者而夔祖熊摯是不得祀祝融與鬻熊也而楚反以是滅之非其罪矣故特存其爵而不名也然則楚滅同姓何以不名人而不名春秋待夷狄之體也

冬楚人伐宋圍緡公以楚師伐齊取穀公至自伐齊

楚強魯弱而能用其師進退在已故特書曰以以者不以者也夫背華即夷取人之邑爲已有失正甚矣患之起必自此始其致危之也

春秋卷第十三

僖公下

二十有七年春杞子來朝夏六月庚寅齊侯昭卒秋八月乙未葬齊孝公乙巳公子遂帥師入杞冬楚人陳侯蔡侯鄭伯許男圍宋十有二月甲戌公會諸侯盟于宋

楚稱人貶也宋公先代之後作賓王家并有簒弑之惡楚人無故摟諸侯以圍之何名也故黜而稱人以著其罪諸侯信夷狄伐中國獨無貶乎又楚子所以人諸侯也公與楚結好故往會盟其地以宋者宋方見圍無嫌於與盟而公之罪亦著矣

二十有八年春晉侯侵曹晉侯伐衛

按左氏初公子重耳之出亡也曹衛皆不禮焉至是侵曹伐衛再稱晉侯者譏復怨也春秋之時用兵者非懷私復怨則利人土地爾詩云百尒君子不知德行不忮不求何用不臧不忮則能懲忿不求則能窒慾然後貪憤之兵亡矣或曰曹衛背華即夷於是乎

致武奚爲不可曰楚人摟諸侯以圍宋陳蔡鄭許舉兵而同會曹公與會而同盟楚雖得曹新昏於衛然其君不在會其師不與曹以方諸國不猶愈乎又況衛已請盟而晉人弗之許也書曰必有忍乃其有濟有容德乃大文公能忍於奄楚里鳬須矣何獨不能忍於曹衛乎再稱晉侯者甚之也下書楚人救衛則譏晉深矣春秋責備賢者而樂與人改過責備賢者故再稱晉侯樂與人改過故衛已請盟不當拒而絕之也

公子買戍衛不卒戍刺之

按左氏買爲楚戍衛楚人救衛不克公懼於晉殺買以說焉謂楚人不卒戍也内殺大夫稱刺者若曰刺審其情與衆棄之而專殺之罪則一耳周官有三刺一刺曰訊羣臣再刺曰訊羣吏三刺曰訊萬民刺未有書其故者而以不卒戍刺之則知買爲無罪矣孟子曰無罪而殺士則大夫可以去無罪而戮民則士可以徙今乃殺無罪之主將以苟説於强國於是乎不君矣故特書其故以貶

之也

楚人救衛三月丙午晉侯入曹執曹伯畀宋人

古者觀文匿武修其訓典序成而不至於是乎有攻伐之兵故孟子謂萬章曰子以爲有王者作將比今之諸侯而誅之乎其教之不改而後誅之乎曹伯羸者未狎晉政莫知所承晉文不修詞令遽入其國既執其君又分其田界矣欲致楚師與之戰而以曹伯畀宋人譎矣雖一戰勝楚遂主夏盟舉動不中於禮亦多矣徒亂人上下之分無君臣之禮其功雖高道不足尚也故曰五伯三王之罪人仲尼之徒無道桓文之事者

夏四月己巳晉侯齊師宋師秦師及楚人戰于城濮楚師敗績

楚稱人貶也戰而言及主乎是戰者也當此時晉師避楚三舍請戰者得臣也而經之書及何以在晉得臣雖從晉師然初告於晉曰請復衛侯而封曹臣亦釋宋之圍是未有必戰之意也及先軫獻謀許曹衛以攜其黨拘宛春以激其怒而後得臣之意決矣故

楚雖請戰而及在晉侯誅其意也荆楚恃强憑陵諸夏滅黄而霸主不能恤敗徐于婁林而諸大夫不能救執中國盟主而在會者不敢與之爭今又戍穀逼齊合兵圍宋戰勝中國威動天下非有城濮之敗則民其被髮左衽矣宜有美詞稱揚其績而春秋所書如此其略何也仁人明其道不計其功正其義不謀其利文公一戰勝楚遂主夏盟以功利言則高矣語道義則三王之罪人也知此說則曾西不爲管仲而仲尼孟子雖老于行而不悔其有以夫

楚殺其大夫得臣

按左氏晉師既克曹衛楚子入居于申使申叔去穀使子玉去宋曰晉侯在外十九年而果得晉國險阻艱難備嘗之矣民之情僞盡知之矣天假之年而除其害其可廢乎子玉使伯棼請戰楚子怒少與之師唯西廣東宮與若敖之六卒實從之而不止也子玉從晉師文公退三舍辟之楚衆欲止子玉不可戰于城濮楚師敗績夫得臣信有罪矣而楚子知其不可敵不能使之勿敵而少與

之師文以一敗殺之是以師爲重而棄其將以與之也是晉再克而楚再敗也故稱國以殺而不去其官以仲尼書鄭棄其師與楚殺得臣之事觀之可爲來世之永鑒矣

衛侯出奔楚

諸侯失國出奔未有不名者衛侯何以不名著文公之罪也衛侯失守社稷背華即夷於文公何罪乎衛之禍文公爲之也初齊晉盟于斂盂衛侯請盟晉人不許是塞其向善之心雖欲自新改轍而其道無由也高帝一封雍齒而功臣不競世祖燒棄文書而反側悉安使文公釋怨許衛結盟南向諸侯棄楚而歸晉矣忿不思難惟怨是圖必使衛侯竄身無所奔于荆蠻歸于京師兄弟相殘君臣交訟誰之咎也夫心不外者乃能統大衆智不鑿者乃能處大事文公欲主夏盟取威定霸而舉動煩擾若不勝任者惟鑿智自私而心不廣也春秋於衛侯失國出奔不以其罪名之而重文公之咎蓋端本議刑責備賢者之意也

五月癸丑公會晉侯齊侯宋公蔡侯鄭伯衛子莒子盟于踐土

踐土之會天王下勞晉侯削而不書何也周室東遷所存者號與祭耳其實不及一小國之諸侯晉文之爵雖曰侯伯而號令天下幾於改物實行天子之事此春秋之名實也與其名存實亡猶愈於名實俱亡是故天王下勞晉侯于踐土則削而不書去其實以全名所謂君道也父道也晉侯以臣召君則書天王狩于河陽正其名以統實所謂臣道也子道也而天下之大倫尚存而不滅矣衛侯奔楚不書名者未絕其位也叔武受盟而稱衛子者立以爲君也此見聖人深罪晉文報怨行私專權自恣廢置諸侯之意

陳侯如會公朝于王所

朝不言所言所非其所也朝于廟禮也于外非禮也有虞氏五載一巡狩羣后四朝周制十有二年王乃時巡諸侯各朝于方嶽亦何必于京師于廟然後爲禮乎古者天子巡狩于四方有常時諸侯朝于方嶽有常所其宮室道途可以預修故民不勞其供給調

度可以預備故國不費今天王下勞晉侯公朝于王所則非其時與地矣自秦而後巡遊無度至有長吏以倉卒不辦被誅民庶以煩勞不給生厭蓋春秋之義不行故也然則天子在是其可以不朝乎天子在是而諸侯就朝禮之變也春秋不以諸侯就朝爲非而以王所非其所爲貶正其本之意也

六月衛侯鄭自楚復歸于衛衛元咺出奔晉

衛侯失國出奔則不名復歸得國何以名殺叔武也叔武者衛侯之弟也晉文公有憾於衛侯而不釋怨於是逐衛侯立叔武叔武辭立而他人立則恐衛侯之不得反也於是已立乎其位治反衛侯衛侯得反而疑其弟則曰叔武篡我元咺爭之曰叔武無罪衛侯不信其言終殺叔武是不念鞠子哀而以爭國爲心亂民彝滅天理其爲罪大矣此其所以名也元咺由是走之晉而訟其君然衛侯初歸則稱復再歸何以不稱復乎春秋立法甚嚴而待人以恕鄭之初歸雖殺叔武既名之矣猶意其或出於誤而能革也是

以稱復及其再歸文殺元咺及公子瑕則是終以爭國爲心長惡不悛無自艾之意矣是以不稱復其曰歸于衛者易詞也諸侯嗣故稱復者繼之也不稱復者絕之也而國非其國矣

陳侯款卒秋杞伯姬來公子遂如齊冬公會晉侯齊侯宋公蔡侯鄭伯陳子莒子邾子秦人于温天王狩于河陽

按左氏晉侯召王以諸侯見仲尼曰以臣召君不可以訓故書曰天王狩于河陽以尊周而全晉也啖助謂以常禮言之晉侯召君名義之罪人也其可訓乎若原其自嫌之心嘉其尊王之意則請王之狩忠亦至焉故夫子特書狩于河陽所謂原情爲制以誠變禮者也夫踐土之會王實自往非晉罪也故爲王諱而足矣温之會晉則有罪而其情順也故既爲王諱之又爲晉解之於以見春秋忠恕也

壬申公朝于王所晉人執衛侯歸之于京師衛元咺自晉復歸于衛

其言歸之于者執不以正之詞也古者君臣無獄諸侯不專殺爲

臣執君故衛侯不名而元咺稱復大夫不出其稱復絕之也自晉者晉有奉焉因其力也歸者易詞以文公爲之主故其歸無難而方伯之罪亦明矣是以執而稱人不得爲伯討也

諸侯遂圍許

諸侯比再會天子再至皆朝于王所而許獨不會以其不臣也故諸侯圍許按古者巡狩諸侯各朝于方嶽今法天子行幸三百里内亦皆問起居許距河陽踐土近矣而可以不會乎其稱遂繼事之詞也

曹伯襄復歸于曹遂會諸侯圍許

曹伯襄何以名其歸之道非所以歸也晉侯有疾使其豎侯獳貨筮史曰以曹爲解晉侯恐於是反曹伯夫以賂得國而春秋名之比於失地滅同姓之罪以此知聖人嚴於義利之别以正性命之理其説行而天下定矣豈曰小補之哉

二十有九年春介葛盧來公至自圍許夏六月會王人晉人宋人齊

人陳人蔡人秦人盟于翟泉

按左氏公會王子虎晉狐偃宋公孫固齊國歸父陳轅濤塗秦小子憖盟于翟泉則皆列國之貴大夫與王子而公與會也其貶而稱人諱不書公何也翟泉近在洛陽王城之内而王子虎於此下與列國盟是謂上替諸侯大夫入天子之境雖貴曰士而於此上盟王子虎是謂下陵而無君之心著矣故以爲大惡諱公而不書諸國之卿貶稱人而王子亦與焉者此正其本之義也

秋大雨雹

正蒙曰凡陰氣凝聚陽在内者不得出則奮擊而爲雷霆陽在外者不得入則周旋不捨而爲風和而散則爲霜雪雨露不和而散則爲戾氣曀霾陰常散緩受交於陽則風雨調寒暑正雹者戾氣也陰脅陽臣侵君之象當是時僖公即位日久季氏世卿公子遂專權政在大夫萌於此矣

冬介葛盧來

三十年春王正月夏狄侵齊

左氏曰晉人伐鄭以觀其可攻與否狄間晉之有鄭虞也遂侵齊詩不云乎戎狄是膺荆舒是懲四夷交侵所當攘斥晉文公若移圍鄭之師以伐之則方伯連率之職修矣上書狄侵齊下書圍鄭此直書其事而義自見者也

秋衛殺其大夫元咺

元咺訟君爲惡君歸則已出君出則已歸無人臣之禮信有罪矣則稱國以殺而不去其官何也春秋之法躬自厚而薄責於人君子之道譬諸射失諸正鵠反求諸已衛侯之躬無乃有闕盍亦省德而内自訟乎夫稱國以殺者君與大臣專殺之也衛侯在外其稱國以殺何也穀梁子曰待其殺而後入也待其殺而後入是志乎殺咺瑕者也兵莫憯於志鏌鎁爲下衛侯未入稱國以殺此春秋誅意之効也然則大臣何與焉從君於惡而不能止故并罪之也

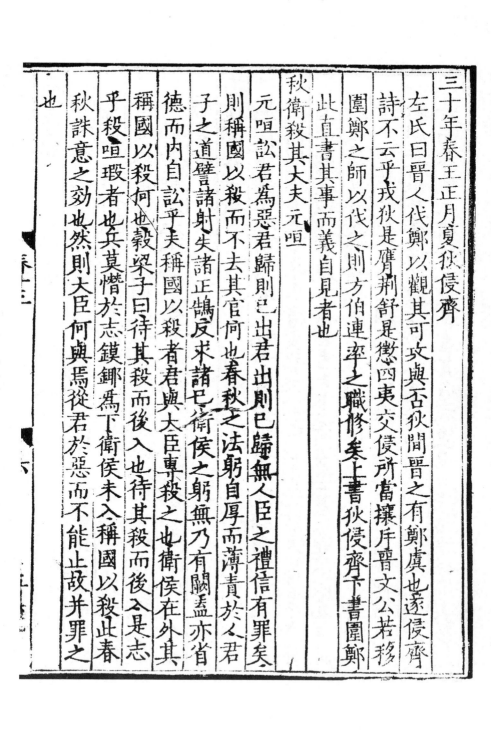

及公子瑕

公子瑕未聞有罪而殺之何也元咺立以爲君故衛侯忌而殺之也然不與衛剽同者是瑕能拒咺辭其位而不立也不與陳佗同者是瑕能守節不爲國人之所惡也故經以公子冠瑕而稱及見瑕無罪事起元咺以咺之故延及於瑕而衛侯忌克專殺濫刑之惡著矣

衛侯鄭歸于衛

衛侯出奔于楚則不名見執于晉則不名今既歸國復有其土地矣何以反名之乎不名者責晉文公之以小怨妨大德名之者罪衛侯鄭之以忮害戕本枝古者天下爲公選賢與能不以爲異況於戚屬豈有疑閒猜忌之心哉末世隆怨薄恩趨利棄義有國家者恐公族之軋已至於網羅誅殺無以芘其本根而社稷傾覆如六朝者衆矣衛侯始歸而殺叔武再歸而及公子瑕是蔿藟之不若而春秋之所惡也故再書其名爲後世戒此義苟行則六朝之

君或亦必省矣

晉人秦人圍鄭

按左氏傳晉侯秦伯圍鄭以其無禮於晉而經書晉人秦人者貶之也於秦晉何貶乎初晉公子重耳出亡過鄭而鄭文公亦不禮焉爲是興師而圍鄭孟子曰有人於此待我以横逆則君子必自反也我必不仁無禮與不忠歟仁且有禮而忠矣其横逆猶是也此亦妄人耳矣而君子蓋終不之校也故行有不得者皆反求諸己而已矣今鄭伯之於晉公子特不能厚將迎贈送之禮而未嘗以横逆加之也坐此見圍爲列國者不亦難乎故晉侯秦伯貶稱人者晉文以私忿勤民動衆圍人之國秦伯惟利爲向背從燭之武之言不以義舉也而二國結釁連兵暴骨原野自此始矣

介人侵蕭冬天王使宰周公來聘公子遂如京師遂如晉

大夫出疆有以二事出者有以一事出而專繼事者其書皆曰遂公子遂如周及晉與祭公自魯逆王后皆所謂以二事出者也公

子結往滕而及齊宋盟則專繼事者也是非得失則存乎其事矣冢宰上兼三公其職任爲至重而來聘于魯天王之禮意莫厚焉魯侯既不朝京師而使公子遂往又以二事出夷周室於列國此大不恭之罪履霜堅冰之漸春秋之所誅而不以聽者也則何以無貶乎有不待貶絕而罪惡見者不貶絕以見罪惡

三十有一年春取濟西田

公羊曰取之曹也晉侯執曹伯班其所侵地于諸侯不繫國者吾故田也復吾故田而謂之取何也春秋之法不以亂易亂

公子遂如晉夏四月四卜郊

記禮者曰祭帝於郊所以定天位也禮行於郊而百神受職焉魯諸侯何以有郊成王以周公有大勳勞於天下命魯公世世祀周公以天子之禮樂是故魯君孟春乘大輅載弧韣旂十有二旒日月之章祀帝于郊配以后稷天子之禮也以人臣而用天子之禮可乎是成王過賜而魯公伯禽受之非也楊子曰天子之制諸侯

庸節節莫差於僭僭莫重於祭祭莫重於地地莫重於天諸侯而祀天其僭極矣聖人於春秋欲削而不存則無以志其失爲後世戒悉書之乎則歲事之常有不勝書者是故因禮之變而書乎策或以卜或以時或以望或以牲或以牛於變之中又有變焉者悉書其事而謂言偃曰魯之郊禘非禮也周公其衰矣杞之郊也禹也宋之郊也契也是天子之事守也言杞宋夏商之後受命于周作賓王家統承先王修其禮物其得行郊祀而配以其祖非列國諸侯之比也是故天子祭天地諸侯祭社稷祝嘏莫敢易其常古易則亂名祀分人道之大經拂矣故曰郊社之禮所以事上帝也宗廟之禮所以祀乎其先也明乎郊社之禮禘嘗之義治國其如指諸掌乎夫庶人之不得祭五祀大夫之不得祭社稷諸侯之不得祭天地非欲故爲等衰蓋不易之定理也知其理之不可易則安於分守無欲僭之心矣爲天下國家乎何有

不從乃免牲

古者大事決於卜故洪範稽疑獨以龜爲主卜而不從則不郊矣

故免牲

猶三望

望祭也有虞氏受終而望因於類巡狩而望因於柴皆天子之事也今魯不郊而望故特書曰猶猶者可以已之辭其言三望何也天子有方望無所不通諸侯非名山大川在其封内者則不祭魯得用重禮視王室則殺故望止於三比諸侯則隆故河海雖不在其封而亦祭然非諸侯之所得爲也

秋七月冬杞伯姬來求婦

蕩伯姬來逆婦而書者以公自爲之主失其班列書也杞伯姬敵矣其來求婦曷爲亦書見婦人之不可預國事也王后之詔命不施於天下夫人之教令不施於境中婚姻大事也杞獨無君乎而夫人主之也故特書于策以爲婦人亂政之戒母爲子求婦猶曰不可況於他乎此義行無吕武之禍矣

狄圍衛十有二月衛遷于帝丘

帝丘東郡濮陽顓頊之虚亦衛地也狄嘗迫逐黎侯黎侯寓于衛而衛不能修方伯連帥之職戎嘗伐凡伯于楚丘而衛不能救王臣之患其後遂爲狄人所滅東徙渡河矣齊桓公攘戎狄封之而衛國忘亡今又爲狄所圍其遷于帝丘避狄難也而中國衰微夷狄強盛衛侯不能自強於政治晉文無郤四夷安諸夏之功莫不見矣

三十有二年春王正月夏四月己丑鄭伯捷卒衛人侵狄秋衛人及狄盟

按左氏狄有亂衛人侵狄狄請平焉衛人及狄盟其不地者盟於狄也再書衛人而稱及者所以罪衛也盟會中國諸侯之禮衰世之事已非春秋之所貴況與戎狄豺狼即其廬帳刑牲歃血以要之哉

冬十有二月己卯晉侯重耳卒

按左氏載秦伯納晉文公及殺懷公于高梁其事甚詳而春秋不書者以爲不告也徐邈曰諸侯有朝聘之禮赴告之命所以敦交好通憂虞君鄰國相望而情志否隔存亡禍福不以相關則他國之史無由得書魯政雖陵典刑猶在史策所録不失常法其文足證仲尼修之事仍本史有可損而不能益也

三十有三年春王二月秦人入滑齊侯使國歸父來聘夏四月辛巳晉人及姜戎敗秦于殽

按書序秦穆公伐鄭晉襄公帥師敗諸殽而經書晉人敗秦于殽是皆仲尼親筆其詞何以異乎書序專取穆公悔過自誓之言止於勸善其詞恕春秋備書秦晉無道用兵之失兼於懲惡其法嚴此所以異也晉襄親將絀不稱君者俯逼葬期忘親背惠墨衰經而即戎其惡甚矣視秦猶狄其罪云何客人之館而謀其主因人之信已而逞其詐利人之危而襲其國越人之境而不哀其喪叛盟失信以貪勤民而棄其師狄道也夫杞子先軫之謀偷見一時

之利徼倖其成自以爲功者也二君皆過聽焉而貪其利是使爲人臣者懷利以事其君爲人子者懷利以事其父君臣父子去仁義懷利以相與利之所在則從之矣何有於君父哉一失則夷狄再失則禽獸而大倫滅矣春秋人晉子而狄秦所以立人道存天理也

癸巳葬晉文公狄侵齊公伐邾取訾婁秋公子遂帥師伐邾

按左氏公伐邾取訾婁報升陘之役邾人不設備襄仲復伐之此皆不勝忿慾報怨貪得恃强陵弱不義之兵也直書其事而罪自見矣或曰取須句訾婁有爲爲之也伐邾至于再三念母勤矣夫念母者必當止乎禮義乎王不撫其民而遠屯戍于母家詩人刺之夫子録焉僖公以成風之有功於己也越禮以尊其身違義以報其怨殘民動衆取人之邑曾是以爲可乎

晉人敗狄于箕冬十月公如齊十有二月公至自齊乙巳公薨于小寢

左氏曰即安也周制王宫六寢路寢一小寢五君日出而眡朝退適路寢聽政使人眡大夫退然後適小寢釋服是路寢治事之所也而小寢燕息之地也公羊以西宫爲小寢曾子以諸侯有三宫則列國之制蓋降於王其以路寢爲正則一爾君終不於路寢則非正矣曾子曰吾得正而斃又何求哉古人貴於得正乃如此凡此直書而義自見矣

隕霜不殺草李梅實

哀公問於仲尼曰春秋記隕霜不殺草何爲記之也曰此言可殺也夫宜殺而不殺則李梅冬實矣失其道草木猶干犯之而况君乎是故以天道言四時失其序則其施必悖無以統萬象矣以君道言五刑失其用則其權必喪無以服萬民矣哀公欲去三桓張公室問社於宰我（古者用命賞于祖不用命戮于社）宰我對以使民戰栗蓋勸之斷也仲尼則曰成事不說既往不咎其自與哀公言乃以爲可殺何也在聖人則能處變而不失其常在賢者必有小正吉大正凶

之戒矣其論隕霜不殺草則李梅冬實蓋除惡於微慮患於早之
意也
晉人陳人鄭人伐許

春秋傳卷第十四

文公上

元年春王正月公即位

即位者告廟臨羣臣也國君嗣世定於初喪必逾年然後改元書即位者緣始終之義一年不二君緣民臣之心不可曠年無君按書載舜禹受終傳位之事在舜則曰月正元日格于文祖在禹則曰正月朔旦受命于神宗率百官若帝之初夫于文祖神宗則告廟也率百官若帝之初則臨羣臣也自古通喪三年其以凶服則不可入宗廟其以吉服則斬焉在衰絰之中不可既成而又易也如之何而可子張問於孔子高宗諒陰三年不言何謂也子曰何必高宗古之人皆然君薨百官總已以聽於冢宰三年則告廟臨羣臣固有攝行之禮矣按商書稱太甲元年伊尹祠于先王則攝而告廟之證也百官總已以聽冢宰則攝而臨羣臣之證也其曰祗見厥祖者言伊尹以奉嗣王之事祗見太甲之祖也至三祀

十有二月伊尹以冕服奉嗣王則免喪從吉之證也然顧命康誥記成王之崩其君臣皆冕服何也當是時成王方崩就殯猶未成服故用麻冕黼裳入受顧命已受命誥諸侯而後釋冕反喪服者於是成服而宅憂也或以爲康王釋服離次而即吉則誤矣

二月癸亥日有食之天王使叔服來會葬

凡崩薨卒葬人道始終之大變也不以得禮爲常事而不書其失禮而害於王法之甚者聖人則有削而不存以示義者矣

夏四月丁巳葬我君僖公天王使毛伯來錫公命

諸侯終喪入見則有錫歲時來朝則有錫能敵王所愾則有錫韍冕圭璧因其終喪入見而錫之者也禮所謂喪畢以士服見天子已見賜之韍冕圭璧然後歸是已車馬衮黼因其歲時來朝而錫之者也詩所謂君子來朝何錫予之雖無予之路車乘馬又何予之玄衮及黼是已彤弓玈矢因其敵愾獻功而錫之者也詩所謂彤弓弨兮受言藏之我有嘉賓中心貺之鐘鼓既設一朝享之是

巳令文公繼世喪制未畢非初見繼朝而獻功也何爲來錫命乎
故穀梁子曰禮有受命無來錫命來錫命非正也
晉侯伐衛叔孫得臣如京師衛人伐晉秋公孫敖會晉侯于戚冬十
月丁未楚世子商臣弑其君頵
書世子弑君者有父之親有君之尊而至於弑逆此天理大變人
情所深駭春秋詳書其事欲以起問者察所由示懲誡也唐世子
弘受左氏春秋至此廢書嘆曰經籍聖人垂訓何書此耶郭瑜對
曰春秋義存褒貶以善惡爲勸誡故商臣千載而惡名不滅弘曰
非惟口不可道故亦耳不忍聞願受他書瑜請讀禮世子從之嗚
呼聖人大訓不明於後世皆腐儒學經不知其義者之罪耳夫亂
臣賊子雖陷穽在前斧鉞加於頸而不避顧謂身後惡名足以係
其邪志而懲於爲惡豈不謬哉持此曉人可謂茅塞其心意矣若
語之曰爲人君父而不通於春秋之義者必蒙首惡之名爲人臣
子而不通於春秋之義者必陷簒弑誅死之罪聖人書此者使天

下後世察於人倫知所以爲君臣父子之道而免於首惡之名誅死之罪也則世子弘而聞此必瞿然畏懼知春秋之不可不學矣學於春秋必明臣子之義不至於奏請佛旨而見酖矣傳者案也經者斷也考於傳之所載可以見其所由致之漸豈隱乎嫡奕必正而楚子多愛立子必長而楚國之舉常在少者養世子不可不慎也而以潘崇爲之師侍膳問安世子職也而多置宮甲降下不憾憾而能眕者鮮矣乃欲黜兄而立其弟謀及婦人宜其敗也而使江芊知其情是以不仁處其身而以不孝處其子也其及宜矣楚頵僭王憑陵中國戰勝諸侯毒被天下然昧於君臣父子之道禍發蕭牆而不之覺也不善之積豈可揜哉君不君則臣不臣父不父則子不子春秋書世子弑其君者推本所由而著其首惡爲萬世之大戒也然則商臣無貶矣曰弑父與君之賊其惡猶待於貶而後著乎

公孫敖如齊

二年春王二月甲子晉侯及秦師戰于彭衙秦師敗績

戰而言及者主乎是戰者也夫敵加於已不得已而起者謂之應兵爭恨小故不忍忿怒者謂之忿兵按左氏秦孟明帥師伐晉報殽之役此所謂忿兵疑罪之在秦也而以晉侯主之何哉處已息爭之道遠怨之方也然則敵加於已縱其侵暴將不得應乎曰敵加於已而已有罪焉引咎責躬服其罪則可矣已則無罪而不義見加諭之以詞命猶不得免焉亦告於天子方伯可也若遽然興師而與戰是謂以桀攻桀何愈乎故以晉侯為主者處已息爭之道寡怨之方王者之事也

丁丑作僖公主

作主者造木主也既葬而反虞虞主用桑期年而練祭練主用栗用栗者藏主也何以書僖公薨至是十有五月然後作主慢而不敬甚矣夫慢而不敬積惡之原也以為無傷而不去至於惡積而不可揜所以謹之也

三月乙巳及晉處父盟

及處父盟者公也其不地於晉也諱不書公者抑大夫之伉不使與公爲敵正君臣之分也適晉不書反國不致爲公諱耻存臣子之禮也凡此類筆削魯史之舊文衆矣

夏六月公孫敖會宋公陳侯鄭伯晉士穀盟于垂隴自十有二月不雨至于秋七月

書不雨至于秋七月而不曰至于秋七月不雨者蓋後言不雨則是冀雨之詞非文公之意也夫書不雨至于秋七月而止即八月嘗雨矣然而不書八月雨者見文公之無意於雨不以民事繫憂樂也其怠於政事可知而魯衰自此始矣

八月丁卯大事于大廟躋僖公

有事者時祭大事祫也合羣廟之主食於大廟升僖於閔之上也閔僖二公親則兄弟分則君臣以爲逆祀者兄弟之不先君臣禮也君子不以親親害尊尊故左氏則曰祀國之大事而逆之可乎

子雖齊聖不先父食久矣公羊則曰其逆祀先禰而後祖也穀梁則曰逆祀則是無昭穆也無昭穆則是無祖也閔僖非祖禰而謂之祖禰者何臣子一例也夫有天下者事七世諸侯五世說禮者曰世指父子非兄弟也然三傳同以閔公爲祖而臣子一例是以僖公父視閔公爲禮而父死子繼兄亡弟及名號雖不同其爲世一矣

冬晉人宋人陳人鄭人伐秦

按左氏四國伐秦報彭衙之役則皆國卿也其貶而稱人者晉人再勝秦師在常情亦可以已矣而復興此役結怨勤民是全不務德專欲力爭而報復之無已也以致濟河焚舟之師故特貶而稱人

公子遂如齊納幣

婚姻常事不書其書納幣者喪未終而圖婚也夫娶在三年之外矣則何譏乎春秋論事莫重乎志志敬而節具與之知禮志和而

音雅與之知樂志哀而居約與之知喪非虛加之也重志之謂也
此皆使人私欲不行閑邪復禮之意

三年春王正月叔孫得臣會晉人宋人陳人衛人鄭人伐沈沈潰

按左氏伐沈以其服於楚也沈潰民逃其上也五國皆稱人將非命卿也沈在汝南平輿縣北未嘗與中國會盟而南服於楚師入其境而民人逃散雖非義舉比於報復私怨之兵則有閒矣故其辭無褒貶凡此類欲示後世用師者知權而本之以正也

夏五月王子虎卒

王子虎不書爵譏之也天子內臣無外交或曰禮稱情而爲之節文者也叔服新使乎我則宜有恩禮矣仲尼脫驂於舊館雖卒叔服可也夫脫驂於舊館惡夫涕之無從而爲之者非禮之經也天子內臣無外交而以新使乎我致恩禮焉是以私情害公義失輕重之權矣

秦人伐晉

按左氏秦伯伐晉濟河焚舟封殽尸而還其稱人何也聖人作易以懲忿窒慾爲損卦之象其辭曰損德之修也春秋諸侯之知德者鮮矣穆公初聽杞子之請違蹇叔之言其名爲貪兵是慾而不能窒也及敗於殽歸作秦誓庶幾能改將窒其慾矣復起彭衙之師報殽函之役其名爲憤兵是忿而不能懲也今又濟河取郊人之稱斯師也何義哉晉人畏秦而不出穆公逞其忿而後悔自是見伐不報始能踐自誓之言矣是故於此貶而稱人備責之也

秋楚人圍江雨螽于宋冬公如晉十有二月己巳公及晉侯盟晉陽處父帥師伐楚以救江

以者不以者也救江善矣其書以何楚嘗伐鄭矣齊桓公遠結江黄合九國之師於召陵然後伐鄭之謀罷又嘗圍宋矣晉文公許復曹衛會四國之師於城濮然後圍宋之役解今江國小而弱非能與宋鄭比楚人圍之必不待徹四境屯戍守禦之衆與宿衛盡行也當是時楚有覆載不容之罪晉主夏盟宜合諸侯聲罪致討

命秦甲出武關齊以東兵略陳蔡而南處父等軍方城之外楚必震恐而江圍自解矣計不出此乃獨遣一軍遠攻強國豈能濟乎故書伐楚以救江言救江雖善而所以救之者非其道矣此春秋紀用兵之法也

四年春公至自晉夏逆婦姜于齊

逆皆稱女以未成婦而女者在父母家之所稱也往逆而稱婦入國不書至何哉此春秋誅意之効也禫制未終思念娶事是不志哀而居約矣方逆也而已成爲婦未至也而如在國中原其意而誅之也不稱夫人姜氏者亦與有貶焉婦人不專行何以與有貶父母與有罪也文公不知敬其伉儷違禮而行使國亂子弑齊人不能鑒微知著冒禮而往使其女不允於魯皆失於不正其始之過也夫婦之際人倫之首禮不可不謹也故交貶之以爲後鑒

狄侵齊秋楚人滅江晉侯伐秦

晉人三敗秦師見報乃常情耳而穆公濟河焚舟則貶而稱人秦

取王官及郊未至結怨如晉師之甚也襄公又報之於常情過矣而得稱爵何也聖人以常情待晉襄而以王事責秦穆所以異乎襄公忘親背惠大破秦師敗狄伐許怒魯侯之不朝也而以無禮施之是專尚威力先事加人莫知省德而後動也今又報秦不足罪矣穆公初敗於殽悔過自誓增修德政宜若過而知悔悔而能改又有濟河之役則非誓言之意所以備責之也然晉襄見伐而報猶無譏焉秦穆至是見伐而不報善可知矣不譏晉侯所以深善秦伯春秋大改過嘉釋怨王者之事也故仲尼定書列秦誓於百篇之末以見悔過能改而不責人雖聖賢誥命不越此矣

衛侯使甯俞來聘冬十有一月壬寅夫人風氏薨

風氏僖公之母莊公妾也而稱夫人自是嫡妾亂矣語曰邦君之妻邦人稱之曰君夫人稱諸異邦曰寡小君蓋敵體之稱也若夫妾媵則非敵矣其生亦以夫人之名稱號之其没亦以夫人之禮卒葬之非所以正其分也以妾媵爲夫人徒欲尊寵其所愛而不

虞卑其身以妾母爲夫人徒欲崇貴其所生而不虞賤其父卑其身則失位賤其父則無本越禮至是不亦悖乎夫禮庶子爲君爲其母無服不敢貳尊者也春秋於成風記其卒葬各以實書不爲異詞者謹禮之所由變也

五年春王正月王使榮叔歸含且賵

珠玉曰含車馬曰賵歸含且賵者厚禮妾母也不稱天王者弗克若天也春秋繫王於天以定其名號者所履則天位也所治則天職也所勑而惇之者則天之所叙也所自而庸之者則天之所秩也所賞所刑者則天之所命而天之所討也夫婦人倫之本王法所尤謹者今成風以妾僭嫡王不能正又使大夫歸含賵焉而成之爲夫人則王法廢人倫亂矣是謂弗克若天而悖其道非小失耳故特不稱天以謹之也

三月辛亥葬我小君成風

仲子雖聘非惠公之嫡也春秋之初尚以爲疑故別爲立宮而羽

數特異此雖非禮之正然不祔于姑猶有辨焉至是成風書葬乃有二夫人祔廟而亂倫易紀無復辨矣故禮之失自成風始也

王使召伯來會葬

王臣下聘桓公冢宰書名示貶而大夫再聘則無譏焉或以爲從同同也或以爲同則書重也成風薨王使榮叔歸含且賵既不稱天矣及使召伯來會葬又與貶焉何也歸含且賵施於妾母已稠疊矣又使卿來會葬恩數有加焉是將祔之於廟也而致禮於成風盡矣聘一也含賵而又葬則其事益隆亂人倫廢王法甚矣再不稱天者聖人於此尤謹其戒而不敢略也

夏公孫敖如晉秦人入鄀秋楚人滅六冬十月甲申許男業卒六年春葬許僖公夏季孫行父如陳秋季孫行父如晉八月乙亥晉侯驩卒冬十月公子遂如晉葬晉襄公晉殺其大夫陽處父晉狐射姑出奔狄

公羊子曰晉殺其大夫陽處父則狐射姑曷爲出奔射姑殺也射

姑殺則其稱國以殺何君漏言也易曰不出戶庭無咎何謂也子曰亂之所生則言語以爲階君不密則失臣臣不密則失身幾事不密則害成是以君子愼密而不出也凡書殺者在上則稱君在下則稱氏在衆則稱人在微者則稱盜君與臣同殺則稱國今殺處父者射姑耳君獨以漏言故亦預殺焉所以爲後世戒也或以處父爲侵官非歟曰人君用人失當則其國必危凡立于朝者舉當諫君況身爲晉國之太傅耶若以爲侵官將相大臣非其人百官有司失其職在位者當拱默自全陰聽人主之所爲至於顛危而不救則將焉用彼相乎率天下臣子爲持祿容身不忠之行以誤朝迷國者必此侵官之說夫

閏月不告月猶朝于廟

不告月者不告朔也不告朔則曷爲不言朔也因月之虧盈而置閏是主乎月而有閏也故不言朔而言月占天時則以星授民事則以節候寒暑之至則以氣百官修其政於朝庶民服其事於野

則主乎是焉耳矣閏不可廢乎日迎日推策則有其數轉璣觀衡則有其象歸奇於扐以象閏數也斗指兩辰之間象也象數者天理也非人所能爲也故以定時成歲者唐典也以詔王居門終月者周制也班告朔於邦國不以是爲附月之餘而弗之數也猶朝于廟者幸其不已之詞子貢欲去告朔之餼羊子曰尔愛其羊我愛其禮

七年春公伐邾三月甲戌取須句遂城郚夏四月宋公王臣卒宋人殺其大夫

書宋人者國亂無政非君命而衆人擅殺之也大夫不名義繫於殺大夫而其名不足紀也

戊子晉人及秦人戰于令狐晉先蔑奔秦

按左氏襄公卒太子幼晉人欲立長君趙孟使先蔑如秦逆公子雍秦康公以師納之襄夫人日抱太子以啼于朝曰舍適嗣不立而外求君將焉寘此諸大夫畏逼乃背先蔑立靈公趙盾將中軍

以禦秦潛師夜起敗秦師于令狐先蔑奔秦程氏以爲晉不謝秦
秦納不正皆罪也故稱人晉懼秦之不肯已而擊之是晉人爲志
乎是戰者也故書及其貶之如此者使後世臣子慎於廢立之際
不可忽也治亂存亡係國君之廢立事莫重於此矣而可以有誤
乎弈者舉棋不定不勝其耦況置君而可以不定乎

秋侵我西鄙秋八月公會諸侯晉大夫盟于扈

諸侯會晉趙盾盟于扈爲晉侯立也趙盾内專廢置其君外强諸
侯爲此盟其不名者見大夫之强也諸侯不序見公之不及於會
也文公怠惰事多廢緩既約晉盟而復後至故隱其不及罪公之
不能自强於政治魯自是日益衰矣

冬徐伐莒公孫敖如莒涖盟

八年春王正月夏四月秋八月戊申天王崩冬十月壬午公子遂會
晉趙盾盟于衡雍乙酉公子遂會雒戎盟于暴

春秋記約而志詳其書公子遂盟趙盾及雒戎何詞之贅乎曰聖

人謹華夷之辨所以明族類別內外也雒邑天地之中而戎醜居之亂華甚矣再稱公子各日其會正其名與地以深別之者示中國夷狄終不可雜也自東漢已來乃與戎雜處而不辨晉至於神州陸沉唐亦世有戎狄之亂許翰以爲謀國者不知學春秋之過信矣

公孫敖如京師不至而復丙戌奔莒

按左氏公孫敖奔莒從己氏也男女人之大欲存焉寡欲者養心之要欲而不行可以爲難矣然欲生於色而縱於淫色出於性目之所視有同美焉不可掩也淫出於氣不持其志則放僻趨蹶無不爲矣敖如京師其書不至而復者言敖無入使于周之意惟己氏之欲從也夫以志徇氣肆行淫欲而不能爲之帥至於棄其家國出奔而不顧此天下之大戒也春秋謹書其事於敖與何誅使後人爲鑒以持其志修窒慾之方也

螽宋人殺其大夫司馬宋司城來奔

初宋昭公將去羣公子樂豫以爲不可遂舍司馬以讓公子卬則卬固昭公之黨欲專宋政而昭公固欲以其弟卬自衛也夫司馬掌兵之官不選衆舉賢以素有威望爲國人所畏服者使居其任乃欲寵其私昵鮮有不亡者矣公子卬蕩意諸皆以官舉者見主兵者不一其官至於見殺守土者不能其官至於出奔而其君不免失身見弒之禍宜矣

春秋傳卷第十五

文公下

九年春毛伯來求金

毛伯天子大夫何以不稱使當喪未君也踰年即位矣何以言未君古者諒陰三年百官總己以聽於冢宰夫百官總己以聽則是冢宰獨專國政之時託於王命以號令天下夫豈不可而不稱使春秋之旨微矣非特謹天下之通喪所以示後世大臣當國秉政不可擅權之法戒也跋扈之臣假仗王威脅制中外凡有所行動以詔書從事莖莫有以春秋此義折之耳

夫人姜氏如齊二月叔孫得臣如京師辛丑葬襄王晉人殺其大夫先都三月夫人姜氏至自齊

夫人與君敵體同主宗廟之事出必告行反必告至則書于策然適他國者或曰享或曰會或曰如衆矣未有致之者則其行非禮以不致見其罪也出姜如齊以寧父母於禮得行矣其致者非特

以告廟書耳夫人初歸豈其不告爲文公越禮故削而不書示誅意之法矣今此書至者又以見小君之重也夫承祭祀以爲宗廟主一國之母儀而可以搖動乎出姜至是蓋不安於魯故至而特書以示防微杜漸之意其爲世慮深矣

晉人殺其大夫士穀及箕鄭父

殺先都士穀國也其稱人以殺者國亂無政衆人擅殺之稱也何以知其非討賊之詞書殺其大夫則知之矣三大夫皆強家也求專晉不得挾私怨以作亂而使賊殺其中軍佐則固有罪矣曷爲不去其官當是時晉靈公初立主幼不君政在趙盾而中軍佐者盾之黨也若獄有所歸則此三人者獨無可議從末減乎而皆殺之是大夫專生殺而政不自人主出也故不稱國討不去其官而箕鄭父書及示後世司賞罰者必本忠恕無有黨偏之意其義精矣

楚人伐鄭公子遂會晉人宋人衛人許人救鄭

按左氏范山言於楚子曰晉君少不在諸侯北方可圖也楚子師于狼淵以伐鄭則是貪得無故憑陵諸夏之兵也故楚子親將貶而稱人晉宋衛則趙盾華孔皆國卿也何以貶而稱人救而不及楚師欲以懲不恪也晉主夏盟不在諸侯以啓戎心誰之過乎故書救而稱人以罪趙盾之不能折衝消患爲夷狄之所窺也

夏狄侵齊秋八月曹伯襄卒九月癸酉地震冬楚子使椒來聘

楚僭稱王春秋之始獨以號舉夷狄之也中間來聘改而書人漸進之矣至是其君書爵其臣書名而稱使遂與諸侯比者是以中國之禮待之也所謂謹華夷之辨內諸夏而外四夷義安在乎曰吳楚聖賢之後見周之弱王靈不及僭擬名號此以夏而變於夷者也聖人重絕之夫春秋立法謹嚴而宅心忠恕嚴於立法故僭號稱王則深加貶黜比之夷狄以正君臣之義恕以宅心故內雖不使與中國同外亦不使與夷狄等思善悔過向慕中國則進之而不拒此愼用刑重絕人之意也意春秋之所以爲春秋非聖人

莫能修之者乎

秦人來歸僖公成風之襚

秦人歸襚而曰僖公成風者非兼襚也亦猶平王來賵仲子而謂之惠公仲子爾仲子惠公之妾也然則風氏亦莊公之妾曷不書曰來歸莊公成風之襚乎曰寵愛仲子以妾爲妻者惠公也故書惠公仲子所以正後世之爲人夫者當明夫道不可亂嫡妾之分以卑其身尊崇風氏立爲夫人者僖公也故書僖公成風所以正後世之爲人子者當明子道不可行僭亂之禮以賤其父聖人垂誡之義明矣

葬曹共公

十年春王三月辛卯臧孫辰卒夏秦伐晉

說者謂秦伐晉以戎狄書蓋闕文者據左氏少梁北徵之師兩國相攻無他得失言之也然晉取少梁事不經見固未可據秦以狄書者程氏以謂晉舍嫡嗣而外求君罪也既而悔之正矣秦不顧

義理是非惟以報復爲事則夷狄之道也以此狄秦義固然矣或者猶有深許晉人悔過能改終不遂非之意故重貶秦伯以見乎

楚殺其大夫宜申

按左氏宜申與仲歸謀弑穆王而誅則是討弑君之賊也曷爲稱國以殺又書其官而不曰楚人殺宜申乎曰穆王者卽楚世子商臣也而春秋之義微矣

自正月不雨至于秋七月及蘇子盟于女栗冬狄侵宋楚子蔡侯次于厥貉

楚滅江六平陳與鄭於是乎爲伐宋之舉次于厥貉凡伐而次者其次爲善次而伐者其次爲貶齊師次陘修文告以威敵善之也故上書伐楚以著其美楚次厥貉藏禍心以憑夏貶之也故下書伐麇以著其罪當是時陳鄭宋皆從楚矣獨書蔡侯何哉鄭失三大夫侯救而不及陳獲公子茷而懼宋方有狄難蓋有不得已者非所欲也蔡無四竟之虞則是得已不已志在從夷狄矣故削三

國書蔡侯見其棄諸夏之惡也

十有一年春楚子伐麇夏叔彭生會晉郤缺于承匡秋曹伯來朝公子遂如宋狄侵齊冬十月甲午叔孫得臣敗狄于鹹

左氏稱此長狄也而劉敞以爲非夫春秋正名之書其稱狄也或曰狄或曰白狄或曰赤狄其稱戎也或曰戎或曰山戎或曰姜戎或曰陸渾之戎不别其種類書之于策後亦無所考矣

十有二年春王正月郕伯來奔杞伯來朝二月庚子子叔姬卒夏楚人圍巢秋滕子來朝秦伯使術來聘冬十有二月戊午晉人秦人戰于河曲

秦伯親將晉上卿趙盾禦之其稱人何爲令狐之役故也秦納不正遂非積忿晉不謝秦潛師襲之是以暴兵連禍至此極也凡戰皆以主人及客者處己之道寡怨之方主者之事其不書晉及何也前年秦師來伐晉不言戰者晉已服矣故狄秦而免晉今又爲此役則秦曲甚矣故不以晉爲主惟動大衆從秦師不奉詞令以

止之也故貶而稱人此輕重之權衡也

季孫行父帥師城諸及鄆

十有三年春王正月夏五月壬午陳侯朔卒邾子蘧蒢卒自正月不雨至于秋七月世室屋壞

世室魯公之廟也周公稱太廟魯公稱世室羣公稱宮書世室屋壞譏久不修也何以知久乎自正月不雨則無壞道也不雨凡七月而先君之廟壞不恭甚矣凡此皆志文公怠慢不謹事宗廟以致魯國衰削之由垂戒切矣

冬公如晉衛侯會公于沓狄侵衛十有二月己丑公及晉侯盟公還自晉鄭伯會公于棐

十有四年春王正月公至自晉邾人伐我南鄙叔彭生帥師伐邾夏五月乙亥齊侯潘卒六月公會宋公陳侯衛侯鄭伯許男曹伯晉趙盾癸酉同盟于新城

同盟于新城同外楚也其曰同者志諸侯同欲非強之也而宋公

陳侯鄭伯在焉則知楚次厥貉三國雖從誠有弗獲已者削而不書蓋恕之也蔡不與盟果有背華即夷之實矣夷狄晉楚行事未有以大相遠也而春秋與奪如此者荆楚僭王君與同好陵蔑中華是將代宗周爲共主君臣之義滅矣可不謹乎

秋七月有星孛入于北斗

孛者惡氣所生闇亂不明之貌也入于北斗者斗有環域天之三辰綱紀星也宋先代之後齊晉天子方伯中國紀綱彗者所以除舊布新也禎祥妖孽隨其所感先事而著後三年宋弑昭公又二年齊弑懿公又二年晉弑靈公此三君者皆違道失德而死于亂符叔服之言天之示人顯矣史之有占明矣

公至自會晉人納捷菑于邾弗克納

邾文公元妃齊姜生定公二妃晉姬生捷菑文公卒邾人立定公捷菑奔晉趙盾以諸侯之師八百乘納捷菑于邾邾人辭曰齊出貜且長宣子曰非吾力不能納也義實不爾克也引師而去之故

君子善之而書曰弗克納也在易同人之九四曰乘其墉弗克攻吉象曰乘其墉義弗克也其吉則困而反則也其趙盾之謂矣聖人以改過爲大過而不改將文過以遂非則有怙終之刑過而能悔不貳過以遠罪則有遷善之美其曰弗克納見私欲不行可以爲難矣然則何以稱人大夫而置諸侯非也聞義能徙故爲之諱内以諱爲貶外以諱爲善

九月甲申公孫敖卒于齊齊公子商人弑其君舍

州吁弑君則以國氏商人獨稱公子何也以國氏者累及乎上稱公子者誅止其身夫州吁寵愛有匹嫡奪正之漸莊公養成其惡而莫之禁至於弑逆則有以致之也故曰以國氏者累及乎上按左氏魯叔姬妃齊昭公生舍叔姬無寵舍無威商人心知其孤危寡特可以取而代也於是驟施於國而多聚士然則商人弑逆出於其身之所爲而非昭公有以致之也故曰稱公子者誅止其身舍未踰年而成之爲君者穀梁子曰成舍之爲君所以重商人之

弒也

宋子哀來奔

宋昭公無道高哀爲蕭封人以爲卿不義宋公而出遂來奔書曰子哀貴之也易曰幾者動之微吉之先見者也君子見幾而作不俟終日宋子哀有焉昔微子去紂列於三仁之首子哀不立於危亂之邦而春秋書字謂能貴愛其身以存道也若偷生僻禍而去國出奔亦何取之有

冬單伯如齊齊人執單伯

齊君舍魯之甥也商人弒舍固忌魯矣魯使單伯如齊齊人意欲辱魯故執單伯并執子叔姬而誣之以罪不稱行人公羊所謂以己執之者也

齊人執子叔姬

子叔姬者齊君舍之母也弒其君執其母皆商人所爲而以爲齊人執之何也商人弒君之罪已顯而齊人黨賊之惡未彰商人驟

施於國而多聚士是以財誘齊國之人而濟其惡也齊人懷商人之私惠忘君父之大倫弑其君而不能討執其母而莫之救則是舉國之人皆有不赦之罪也假有人焉正色而立於朝誰敢致難其君與執其母而不之顧乎故聖人書曰齊人執子叔姬所以窮逆賊之黨與而治之也其討罪之旨嚴矣故曰春秋成而亂臣賊子懼

十有五年春季孫行父如晉三月宋司馬華孫來盟

司馬主兵之官稱華孫者自督弑殤公諸侯受賂失賊不討使秉宋政及其後世繼掌兵權春秋之所禁者故傳載其承命亞旅之詞而經書曰宋司馬華孫來盟其曰華孫猶季孫叔孫仲叔臧孫之類不書名者義不繫於名也不稱使以是專行爲無君矣孟子曰所謂故國非謂其有喬木有世臣之謂也春秋此義其欲後世以賢者之類功臣之胄爲世臣然後委之以政乎

夏曹伯來朝齊人歸公孫敖之喪

公孫敖慶父之後行又醜矣出奔他國其卒與喪歸皆書于策者許翰以謂文伯惠叔二子之哀誠無已也故魯人從其請國史記其事仲尼因而不革者以敦著教也易曰有子考無咎周公命蔡仲曰尔尚蓋前人之愆

六月辛丑朔日有食之鼓用牲于社單伯至自齊

單伯天子之命大夫也故逆王姬會伐宋使于齊皆書其字致而不名與意如舍異者無所書而不尊王命謹臣禮也

晉郤缺帥師伐蔡戊申入蔡秋齊人侵我西鄙季孫行父如晉冬十有一月諸侯盟于扈

盟于扈者晉侯宋公衛蔡陳鄭曹許八國之君也何以不序略之也春秋於夷狄君臣同詞而不分爵號說者以為略之也八國曷為略之等於夷狄乎齊人弒君不能致討受賂而退奚以賢於狄矣不曰晉人會諸侯盟于扈而曰諸侯盟者分惡於諸侯也田恒弒其君孔子沐浴而朝告於哀公請討之弒君之賊夫人之所得

討也而況於諸侯乎況於鄰國乎略諸侯而不序以其欲討齊罪而後不能也況於鄰壤初不與盟會者乎魯君之罪亦可知矣

十有二月齊人來歸子叔姬

不言齊子叔姬來歸而曰齊人來歸子叔姬者見子叔姬無罪齊人自絕而歸之爾春秋深罪齊人以商人爲君而不知其惡故其執其歸與弑其君商人皆稱齊人深責之也

齊侯侵我西鄙遂伐曹入其郛

十有六年春季孫行父會齊侯于陽穀齊侯弗及盟夏五月公四不視朔

天子班朔于諸侯諸侯每月奉以告廟出視朝政文公四不視朔公羊子以爲有疾也不言疾自是公無疾不視朔也此見聖人所書之意若後復視朔者必於此書公有疾與昭公如晉之事比矣文公厭政備見於經閏不告朔不視無雨不閔會同不與廟壞不修作主不時事神治民之怠也則其心放而不知求久矣

六月戊辰公子遂及齊侯盟于郪丘秋八月辛未夫人姜氏薨毀泉臺

先祖為之非矣然臺之存毀非安危治亂之所係也雖勿居可也而必毀之是暴揚其失有輕先祖之心此履霜之漸弑父與君之萌春秋之所謹也故書

楚人秦人巴人滅庸

楚大饑戎與麇濮交伐之而庸人幸其弱帥羣蠻以叛楚此取滅之道也楚人謀徙於阪高蔿賈曰不可我能往寇亦能往不如伐庸亦見其謀國之善矣故列書三國而楚不稱師減楚之罪詞也

冬十有一月宋人弑其君杵臼

此襄夫人使甸殺之也而書宋人者昭公無道國人之所欲弑也君無道而弑之可乎諸侯殺其大夫雖當於罪若不歸諸司寇猶有專殺之嫌以為不臣矣況於北面歸戴奉之以為君也故曰人臣無將將而必誅昭公無道聖人以弑君之罪歸宋人者以明三

綱人道之大倫君臣之義不可廢也然則有土之君可以肆於民上而無誅乎諸侯無道天子方伯在焉臣子國人其何居死於其職而明於去就從違之義斯可矣蕩意諸亦死職春秋削之不得班於孔父仇牧荀息何也三子閑其君而見殺春秋之所取也意諸知國人將弑其君而不能止知昭公之將見殺而不能正坐待其及而死之所謂匹夫匹婦自經於溝瀆而莫之知也奚得與死於其職者比乎聖人所以獨取高哀之去而書字以褒之也

十有七年春晉人衛人陳人鄭人伐宋

列國之卿其君所與共天位治天職者宋有弑君之亂欲行天討而伐宋乃其職也復不能討而成其亂是不足為國卿失其職矣故皆貶而稱人大夫帥師稱名氏賤者窮諸人其稱人賤之也田常弑簡公孔子請討曰以吾從大夫之後不敢不告也

夏四月癸亥葬我小君聲姜齊侯伐我西鄙六月癸未公及齊侯盟于穀諸侯會于扈

宋昭公雖爲無道人臣將而必誅春秋正宋人爲弒君之罪所以明人道之大倫也故大夫無沐浴之請則貶而稱人諸侯無討賊之功則略而不序不然是廢君臣之義人欲肆而天理滅矣故曰春秋成而亂臣賊子懼

秋公至自穀冬公子遂如齊

十有八年春王二月丁丑公薨于臺下秦伯罃卒夏五月戊戌齊人弒其君商人

按左氏齊懿公即位刖邴歜之父而使歜僕納閻職之妻而使職驂乘二人者實弒懿公然則於法宜書曰盜而特變其詞以爲齊人何也亂臣賊子之動於惡必有利其所爲而與之者人人不利其所爲則莫之與則孤危獨立無以濟其惡篡弒之謀熄矣惟利其所爲而與之者衆是以能濟其惡天下胥爲禽獸而莫之遏公子商人驟施於國而多聚士盡其家而貸於公有司是以財誘齊國之人也齊人貪公子一時之私施不顧君臣萬世之大倫弒其

國君則醜面以爲之臣而不能討執其君母則拱手以聽其所爲而不能救故於懿公見殺特不書盜反以弑君之罪歸諸齊人以誅亂賊之黨弭其弑之漸所謂拔本塞源懲禍亂之所由也故曰春秋成而亂臣賊子懼

六月癸酉葬我君文公秋公子遂叔孫得臣如齊

使舉上客將稱元帥此春秋立文之常體也其有變文書介副者欲以起問者見事情也子赤夫人之子今卒于弑不著其實是爲國諱惡無以傳信於將來而春秋之大義隱矣故上書大夫並使下書夫人歸于齊中日子卒則見禍亂邪謀發於奉使之日而公子遂弑立其君之罪著矣

冬十月子卒

諸侯在喪稱子繼世不忍當也既葬不名終人子之事也踰年稱君緣民臣之心也子卒何以不日遇弑不忍言也既葬而不名不名而遇弑者不日以見其弑子赤是也踰年而稱君稱君而遇弑

者不地以見其弑閔公是也何以知其賊乎上書大夫並使下書子卒夫人歸則知罪之在公子遂矣孫于邾出奔莒則知罪之在夫人與慶父矣繼世之恩終事之重情文之節隱惡之禮記事之信誅亂臣討賊子之義亦備矣

夫人姜氏歸于齊

書夫人則知其正書姜氏則知其非見絕於先君書歸于齊則知其無罪異於孫于邾者而魯國臣子殺嫡立庶敬嬴宣公不能事主君存適母其罪不書而並見矣

季孫行父如齊莒弑其君庶其

宋本春秋胡傳

第二册

宋 胡安國撰

中國國家圖書館藏宋刻本（袁克文跋）

山東人民出版社·濟南

春秋傳卷第十六

宣公上

元年春王正月公即位

宣公爲弒君者所立受之而不討賊是亦聞乎弒也故如其意焉而書即位以著其自立之罪而不嫌於同詞美一也有小大則褒詞異惡一也有小大則貶詞異一美一惡無嫌於同

公子遂如齊逆女

魯秉周禮喪未朞年遣卿逆女何亟乎太子赤齊出也仲遂殺子赤及其母弟而立宣公懼於見討故結昏于齊爲自安計越典禮以逆之如此其亟而不顧者必敬嬴仲遂請齊立接之始謀也其後滕文公定爲三年喪父兄百官皆不欲曰吾宗國魯先君莫之行也喪紀浸廢夫豈一朝一夕之故自文宣莫之行矣此所謂不待貶絶而罪惡見者也

三月遂以夫人婦姜至自齊

有不待貶絕而罪惡見者不貶絕以見惡夫人與有罪焉則待貶而後見故不稱氏夫人其如何知惡無禮如野有死麕能以禮自防如草蟲徯期有待如歸妹之九四則可免矣凡稱婦者其詞雖同立義則異逆婦姜于齊病文公也以婦姜至自齊責敬嬴也敬嬴嬖妾私事襄仲以其子屬之殺世適兄弟出主君夫人援成風故事即以子貴爲國君母斬焉在衰服之中請昏納婦而其罪隱而未見也故因夫人至特稱婦姜以顯之此乃春秋推見至隱著妾母當國用事爲後世鑒者也槩指爲有姑之詞而不察其旨則精義隱矣

夏季孫行父如齊

經書行父如齊而不言其故謂納賂以請會者傳也經有不待傳而著者比事以觀斯得矣下書公會齊侯于平州則知此會行父請之也又書齊人取濟西田則知其請蓋以賂也雖微傳其事著矣諸侯立御爲公室輔猶屋之有楹也而謀國如此亦不待貶絕

而惡自見者也不然以行父之勤勞恭儉相三君而無私積必能
以其君顯名與晏嬰等矣
晉放其大夫胥甲父于衛
放猶羈置毋去其所比於專殺者其罪薄乎云爾或以爲近正非
矣大夫當官既不請於天子而自命以爲有罪又不告於司寇而
擅刑猶不遠於正乎秦晉戰于河曲撓臾駢之謀者趙穿也若討
其不用命則當以穿爲首止治軍門之呼借貶可也而獨放胥甲
父則以趙盾當國穿其族子而盾庇之也桃園之罪其志同形於
此矣故稱國以放見晉政之在私門而成上浸爲後戒也
公會齊侯于平州
按左氏曰會于平州以定公位魯宣簒立踰年舉國臣子既從之
矣若之何位猶未定而有待於平州之會也春秋以來弒君簒國
者已列於諸侯之會則不復致討故曹人以此請負芻于晉夫簒
弒之賊毀滅天理無所容於天地之間身無存沒時無古今其罪

不得赦也以列於會而不復討是率中國爲戎夷棄人類爲禽獸此仲尼所爲懼春秋所以作也然欲定其位者魯宣公宜稱及齊而曰會者討賊之法也凡討亂臣賊子必深絶其黨而後爲惡者孤矣

公子遂如齊

宣公簒立之罪仲遂主謀爲首惡初請于齊遂爲上客而並書介使者罪叔孫得臣不能爲有無亦從之也大夫有以死爭者矣然削而不書者以叔仲惠伯死非君命失其所也遂及行父則一再見于經矣如齊拜成雖削之可也又再書于策者於以著其始終成就弑立之謀以戒後世人臣或内交宮禁以固其寵或外結藩鎮以爲之援至于殺生廢置皆出其手而人主不悟者其慮深矣凡此皆直書于策而義自見者也

六月齊人取濟西田

魯人致賂以免討而書齊人取田者所以著齊罪春秋討賊尤嚴

於利其爲惡而助之者所以孤其黨夫齊魯鄭國盟主之餘業也子惡弑出姜歸而宣公立不能聲罪致討務寧魯亂首與之會是利其爲惡而助之也弑君篡國人道所不容而貨賂公行免於諸侯之討則中國胥爲戎夷人類滅爲禽獸其禍乃自不知以義爲利而以利之可以爲利而爲之也孟氏爲梁王極言利國者必至於弑奪而後饜蓋得經書取田之意舉法如此然後人知保義棄利亂臣賊子孤立無徒而亂少弭矣

秋邾子來朝楚子鄭人侵陳遂侵宋

楚書爵而人鄭者貶之也鄭伯本以宋人弑君晉不能討受賂而還以此罪晉爲不足與也遂受盟于楚今乃附楚以亟病中國何義乎書侵陳遂侵宋者以見潛師掠境肆爲侵暴非能聲宋罪而討之也既正此師爲不義然後中國之師可舉矣

晉趙盾帥師救陳

鄭在王畿之内而附蠻夷陳先代帝王之後而見侵逼此門庭之

寇利用禦之者也晉能救陳則存諸夏攘夷狄之師故特褒而書
救凡書救者未有不善之也如解倒懸如拯民於塗炭之中知此
義則知春秋用兵之意矣傳稱師救陳宋經不書宋此非闕文乃
聖人削之也前方以不能討宋上卿貶而稱人諸侯會而不序今
若書救宋則典刑紊矣

宋公陳侯衛侯曹伯會晉師于棐林伐鄭

列數諸侯而會晉趙盾穀梁子以爲大趙盾之事以其大之也故
曰師此說非也春秋立法君爲重而大夫次師其體敵列數諸侯
於帥師之下而又書大夫之名氏則臣疑於君而不可以爲訓其
曰會晉師此乃謹禮於微之意也其立義精矣棐林鄭地也前者
地而後伐以爲疑詞此其地則以著其美者一美一惡無嫌於同

冬晉趙穿帥師侵崇

崇在西土秦所與也晉欲求成于秦不以大義動之而伐其與國
則爲諼已甚比諸伐楚以救江異矣而傳謂設此謀者趙穿也意

者趙穿已有逆心欲得兵權託於伐國以用其衆乎不然何謀之迂而當國者亦不裁正而從之也穿之名姓自登史策弑君于桃園而上卿以志同受惡其端又見於此書侵以見所以求成者非其道矣

晉人宋人伐鄭

宋人弑君既列於會在春秋襄世已免於諸侯之討矣論春秋王法則其罪故在法所不赦也而晉人與之合兵伐鄭是謂以燕伐燕庸愈乎其書晉人宋人非將卑師少蓋貶而人之也以貶書伐者若曰聲罪致討而已有瑕則何以伐人矣

二年春王二月壬子宋華元帥師及鄭公子歸生帥師戰于大棘宋師敗績獲宋華元

兩軍接刃主將見獲其負明矣又書師敗績詞不贅乎此明大夫雖貴與師等也故將尊師少稱將不稱師師衆將卑稱師不稱將將尊師衆並書于策者亦人君不可輕役大衆又重將帥之選其

義深矣或曰元帥三軍之司命而輕重若是班乎自行師而言則以元帥爲司命自有國而言則以得衆爲邦本鄭使高克將兵禦狄于境欲遠克也而不恤其師楚以六卒實從得臣恐喪師也而不恤其將故經以棄師罪鄭以殺其大夫責楚明此義然後知王者之道輕重之權衡矣

秦師伐晉

按左氏以報崇也遂圍焦晉用大師於崇乃趙穿私意而無名也故書侵秦人爲是興師而報晉則問其無名之罪也故書伐也豈有欲求成於強國而侵其所與可以得成者乎穿之情見矣宣子當國筭無遺策獨憒於此哉其從之也而盾之情亦見矣春秋書事筆削因革必有以也一侵一伐而不書圍焦所以誅晉卿上使之意其所由來者漸矣

夏晉人宋人衛人陳人侵鄭

按左氏晉趙盾及諸侯之師侵鄭以報大棘之役初鄭歸生受命

于楚以伐宋經不書伐而以宋華元主大棘之戰者蓋楚人有詞于宋矣師之老壯在曲直晉主夏盟盾既當國合諸侯之師何畏乎楚何避乎鬬椒然力非不足而去之者以理曲也故卿不氏而稱人師書侵而不言伐易於訟卦之象曰君子作事謀始始而不謀將至于興師動衆有不能定者矣晉惟取賂釋宋而不討至以中國之大不能服鄭不競於楚可不慎乎春秋行事必正其本爲末流之若此也其垂戒明矣

秋九月乙丑晉趙盾弑其君夷皐

趙穿手弑其君董狐歸獄於盾其斷盾之獄詞曰子爲正卿亡不越境反不討賊以是書斷而盾也受其惡而不敢辭仲尼因其法而不之革其義云何曰正卿當國任事之臣也國事莫酷於君見弑不於其身而誰責乎亡而越境謂去國而不還也然後君臣之義絶反而討賊謂復讎而不釋也然後臣子之事終不然是盾僞出而實聞乎故也假令不與聞者而縱賊不討是有今將之心而

意欲穿之成乎弒矣惡莫慘乎意今以此罪盾乃開臣子之邪心而謹其漸也盾雖欲辭而不受可乎以高貴鄉公之事觀焉抽戈者成濟唱謀者賈充而當國者司馬昭也爲天吏者將原司馬昭之心而誅之乎亦將致辟成濟而足也故陳泰曰惟斬賈充可以少謝天下耳昭問其次意在濟也泰欲進此直指昭也然則趙穿弒君而盾爲首惡春秋之大義明矣微夫子推見至隱垂法後世亂臣賊子皆以詭計獲免而至愚無知如史太鄧扈樂之徒皆蒙歸獄而受戮焉君臣父子不相夷以至於禽獸也幾希故曰春秋成而亂臣賊子懼

冬十月乙亥天王崩

三年春王正月郊牛之口傷改卜牛牛死乃不郊

乃不郊爲牛之口傷改卜牛而牛又死也不然郊矣禮爲天王服斬衰周人告喪于魯史策已書而未葬也祀帝于郊夫豈其時而或謂不以王事廢天事禮乎春秋已來喪紀寖廢有不奔王喪而

遠適他國有不修弔禮而自相聘問固將以是爲可舉而不廢也
卒至漢文以日易月後世不能復其所由來漸矣春秋備書其義
自見

猶三望

三望者公羊曰祭太山河海夫天子有天下凡宇宙之内名山大
川皆其所主也故得祭天而有方望無所不通諸侯有一國則境
外之山川他人所主者而可以望乎季氏旅於太山冉求不能救
而夫子責之者爲太山魯侯所主也大夫何與焉季氏不得旅太
山則河海非魯之封内其不得祭亦明矣猶者可已不當爲之詞

葬匡王

四月而葬王室不君其禮略也微者往會魯侯不臣其情慢也或
曰宣公親之者也而常事不書非矣崩葬始終之大變豈以是爲
常事而不書也

楚子伐陸渾之戎

夷狄相攻不志此其志何也爲陸渾在王都之側戎夏雜處若類之不分也楚又至洛觀兵于周疆問鼎之大小輕重焉故特書于策以謹華夷之辨禁猾夏之階

夏楚人侵鄭

按左氏晉侯伐鄭鄭及晉平而經不書者仲尼削之也鄭本以晉靈不君取賂釋賊爲不足與似也而往從楚非矣今晉成公初立背僭竊僞邦而歸諸夏則是反之正也春秋大改過許遷善書楚人侵鄭者與鄭伯之能反正也故獨著楚人侵掠諸夏之罪亦鄭既見侵於楚則及晉平可知矣

秋赤狄侵齊宋師圍曹

按左氏宋文公即位盡逐武穆之族二族以曹師伐宋然不書于經者二族以見逐而舉兵非討罪也及宋師圍曹報武氏之亂而經書之者端本清源之意也武穆二族與曹之師奚爲至於宋哉不能反躬自治恃衆強以報之兵革何時而息也宋惟有不赦之

罪莫之治也故書法如此

冬十月丙戌鄭伯蘭卒葬鄭穆公

四年春王正月公及齊侯平莒及郯莒人不肯公伐莒取向

心不偏黨之謂平以此心平物者物必順以此心平怨者怨必釋惟小人不能宅心之若是也雖以勢力強之而有不獲成者矣夫以齊魯大國平郯莒小邦宜其降心聽命不待文告之及也然而莒人不肯則以宣公心有所私係失平怨之本耳故書及書取以著其罪及所欲也平者成也取者盜也不肯者心弗允從莫能強之者也以利心圖成雖強大者不能行之於弱小春秋書此戒後世之不知治其本者故行有不得者反求諸已斯可矣

秦伯稻卒夏六月乙酉鄭公子歸生弒其君夷

首謀弒逆者公子宋也懼譖而從之者歸生也而以歸生爲首惡何也夫亂臣賊子欲動其惡而不從者未有能全其身而不死也故季子然問仲由冉求其從之者歟子曰弒父與君亦不從也是

以死節許二子矣歸生懼譖而從公子宋特無求路不可奪之死節耳書爲首惡不亦過乎曰歸生與宋並爲大夫乃貴戚之卿同執國政可以不從一也肯統大師與宋人戰獲其元帥已得兵權可以不從二也聞宋逆謀登時而覺先事誅之猶反手耳夫據殺生之柄仗大義以制人使人聽已猶犬羊之伏於虎也何畏於人懼其見殺而從之也哉計不出此顧以畜老憚殺比方君父歸生之心悖矣故春秋捨公子宋而以弑君之罪歸之爲後世鑒若司馬亮沈慶之等茍知此義則能討罪人不至於失身爲賊所制矣

赤狄侵齊秋公如齊公至自齊

君行告至常事不書宣公比年如齊而皆致者危之也夫以篡弑謀於齊而取國以土地賂齊而請會以卑屈事齊而求安上不知有天王下不知有方伯惟利交是奉而可保乎高固之事亦殆矣故比年如齊而皆致以戒後世之欲利有攸往者惟義之與比爲可安耳

冬楚子伐鄭

五年春公如齊夏公至自齊秋九月齊高固來逆子叔姬

按左氏公如齊高固使齊侯止公請叔姬焉書夏公至自齊秋齊高固來逆子叔姬罪宣公也其曰來者以公自爲之主稱子者或謂别於先公之女也諸侯嫁女於大夫主大夫以與之者爲體敵也而公自爲之主壓尊毁列卑朝廷慢宗廟矣夫以鄭國褊小楚公子圍之貴驕強大來娶于鄭子産辭而郤之使館于外欲野賜之幾不得撫有其室而宣公以魯國周公之後逼於高固請婚其女強委禽焉而不能止惟不知以禮爲守身之幹是以得此辱也春秋詳書爲後世鑒欲人之必謹於禮以定其位不然卑巽妄説不近於禮奚足遠耻辱哉

叔孫得臣卒

内大夫卒無有不日者以春秋魯史也其或不日則見恩數之略亦仲遂如齊謀弑子赤叔孫得臣與之偕行在宣公固有援立之

私其恩數豈略而不書日是聖人削之也君臣父子妃妾適庶人道之大倫也方仲遂以殺適立庶往謀於齊而與得臣並使也若懵然不知其謀或知之而不能救則將焉用彼相矣春秋治子赤之事專在仲遂以其內交宮禁外結强鄰大惡無所分也而叔孫得臣有同使于齊之罪故特不書日以貶之君曰大夫而不能爲有無者不足加以恩數云爾

冬齊高固及子叔姬來

左氏曰反馬也禮嫁女留其送馬不敢自安及廟見成婦遣使反馬則高固親來非禮也又禮女子有行遠父母者歲一歸寧今見逆逾時未易歲也而叔姬亟來亦非禮也故書及書來以著齊罪也大夫適他國必有君命與公事否則禮法之所禁而可犯乎惠公許其臣越禮恣行而莫過高固委其君踰境自如而不忌則人欲已肆矣凡婚姻常事不書而書此者則以爲非常爲後世戒也

楚人伐鄭

六年春晉趙盾衛孫免侵陳

按傳稱陳及楚平荀林父伐陳經皆不書者以下書晉衛加兵于陳即陳及楚平可知矣以趙盾孫免書侵即林父無詞可稱亦可知矣愛人不親反其仁治人不治反其智晉嘗命上將帥師救陳又再與之連兵伐鄭今而即楚無乃於已有闕盍亦自反可也不內省德遽以兵加之則非義矣故林父不書伐而盾免書侵以正晉人所以主盟非其道也

夏四月秋八月螽

傳謂螽爲穀災虐取於民之効也先是公伐莒取向後再如齊伐萊軍旅數起賦斂既繁戾氣應之矣夫善惡之感萌於心而災祥之應見於事宣公不知舍惡遷善以補前行之愆而用兵不息災異數見年穀不豐國用空乏卒至於改助法而稅民盡自此姑矣經於蟲螟一物之變必書于策示後世天人感應之理不可誣當愼其所感也

冬十月

春秋傳卷第十七

宣公中

七年春衛侯使孫良夫來盟

來盟爲前定者嘗有約言矣未足効信而釋疑又相歃血固結之爾是盟衛欲爲晋致魯而魯專事齊初未與晋通也必有疑焉而衛侯任其無咎故遣良夫來爲此盟而公卒見辱盟非春秋之所貴義自見矣

夏公會齊侯伐萊秋公至自伐萊大旱

及者內爲志會者外爲主平莒及郯公所欲也故書及繼以取向即所欲者可知矣伐萊齊志也故書會繼以伐致即師行之危亦可知矣公與齊侯俱不務德合黨連兵恃强陵弱是以爲此舉也軍旅之後必有凶年言民以征役怨咨之氣感動天變而旱乾作矣其以大旱書者或不雩或雖雩而不雨也不雩則無恤民憂國之心雩而不雨格天之精意闕矣

冬公會晉侯宋公衛侯鄭伯曹伯于黑壤

會而不得見不以不得見爲諱盟而不與盟不以不與盟爲諱則曲不在公而主會盟者之罪耳與於會不與於盟而公有歉焉非主會盟者之過也則書會不書盟若黑壤是也晉侯之立公既不朝又不使大夫聘而每歲適齊是宜公行有不慊於心而非晉人之咎矣凡不直者臣爲君隱子爲父隱於以養臣子愛敬之心而不事盟主又以賂免則不直在己矣

八年春公至自會夏六月公子遂如齊至黃乃復

至黃乃復壅君命也有疾亦不復可乎大夫以君命出聞喪徐行而不反未致事而死以尸將事楚伐吳陳侯使公孫貞子往弔及良而卒將以尸入吳人辭焉上介芋尹蓋曰寡君使蓋備使弔君之下吏無祿使人逢天之慼大命隕隊絕世于良廢日供積一日遷次今君命逆使人曰無以尸造于門是我寡君之命委于草莽也無乃不可乎吳人不敢辭君子以爲知禮乃者無其上之詞其

曰復事未畢也

辛巳有事于大廟仲遂卒于垂

有事言時祭此公子遂也曷爲書字生而賜氏俾世其官也曷爲書卒以事之變卒之也古者諸侯立家大夫卒而賜氏其後尊禮權臣寵遇貴戚而不由其道於是乎有生而賜氏其在魯則季友仲遂是也襄仲殺惡及視援立宣公而宣公深德之故生而賜氏使世大夫以甚之也經於其卒書族以志變法之端爲後世戒

壬午猶繹萬入去籥

繹者祭之明日以賓尸也猶者可已之詞萬舞也以其無聲也故入而遂用籥管也以其有聲也故去而不作是謂故知不可存其邪心而不能格也禮大夫卒當祭則不告終事而聞則不繹不告者盡肅敬之誠於宗廟不繹者全始終之恩於臣子今仲遂國卿也卒而猶繹則失寵遇大臣之禮矣春秋雖隆君抑臣而體貌有加焉則廉陛益尊而臣節礪後世法家專欲隆君而不得其道至

以犬馬國人相視大倫滅矣聖人書法如此存君臣之義也

戊子夫人嬴氏薨

敬嬴文公妾也何以稱夫人自成風聞季友之繇事友而屬其子及僖公得國立以爲夫人於是乎嫡妾亂矣春秋於風氏凡始卒四貶之則禘于太廟秦人歸襚榮叔含賵召伯會葬去其姓氏不稱天人王再書而無天是也敬嬴又嬖私事襄仲而屬宣公不待致于太廟援例以立則從同同而無貶矣其意若曰以義起禮爲可繼苟出於私情而非義後雖欲正可若何

晉師白狄伐秦

晉主夏盟糾合諸侯攘夷狄安諸夏乃其職矣秦人之怨起自侵崇其曲在晉責己可也既不知自反釋怨修睦以補前過已可咎矣乃復興師動衆會戎狄以伐之獨不惡傷其類乎直書于策貶自見矣

楚人滅舒蓼

按詩稱戎狄是膺荆舒是懲在周公所懲者其自相攻滅中國何與焉然春秋書而不削者是時楚人疆舒蓼及滑訥盟吳越勢益強大將爲中國憂而民有被髮左衽之患矣經斯世者當以爲懼有攘卻之謀而不可忽則聖人之意也

秋七月甲子日有食之既冬十月己丑葬我小君敬嬴

成風薨以夫人葬以小君將祔于廟而始有二夫人也則四貶之以正其事今敬嬴亦薨以夫人葬以小君使祔于廟無貶以正之從同同可也而於宣公元年即以所逆穆姜婦之何也曰婦有姑之詞見敬嬴遂以子貴援例而亟立爲夫人也僖公享國八年然後致成風而敬嬴之亟也雖云援例魯君臣之責亦可知矣無貶而書法若此者猶桓宣弑君而書即位尔

雨不克葬庚寅日中而克葬

敬嬴以其子宣公屬諸襄仲殺太子及其母弟雖假手于仲實敬嬴之謀也經書子赤卒夫人姜氏歸于齊其文無貶而讀者有傷

切之意焉則以秉彝不可滅也傳謂哭而過市市人皆哭敬嬴逆天理拂人心之狀慘矣其於終事雨不克葬著咎徵焉而謂無天道乎此皆直書以見人心與天理之不可誣者也夫喪事即遠有進無退浴于中霤飯于牖下小斂于戶內大斂于阼階殯于客位遷于廟祖于庭堋于墓以弔賓則其退有節以虞事則其祭有時不爲雨止禮也雨不克葬喪不以制也或曰卜葬先遠日所以避不懷也諸侯相朝與旅見天子入門而雨霑服失容則廢矧送終大事人情所不忍遽者反可冒雨不待成禮而葬乎潦車載蓑笠士喪禮也有國家者乃不能爲雨備何也且公庭之於墓次其禮意固不同矣不得不可以爲悅無財不可以爲悅得之爲有財古之人皆用焉而不能爲之備是儉其親也不亦薄乎故穀梁子曰雨不克葬喪不以制也厚葬古人之所戒而墨之治喪也以薄又君子之所不與故喪事以制春秋之旨也

城平陽楚師伐陳

九年春王正月公如齊公至自齊夏仲孫蔑如京師

以淺言之屬辭比事春秋教也當歲首月公朝于齊夏使大夫聘于京師此皆比事可考不待貶絕而惡自見者也宣公享國九年於周纔一往聘其在齊則又再朝矣經於如齊每行必致深罪之也下逮戰國周衰甚矣齊威王往朝于周而天下皆賢之況春秋時乎而宣公不能也故聘覲之禮廢則君臣之位失諸侯之行惡而倍畔侵陵之敗起矣此經書君如齊臣如周之意而特書王正月以表之也

齊侯伐萊秋取根牟八月滕子卒九月晉侯宋公衛侯鄭伯曹伯會于扈晉荀林父帥師伐陳

按左氏討不睦也陳侯不會荀林父以諸侯之師伐陳晉侯卒乃還則知經所書者與晉罪陳之詞也會于扈以待陳而陳侯不會然後林父以諸侯之師伐之也則幾於自反而有禮矣不書諸侯之師而曰林父帥師者在會諸侯皆以師聽命而林父兼將之也

則其衆輯矣晉主夏盟又嘗救陳所宜與也而惟楚之即夫豈義
乎

辛酉晉侯黑臀卒于扈冬十月癸酉衛侯鄭卒

晉成公何以不葬魯不會也衛成公何以不葬亦魯不會也衛成
事晉甚謹而魯宣公獨深向齊衛欲爲晉致魯故謀黑壤之會而
特使孫良夫來盟以定之也及會于黑壤而晉人止公賂然後免
是以扈之會皆前日諸侯而魯獨不往二國繼以喪赴亦皆不會
此所謂無其事而闕其文者也或曰二君皆有貶焉故不書葬誤
矣魯人不會亦無貶乎書卒而以私怨廢禮忘親其罪已見春秋
文簡而直視人若日月之無私照也曲生意義失之遠矣

宋人圍滕

圍國非將卑師少所能辦也必動大衆而使大夫爲主帥明矣然
而稱人是貶之也滕既小國又方有喪所宜矜哀吊恤之不暇而
用兵革以圍之比事以觀知見貶之罪在不仁矣

楚子伐鄭晉郤缺帥師救鄭

楚兵加鄭數矣或稱人或稱爵何也鄭自晉成公初立舍楚而從中國正也楚人爲是興師而加鄭不義矣故宣公三年書人書侵罪之也次年鄭公子歸生弒其君諸侯未有聲罪致討者而楚師至焉故特書爵與之也然興師動衆賊則不討惟服鄭之爲事則非義舉矣故又次年傳稱楚子伐鄭而經書人再貶之也至是稱爵豈與之乎按公羊例君將不言帥師書其重者也至此書爵見其陵暴中華以重兵臨鄭矣何以知其非與之乎曰下書晉郤缺帥師救鄭則知非與之也由此觀春秋書法皆欲治亂賊之黨謹華夷之辨以一字爲褒貶深切著明矣

陳殺其大夫洩冶

稱國以殺者君與用事大臣同殺之也稱其大夫則不失官守而殺之者有專輒之罪矣洩冶無罪而書名何也治以諫殺身者也殺諫臣者必有亡國弒君之禍故書其名爲徵舒弒君楚子滅陳

之端以垂後戒此所謂義係於名而書其名者也比干諫而死子
曰商有三仁焉洩冶諫而死何獨無褒詞夫語默死生當其可而
止尒洩冶之盡言無隱不愧乎史魚之直未若比干自靖自獻
于先王則未可同日而語也冶雖効忠其猶在衰亂叔肸之
後乎故仕於昏亂之朝若[illegible]者如[illegible]而去可也若貢歲
耶不食其祿如叔肸[illegible]矣

十年春公如齊公至自齊

此亦如齊亦致其至而不書月上九年亦如齊亦致其至而書月
者爲是年夏使仲孫蔑如京師故特於歲首書王正月以著宣公
之罪而君臣名分之際謹嚴如此也歸田以爲私惠此於君臣名
分之際則大小不侔矣

齊人歸我濟西田

宣公於齊順其所欲既以女妻其臣又以兵會伐萊之舉又每歲
往朝于齊廷雖諸侯事天子無是禮也故惠公悅其能順事己而

以所取濟西田歸之也歸讙及闡直書曰歸此獨書我者乃相親
愛惠遺之意或謂濟西魯之本封故書我則誤矣以柔巽卑屈事
人不以其道而得地與悅人之柔巽卑屈事已不以其道而歸其
地皆人欲之私而非義矣

夏四月丙辰日有食之己巳齊侯元卒齊崔氏出奔衛

按左氏崔杼有寵於惠公高國畏其逼也公卒而逐之奔衛書曰
崔氏以族奔也許翰以謂崔杼出而能反反而能弑者以其宗強
於此舉氏辨之早也其説得矣所謂譏世卿者非公羊本旨蓋門
弟子因尹氏武氏稱世卿而附益之於此耳經有事同而詞異亦
有事異而詞同一視之則泥而不通矣

公如齊五月公至自齊

文約而事詳者經也春如齊朝惠公夏如齊奔其喪若是雖不致
可也而皆致者甚之也天王之喪不奔欲行郊禮而汲汲於奔齊
惠公之喪天王之葬不會使微者往而公孫歸父會齊惠公之葬

其不顧君臣上下尊卑之等所謂肆人欲滅天理而無忌憚者也
詞繁而不殺聖人之情見矣

癸巳陳夏徵舒弑其君平國

陳靈公之無道也而稱大夫之名氏以弑何也禍莫大於拒諫而殺直臣忠莫顯於身見殺而其言驗洩冶所爲不憚斧鉞盡言於其君者正謂靈公君臣通於夏徵舒之家恐其及禍不忍坐觀故昧死言之靈公不能納又從而殺之卒以見弑而亡其國此萬世之大戒也特書徵舒之名氏以見洩冶忠言之驗靈公見弑之由使有國者必以遠色修身包容狂直開納諫諍爲心也以爲罪不及民故稱大夫以弑者非經意矣

六月宋師伐滕

前圍滕稱人刺伐喪也此伐滕稱師譏用衆也宋大國爵上公霸主之餘業力非不足也今鄰有弑逆不能聲罪致討乃用大衆以伐所當矜恤之小邦且滕不事己無乃己德猶有所闕而滕何尤

焉故特稱師以著其罪而汲汲於誅亂臣討賊子之意見矣

公孫歸父如齊葬齊惠公

歸父仲遂之子貴而有寵宣公深德齊侯之能定其位而又以濟西田歸之也故生則傾身以事之而不辭於屈辱沒則親往奔喪而使貴卿會其葬亦不顧天王之禮闕然莫之供也此事考詞義自見矣

晉人宋人衛人曹人伐鄭

按左氏鄭及楚平諸侯伐鄭取成而還其稱人貶也鄭居大國之間從於強令豈其罪乎不能以德鎮撫而用力爭之是謂五十步笑百步庸何愈於楚自是責楚益輕罪在晉矣

秋天王使王季子來聘

公羊傳曰王季子者王之母弟也王有時聘以結諸侯之好禮也宣公享國至是十年不朝于周而比年朝齊不奔王喪而奔齊侯喪不遣貴卿會匡王葬而使歸父會齊侯之葬縱未舉法勿聘焉

猶可也而使王季子來王靈益不震矣自是王聘春秋亦不書矣

公孫歸父帥師伐邾取繹

用貴卿爲主將舉大衆出征伐不施於亂臣賊子奉天討罪而陵弱侵小近在邦域之中附庸之國是爲盜也當此時陳有弑君之亂既來赴告藏在諸侯之策矣曾不是圖而有事於邾不亦傎乎故四國伐鄭貶而稱人魯人伐邾特書取繹以罪之也

大水季孫行父如齊冬公孫歸父如齊

按左氏行父如齊初聘也歸父如齊邾故也齊侯嗣立宣公親往奔其父喪又使貴卿會葬矣若待踰年然後修聘未晚也而季孫亟行歸父繼往則以宣公君臣不知爲國以禮而謂妄悅取人之可以免於討也歸父貪於取繹畏齊而往蓋理曲則氣必餒矣能無畏乎哉春秋備書而不削以著其罪爲後世鑒也

齊侯使國佐來聘

葬之速也太不懷也又未逾年而以君命遣使聘于鄰國則哀戚

之情忘矣孟子曰養生不足以當大事惟送死可以當大事滕文公五月居廬未有命戒及至葬顔色之戚哭泣之哀弔者大悅而有願爲其氓者蓋禮義人心之所同然也齊頃公嗣位之初舉動如此喪師失地幾見執獲豈特婦人笑客之罪哉已失守身之本矣

饑楚子伐鄭

經有詞同而意異者此事以觀斯得之矣九年楚子伐鄭稱爵者貶詞也若曰國君自將恃强壓弱憑陵中夏之稱也知然者以下書晉郤缺帥師救鄭則貶楚可知矣此年楚子伐鄭稱爵者直詞也若曰以實屬詞書其重者而意不以楚爲罪也知然者以傳書晉士會救鄭逐楚師于潁北而經削之則責晉可知矣此類兼以傳爲案者也

十有一年春王正月夏楚子陳侯鄭伯盟于辰陵

晉楚爭此二國爲日久矣今陳鄭背晉從楚盟于辰陵而春秋書

之無貶詞者豈與其下喬木入幽谷乎中國而不能令則夷狄進矣經之大法在誅亂臣討賊子有亂臣則無君有賊子則無父無父與君即中國變爲夷狄人類殄爲禽獸雖得天下不能一朝居也今魯與齊方用兵伐莒晉與狄方會于欑函而不謀少西氏之逆也而楚人能謀之所謂禮失而求之野夷狄之有君不如諸夏之亡也辰陵之盟所以得書於經而詞無貶乎聖人討賊之意可謂深切著明矣

公孫歸父會齊人伐莒秋晉侯會狄于欑函

春秋正法不與夷狄會同分類也書會戎會狄會吳皆外詞也內中國故詳外四夷故略今中國有亂天王不能討則方伯之責也又不能討則四鄰諸侯宜有請矣而魯方會齊伐莒晉方求成于狄是失肩背而養其一指不能三年而緦小功之察不亦傎乎凡此直書其事不待貶絕而義自見者也

冬十月楚人殺陳夏徵舒丁亥楚子入陳

稱人者衆詞也大惡人人之所同惡人人之所得討其稱楚人殺徵舒諸夏之罪自見矣按左氏傳楚子爲夏氏亂故謂陳人無動將討於少西氏遂入陳殺徵舒轘諸栗門而經先書殺後書入者與楚子之能討賊故先之也討其賊爲義取其國爲貪舜跖之相去遠矣其分乃在於善與利耳楚莊以義討賊勇於爲善舜之徒也以貪取國急於爲利跖之徒矣爲善與惡特在一念須臾之間而書法如此故春秋傳心之要典不可以不察者也或曰聖人大改過楚雖縣陳能聽申叔時之說而復封陳可謂能改過矣猶書入陳以貶之何也曰楚莊意在滅陳雖復封之然鄉取一人焉以歸謂之夏州而又納其亂臣是制人之上下使不得其君臣之道也晉人以幣如鄭問駟乞之立故子產對曰若寡君之二三臣而晉大夫專制其位是晉之縣鄙也何國之爲辭客幣而報其使晉人舍之他國非所當與也而必欲納其亂臣存亡興滅其若是乎仲尼重傷中國深美其有討賊之功故特從末減不稱取陳而書

入雖曰與之可矣

納公孫寧儀行父于陳

此二臣者從君於昏宣淫於朝誅殺諫臣使其君見弒蓋致亂之臣也[illegible]諸市朝與衆同棄然後快於人心今乃詭詞奔楚託於討賊復讎以自脫其罪而楚莊不能察其反覆又使陳人用之是猶人有飲毒而死者幸而復生又強以毒飲之可乎故聖人外此二人於陳而特書曰納納者不受而強納之者也爲楚莊者宜柰何瀦徵舒之宫封洩冶之墓尸孔寧儀行父于朝謀於陳衆定其君而去其庶幾乎

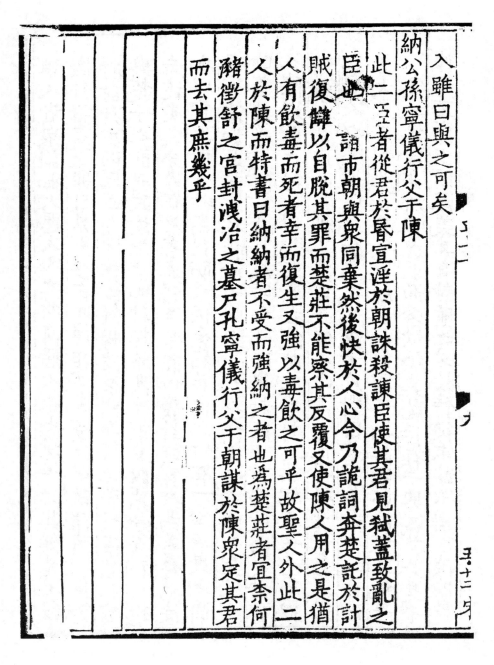

春秋傳卷第十八

宣公下

十有二年春葬陳靈公

討賊者非臣子也何以書葬天下之惡一也本國臣子或不能討而上有天王下有方伯又其次有四鄰有同盟有方域之諸侯有四夷之君長與凡民皆得而討之所以明大倫存天理也徵舒雖楚討之陳之臣子亦可以釋怨矣故得書葬君子詞也

楚子圍鄭

按公羊傳例戰不言伐圍不言戰入不言圍滅不言入書其重者楚子縣陳蓋滅之矣而經止書入其於鄭也入自皇門至于逵道蓋即其國都矣而經止書圍曷爲悉從輕典不書其憑陵諸夏之罪乎上無天王下無方伯天下諸侯有臣弑君子弑父諸下不能討而夷狄能討之春秋取大節略小過雖如楚子憑陵上國近造王都之側猶從末減於以見誅亂臣討賊子正大倫之重也

夏六月乙卯晉荀林父帥師及楚子戰于邲晉師敗績
戰而言及主乎是戰者也按左氏晉師救鄭經既不以救鄭書矣又不言楚晉戰于邲而使晉主之何也陳人弑君晉不討賊而楚能討之楚人圍鄭亦既退師與鄭平矣而又與之戰則非觀釁之師也故釋楚不貶而使晉主之獨與常詞異乎按邲之役六卿並在大夫司馬皆具官不欲勤民者三帥也違命濟師者先縠也而獨罪林父何也尊無二上定于一也古者仗鉞臨戎專制閫外雖君命有所不受況其屬乎欒書救鄭軍帥之欲戰者八人武子遂還衆不敢過偪陽之舉荀偃二將皆請班師荀罃令曰七日不克必爾乎取之遂下偪陽林父既知無及於鄭焉用之矣諸帥又皆信然其策先縠若獨以中軍佐濟者下令三軍無得妄動按軍法而行辟夫豈不可既不能令乃畏失屬亡師之罪而從韓獻子分惡之言知難而冒進是弃晉師於誰責乎故後誅先縠不去其官此稱敗績特以林父主之也

秋七月冬十有二月戊寅楚子滅蕭

假於討賊而滅陳春秋以討賊之義重也未滅而書入惡其貳已而入鄭春秋以退師之情恕也未滅而書圍與人爲善之德宏矣至是肆其強暴滅無罪之國其志已盈雖欲赦之不得也故傳稱蕭潰經以滅書斷其罪也孟子曰以力假仁者霸霸必有大國楚莊蓋以力假仁不能久假而遽歸者也建萬國親諸侯者先王之政興滅國繼絶世者仲尼之法今乃滅人社稷而絶其祀亦不仁甚矣蕭既滅亡必無赴者何以得書于魯史楚莊縣陳入鄭大敗晉師于邲莫與校者不知以禮制心至於驕溢克伐怨欲皆得行焉遂以滅蕭告赴諸侯矜其威力以恐中國耳孟子定其功罪以五霸爲三王之罪人春秋史外傳心之要典推此類求之斯得矣

晉人宋人衛人曹人同盟于清丘

書同盟志同欲也或以惡其反覆而書同盟非也春秋不貴盟誓自隱公始年書儀父盟眛宋人盟宿已不實言矣奚待清丘然後

惡其反覆乎清丘載書恤病討貳口血未乾敗其盟好所謂不待貶而惡見者也又奚必人諸國之卿然後知反覆之可罪乎楚旣入陳圍鄭大敗晉師伐蕭滅之憑陵中國甚矣爲諸侯計者宜信任仁賢修明政事自強於爲善則可以保其國耳曾不是圖而刑牲歃血要質鬼神蘄以禦楚謀之不臧孰大於是故國卿貶而稱人譏失職也原縠違命喪師乃晉國罪人而主茲盟約所信任者皆可知矣

宋師伐陳衛人救陳

陳有弑君之亂宋不能討而楚能討之雖曰縣陳尋復封之其德於楚而不貳未足責也宋人不能内自省德遽以大衆伐之非義舉矣衛人救陳背盟失信而以救書者見宋師非義陳未有罪而受兵爲可恤也且謀國失圖妄興師旅無休息之期則亂益滋矣其以救書意在責宋也若衛叛盟則不待貶絕而惡自見矣

十有三年春齊師伐莒夏楚子伐宋

楚人滅蕭將以脅宋諸侯懼而同盟爲宋人計者恤民固本輕徭薄賦使民効死親其上則可以待敵矣計不出此而急於伐陳攻楚與國非策也故楚人有詞于伐而得書爵

秋螽冬晉殺其大夫先縠

先縠違命大敗晉師元帥不能用鉞已失刑矣今又重有罪焉晉人治其罪而戮之義也曷爲稱國以殺而不去其官夫兵者安危所係有國之大事也將非其人則敗雖得其人使親信間之則敗以剛愎不仁者參焉而莫肯用命則敗凡此三敗君之過也河曲之戰趙穿獨出而臾駢之謀不用濟涇而欒黶欲東而荀偃之令不行今林父初將中軍乃以先縠佐之使敵國謀臣知其從政者新未能行令誰之過歟故稱國以殺不去其官罪累上也

十有四年春衛殺其大夫孔達

殺大夫而書名氏義不繫於專殺也孔達弃信以危社稷衛人按其罪而誅之可也何以稱國而不去其官用人謀國于犯盟主至

於見討誰之過歟稱國以殺不去其官罪累上也春秋端本清源故書法如此

夏五月壬申曹伯壽卒晉侯伐鄭

按左氏傳爲邲故也比事以觀知其爲報怨復讎之兵詞無所貶者直書其事而義自見矣

秋九月楚子圍宋

宋人要結盟誓欲以禦楚已非持國之道輕擧大衆勤民妄動又非恤患之兵特書救陳以著其罪明見伐之由也國必自伐然後人伐之凡事其作始也簡其將畢也必巨易於訟卦曰君子以作事謀始始而不謀必至於訟訟而不竟必至於師若宋是矣始謀不臧至於見伐見圍幾亡其國則自取之也春秋端本故責宋爲深若蠻夷圍中國則亦明矣

葬曹文公冬公孫歸父會齊侯于穀

夫禮别嫌明微制治于未亂自天子出者也列國之君非王事而

自相會聚是禮自諸侯出矣以國君而降班失列下與外臣會以外臣而抗尊出位上與諸侯會是禮自大夫出矣君若贅旒陪臣執命豈一朝一夕之故其所由來漸矣故易於坤之初六曰馴致其道至堅冰也易言其理春秋見諸行事若合符節可謂深切著明矣

十有五年春公孫歸父會楚子于宋

楚子不假道於宋以啓釁端而圍之陵蔑中華甚矣諸侯縱不能畏簡書攘夷狄存先代之後嚴兵固圉以爲聲援猶之可也乃以周公之裔千乘之國謀其不免至於薦賄不亦鄙乎若此類聖人不徒筆之於經也比事以觀則知中國夷狄盛衰之由春秋經世之略矣

夏五月宋人及楚人平

此華元子反二國之卿其稱人何貶也春秋賤欺詐惡侵伐二卿不愛其情釋怨解紛使宋無亡國之憂楚無滅國之罪功亦大矣

宜在所褒何以貶也善則稱君過則稱已則民作忠今二卿自以情實私相告語取必於上以成平國之功而其君不預知焉非人臣之義也世衰道微暴行交作君有聽於臣父有聽於子夫有聽於婦中國有聽於夷狄仲尼所爲懼春秋所以作也故平以解紛雖其所欲而平者在下則大倫紊矣聖人明其道不計其功故褒貶如此然則臣而有安國家利社稷者專之不可乎曰專之而可者謂境外也子反在君之側無奏報之難幾會之失奚急於平而專之若是哉或曰子反攘善則知其罪矣華元救國急難而紓其情實何有焉夫宋先代之後武王所封以備三恪橫見侵逼非有可滅之罪也若以大義責之曰子爲上卿不能恤小助桀爲虐陵我郊保圍我城郭欲滅我社稷縱子得之何面目見中華之士乎使子反果忠楚莊果賢必爲義動退師止衆結盟而反矣何必輕見情實蹈不測之險乎後世羊陸効其所爲交歡邊境而議者以爲非純臣也知春秋之法矣

六月癸卯晉師滅赤狄潞氏以潞子嬰兒歸

其稱日謹之也上卿爲主將略而稱師者著其暴也滅而舉號及氏者滅見滅之罪著滅者之甚不仁也潞嬰兒不死社稷比於中國而書爵者免嬰兒之責詞也然則攘夷狄安諸夏非耶徐夷並興東郊不開伯禽征之玁狁孔熾侵鎬及方宣王伐之楚人侵鄭近在王畿齊侯攘之皆門庭之寇不可縱而莫禦者也雖禦之亦不極其兵力殄滅之無遺育也今赤狄未嘗侵掠晉境非門庭之寇而恃強暴以滅之其不仁甚矣春秋所以責晉而略狄也又有異焉者夫伐國之要討其罪人斯止矣按左氏潞子夫人晉景公之姊也酆舒爲政而殺之又傷潞子之目則酆舒者罪之在也爲晉計者執酆舒轘諸市立黎侯安定潞子改紀其政而返則諸狄服疆域安矣今乃利狄之土滅潞氏以其君歸何義乎春秋所以責晉而略狄也

秦人伐晉王札子殺召伯毛伯

王臣有書字而言子者王季子是也有書子而繫名者王子虎是也此稱王札子者穀梁以爲當上之詞也其爲當上之詞者矯王命以殺之也爲天下主者天也繼天者君也君之所司者命也爲人臣而侵其君之命則不臣爲人君而假其臣以命則不君君不君臣不臣天下所以傾也邢侯專殺雍子於朝叔向以殺人不忌爲賊請施邢侯君子以爲義王札子之罪當服此刑而天王不能施之無政刑矣何以保其國而不替乎

秋螽

人事感於此則物變應於彼宣公爲國虛内以事外去實而務華煩於朝會聘問賂遺之末而不知務其本者也故戾氣應之六年螽七年旱十年大水十有三年又螽十有五年復螽府庫匱倉廩竭調度不給而言利剋民之事起矣

仲孫蔑會齊高固于無婁

禮之始失也諸侯非王事而自相會也無以正之不自天子出矣

然後諸侯與大夫會又無以正之然後大夫與大夫會禮亦不自諸侯出矣田氏篡齊六卿分晉三家專魯理固然也不能辨於早後雖欲正之其將能乎

初稅畝

孟子曰耕者助而不稅則天下之農皆悅而願耕於其野矣書初稅畝者譏宣公廢助法而用稅也夫制公田爲助助者藉也周因其法爲徹徹者通也其實皆什一也古者上下相親上之於下則曰駿發爾私終三十里惟恐民食之不給也下之於上則曰雨我公田遂及我私惟恐公田之不善也故助法行而頌聲作矣世衰道微上下交惡民惟私家之利而不竭力以奉公上惟邦財之入而不恤但以利下水旱凶災相繼而起公田之入薄矣所以廢助法而稅畝乎初者志變法之始也其後作丘甲用田賦至於二猶不足則皆宣公啓之也故曰作法於涼其弊猶貪作法於貪弊將若何有國家者必欲克守成法而不變其必先務本乎

冬蝝生

始生曰蝝既大曰螽秋螽未息冬又生子災重及民也而詳志之如此者急民事謹天災仁人之心王者之務也遇天災而不懼忽民事而不修而又爲繁政重賦以感之國之危無日矣

饑

春秋饑歲多矣書于經者三而宣公獨有其二何也古者三年耕餘一年之蓄九年耕餘三年之食雖有凶旱民無菜色是歲雖螽蝝而遽至於饑者宣公爲國務華去實虛内事外煩於朝會聘問賂遺之末而不敦其本府庫竭矣倉廩匱矣水旱螽蝝天降饑饉亦無以振業貧乏矣經所以獨兩書饑以示後世爲國之不可不敦本也

十有六年春王正月晉人滅赤狄甲氏及留吁

按左氏董是役者士會也上將王兵其稱人貶詞也甲氏潞之餘種留吁其殘邑也春秋於夷狄攘斥之不使亂中夏則止矣伯爵

征徐夷東郊既開而止宣王伐玁狁至于太原而止武侯征戎瀘
服其渠帥而止必欲盡殄滅之無遺種豈仁人之心王者之事乎
士會所以貶而稱人也

夏成周宣榭火

成周天子之東都宣榭宣王之廟也按呂大臨考古圖有郙敦者
稱王格于宣榭呼内史策命郙是知宣榭者宣王之廟也古者爵
有德禄有功必於太廟示不敢專也榭者射堂之制其堂無室以
便射事故凡無室者皆謂之榭宣王之廟謂之榭者其廟制如榭
也宣榭火何以書以宗廟之重書之也貴戚擅殺大臣而天子不
討王室不復能中興矣人火之天所以見戒乎

秋郯伯姬來歸

按左氏郯伯姬來歸出也内女出書之策者男女居室人之大倫
也婚姻之禮廢則夫婦之道苦淫辟之罪多矣復相弃背喪其配
耦氓之詩所以刺衛日以衰薄室家相弃中谷有蓷所以閔周易

序咸恒爲下經首春秋内女出夫人歸凡男女之際詳書于策所以正人倫之本也其旨微矣

冬大有年

程氏曰大有年記異也旱乾水溢饑荐臻者災也山崩地震彗孛飛流者異也景星甘露醴泉芝草百穀順成者祥也大有年上瑞矣何以爲記異乎凡災異慶祥皆人爲所感而天以其類應之者也人事順於下則天氣和於上宣公弑立逆理亂倫水旱螽蝝饑饉之變相繼而作史不絶書宜也獨於是冬乃大有年所以爲異乎夫有年大有年一耳古史書之則爲祥仲尼筆之則爲異此言外微旨非聖人莫能修之者也

十有七年春王正月庚子許男錫我卒丁未蔡侯申卒夏葬許昭公

葬蔡文公

日卒書名赴而得禮記之詳也葬而不月其略在内宣公爲國務華而無忠信誠慤之心計利而不知禮義邦交之實哀死送終獨

厚於齊而利害不切其身者皆闕如也大則薄其君親次則忽於盟主又其次若秦若衛若滕雖來告訃怠於禮而不會也比事以觀義自見矣

六月癸卯日有食之己未公會晉侯衛侯曹伯邾子同盟于斷道

書同盟者志同欲也大國率之小國畏威而從命非同欲也小國訴之大國勉強而應焉非同欲也若斷道之盟諸侯同心謀欲伐齊釋其憤怒非有不得已而要之者也或以爲會同天子之事築宮爲壇設方明如方嶽之盟故書同疑其說之誤矣

秋公至自會冬十有一月壬午公弟叔肸卒

稱弟得弟道也稱字賢也何賢乎叔肸宣弑而非之也非之則胡爲不去也兄弟無絕道故雖非之而不去也與之財則曰我足矣終身不食宣公之祿君子以是爲通恩也論情可以明親親言我可以厲不軌所以取貴乎春秋書曰公弟而稱字以表之也公子爲正大夫而書卒貴也不爲大夫而特書卒賢也或以爲叔肸[illegible]

弟在宣公有私親之愛故生而賜氏俾世其卿與季友仲遂比則其説誤矣誠使叔肸有寵生而賜氏則是貴戚用事之卿豈有不見於經者齊年鄭語在外之見於經者季友仲遂在内之見於經者勢必與聞政事執國命矣况宣公之時煩於聘問會朝之禮遂蔑季孫歸父交於鄰國衆矣而獨叔肸不與焉其非生而賜氏俾世其卿亦明矣

十有八年春晉侯衛世子臧伐齊

保國以禮爲本者也齊頃公不謹於禮自已致寇所謂人必自伐而後人伐之矣諸侯上卿皆執國命取必於其君以行其克伐怨欲之私故盟于斷道師于陽穀大戰于鞌逞其志而後止春秋詳書于策見伐與伐者之罪皆可以爲鑒矣

公伐杞夏四月秋七月邾人戕鄫子于鄫

戕者殘賊而殺之也于鄫者刺臣子不能救君難也夷貉無城郭宮室百官有司單車使者直造其廬帳虜其酋長者則有之矣中

國則重門擊柝廉陛等威侍衛守禦之嚴奚至於坐使其君爲邾人殘賊殺之而莫禦乎邾人蓋嘗執鄫子用之則不共戴天之世讎也既不能復又使邾人得造其國都而戕殺其君曰于鄫者所以深責鄫之臣子至此極也

甲戌楚子旅卒

楚僭稱王降而稱子者是仲尼筆之也其不書葬者恐民之惑而避其號是仲尼削之也若楚若吳若徐皆自王降而稱子若滕自侯降而稱子若杞自伯降而稱子四夷雖大皆曰子其降而稱子者狄之也或謂春秋不擅進退諸侯亂名實則非矣述天理正人倫此名實所由定也奚名爲亂哉

公孫歸父如晉

宣公因齊得國故刻意事之雖易世猶未怠也及頃公不能謹禮怒晉魯上卿而郤克當國決策討之晉方強盛齊少懦矣於是背齊而事晉其於邦交以利爲嚮背無忠信誠慤之心者也按左氏

歸父欲去三桓以張公室與公謀而聘于晉欲以晉人去之夫輕於背與國易於謀大家而不知其本末有能成而無悔也然則公室不可張乎務引其君當道正心以正朝廷禮樂刑政自己出也其庶幾乎必欲倚外援以去之是去疥瘍而得腹心之疾也庸愈哉

冬十月壬戌公薨于路寢歸父還自晉至笙遂奔齊

仲尼稱孟莊子之孝其不改父之臣與父之政是難能也又曰三年無改於父之道可謂孝矣夫仁人孝子於其父之臣非有大不可如晉悼公於夷羊五之屬必存始終進退之禮而不遽也歸父以君命出使未反而君薨在聘禮有執圭復命于殯之文升自西階子臣皆哭情亦戚矣今宣公猶未殯而東門氏逐忍乎哉書曰歸父還自晉者已畢事之詞也至笙遂奔齊者罪成公君臣死君而忘父逐之亟也穀梁子曰捐殯而奔其父之使者是亦奔父也得經意矣君薨家遣方寸宜亦亂而造次顛沛不失禮焉非志於

仁者弗能也詞繁而不殺歸父之善自著矣比事以觀則見當國者有無君之心此春秋所以作不可不察也

春秋傳卷第十九

成公上

元年春王正月公即位二月辛酉葬我君宣公無冰

寒極而無冰者常燠也按洪範傳曰豫常燠若此政事舒緩紀綱縱弛之象成公幼弱政在三家公室不張其象已見故當固陰沍寒而常燠應之古者日在北陸而藏冰獻羔而啓朝之祿位賓食喪祭冰皆與焉此亦燮調愆伏之一事也今既寒而燠遂廢淩人之職然策書所載皆經邦大訓人有微而不登其姓名事有小而不記其本末雨雹冰雪何以悉書天人一理也萬物一氣也觀於陰陽寒暑之變以察其消息盈虛此制治于未亂慎於微之意也每慎於微然後王事備矣

三月作丘甲

作丘甲益兵也古者九夫爲井四井爲邑四邑爲丘四丘爲甸甸地方八里旁加一里爲成所取於民者出長轂一乘此司馬法一

成之賦也爲齊難作丘甲益兵備敵重困農民非爲國之道其曰作者不宜作也唐太宗問李靖楚廣與周制如何靖曰周制一乘步卒七十二人甲士三人以二十五人爲一甲凡三甲共七十五人然則一丘所出十有八人積四丘而具一乘耳今作丘甲者即丘出一甲是一甸之中共百人爲丘矣則未知其所作者三甸而增一乘乎每乘而增一甲乎魯至昭公時嘗蒐于紅革車千乘則計甸而增乘未可知也楚人二廣之法一乘至用百有五十人則魯每乘而增一甲亦未可知也賦雖不同其實皆爲益兵其數皆增三之一耳先儒或言甲非人人之所能爲又以爲丘出甸賦加四倍者誤矣

夏臧孫許及晉侯盟于赤棘

初宣公謀以晉人去三桓歸父爲是見逐而奔齊矣今季孫當國恨齊人之立宣公納歸父又懼晉侯之或見討也故往結此盟赤棘晉地也其稱及魯所欲也盟非春秋所貴而惡屢盟者非惟長

亂亦國用民力所艱給也成公即位之初方經大故未有施舍已
責逮鰥寡救乏困之事也爲齊難既作丘甲矣聞將出楚師又遠
與晉尋盟豈固本保邦之道乎書及晉侯盟于赤棘非特備齊懼
晉蓋三桓懷忿懟君父之心將有事於齊而汲汲欲之者罪可見
矣

秋王師敗績于茅戎

程氏曰王師於諸侯不言敗諸侯不可敵王也於夷狄不言戰夷
狄不能抗王也不可敵不能抗者理也其敵其抗王道之失也桓
王伐鄭兵敗身傷而經不書敗存君臣之義立天下之防也劉康
公邀戎伐之敗績於徐吾氏而經不書戰辨華夷之分立中國之
防也是皆聖人筆削非魯史之舊文也然筆於經者雖以尊君父
外戎狄爲義而君父所以尊戎狄所以服則有道矣桓王不以討
賊興師而急於伐鄭康公不以惇信持國而輕於邀戎是失其所
以君天下禦四夷之道也書敗績于茅戎者言自敗也其自反亦

至矣
冬十月
二年春齊侯伐我北鄙
初魯事齊謹甚雖易世而聘會不絕也及與晉侯盟于斷道而後怨隙成再盟于赤棘而後伐吾北鄙齊侯之興是役非義矣魯人爲鞌之戰豈義乎同日憤兵務相報復而彼此皆無善者則亦不待貶而罪自見矣
夏四月丙戌衛孫良夫帥師及齊師戰于新築衛師敗績
齊師侵虐而以衛主此戰何也衛侯初與晉同盟于斷道矣又使世子臧與晉同伐齊矣又使孫良夫石稷將侵齊矣及與齊師遇石稷欲還良夫不可曰以師伐人遇其師而還將謂君何若知不能則如無出今既遇矣不如戰也遂戰于新築故齊師雖侵虐而此戰以衛主之也春秋善解紛貴遠怨而惡以兵刃相接故書法如此

六月癸酉季孫行父臧孫許叔孫僑如公孫嬰齊帥師會晉郤克衛孫良夫曹公子首及齊侯戰于鞌齊師敗績

大國三軍次國二軍魯雖大國而四卿並將是四軍也當此時舊制猶存尺地皆公室之土也一民皆公室之兵也上卿行父與僑如嬰齊各帥一軍會戰而臧孫許如晉乞師又逆晉師爲之道本不將兵特往來晉魯兩軍之間預謀議耳成公初立主幼國危爲季孫一怒掃境內興師而四卿並出肆其憤欲雖無人乎成公之側有不恤也然後政自季氏出矣將稱元帥略其副屬詞之體也而四卿皆書者豈特爲詳內録哉堅氷之戒亦明矣經之大例受伐者爲主而止以四國及之者以一笑之微殘民毒衆幾獲其君而怒猶未怠焚雍門之茨侵車東至海故以四國主之爲憤兵之大戒見諸行事深切著明矣

秋七月齊侯使國佐如師己酉及國佐盟于袁婁

齊國佐如師與楚屈完來一也然陘之役則曰來盟于師盟于召

陵鞌之戰則曰及國佐盟于袁婁何也荆楚暴橫憑陵諸夏齊桓公仗義聲罪致討威行江漢之上不待加兵而楚人帖服其書來盟于師者楚人自服而求盟也盟于召陵者桓公退舍禮與之盟也在春秋時斯爲善矣若夫袁婁則異於是齊雖侵虐未若荆楚之暴也諸國大夫含憤積怒欲雪一笑之恥至於殺人盈野非有擊強扶弱之心國佐如師將以賂免非服之也晉大夫又不以德命使齊人盡東其畝而以蕭同叔子爲質夫蕭同叔子齊君之母也則亦悖矣由是國子不可請合餘燼背城借一揖而去之郤克使魯衛之使以其詞爲之請逮乎袁婁而與之盟則汲汲欲盟者晉也故反以晉人及之若此類見曲直之繩墨矣是故制敵莫如仗義天下莫大於理而強有力不與焉亦可謂深切著明矣

八月壬午宋公鮑卒庚寅衛侯速卒取汶陽田

汶陽之田本魯田也取者得非其有之稱不曰復而謂之取何也恃大國兵力一戰勝齊得其故壤而不請於天王以正疆理則取

之不以其道與得非其有奚異乎然則冝奈何致於建邦土地之圖若在封域之中則先王所錫先祖所受經界世守不可亂矣不然侵小得之春秋固有興滅國繼絕世之義必有處也曾在戰國時地方五百里而孟氏語慎子曰如有王者作在所損乎在所益乎經於復其故田而書取所損益亦可知矣

冬楚師鄭師侵衛十有一月公會楚公子嬰齊于蜀

按左氏魯衛受盟于晉從於伐齊故楚為陽橋之役令尹子重曰師衆而後可於是王卒盡行二國稱師著其衆也侵衛則書侵我師于蜀致賂納質没而不書非諱也書其重者則莫重乎其以中國諸侯降班失列下與夷狄之大夫會也季孫行父為國上卿當使其君尊榮其民免於侵陵之患而危辱至此特起於忿忮肆其褊心而不知制之以禮也書曰必有忍乃其有濟懲忿窒慾德之修也不忮不求行之善也躬自厚而薄責於人遠怨之方也季孫忿忮弗能懲也而辱逮君父不亦憯乎故春秋史外傳心之要典

也故其行事深切著明於以反求諸己則亦知戒矣

丙申公及楚人秦人宋人陳人衛人鄭人齊人曹人邾人薛人鄫人盟于蜀

盟而會與必先書公尊內也文書主盟者衆所推也此書公及楚人則知主盟者楚也公子嬰齊秦右說宋華元陳公孫寧衛孫良夫鄭去疾皆國卿也何以稱人楚僭稱王春秋黜之比諸夷狄晉雖不競猶主夏盟諸侯苟能任仁賢修政事保固疆圉要結鄰好同心擇義堅事晉室荆楚雖大何畏焉今乃西向服從而與之盟不亦恥乎古者用夏服夷未聞服於夷也乃是之從亦爲不善擇矣經於魯君盟會不信則諱公而不書不臣則諱公而不書棄中國從夷狄則諱公而不書蜀之盟棄晉從楚書公不諱何也事同而既貶則從同同正始之義也從荆楚而與盟既諱公於僖十九年齊之盟矣是以於此不諱而人諸國之大夫以見意也

三年春王正月公會晉侯宋公衛侯曹伯伐鄭

按左氏諸侯伐鄭討邲之役也遂東侵鄭公子偃帥師禦之覆諸鄤敗諸丘輿夫討邲之役則復怨勦民非觀釁也遂東侵則潛師掠境非以律也覆而敗諸則專用詐謀非正勝也度彼參此皆無善也略而不紀勝負微也晉侯稱爵而以伐書何也初爲是役必以鄭之從楚也附蠻夷擾中國則盟主有詞于伐耳宋衛未葬曷爲稱爵背殯越境以吉禮從金革之事也

辛亥葬衛穆公二月公至自伐鄭甲子新宫災三日哭

廟災而哭禮也得禮爲常事則何以書緱氏劉絢曰新宫者宣宫也不曰宣宫者神主未遷也知然者丹楹刻桷皆稱桓宫此不舉謚故知其未遷也宫成而主未入遇災而哭何禮哉宣公薨至是二十有八月緩於遷主可知矣言災則不恭之致亦自見矣此説據經爲合或曰禮稱有焚其先人之室則三日哭新宫將以安神主也雖未遷而哭不亦可乎曰先人之室蓋嘗寢於斯食於斯曾族屬於斯其居處笑語之所在皆可想也事死如事生故有焚其

室則哭之禮也神主未遷而哭於人情何居

乙亥葬宋文公

按左氏文公卒始厚葬益車馬重器備君子謂華元樂舉於是乎不臣孜於經未有以驗其厚也數其葬之月則信然矣天子七月諸侯五月大夫三月士踰月以降殺遲速爲禮之節不可亂也文公之卒國家安靖外無危難曷爲越禮踰時遠乎七月而後克襄事哉故知華元樂舉之棄君於惡而益其侈無疑矣夫禮之厚薄稱人情而爲之者也宋公在殯而離次出境從金革之事哀戚之情忘矣顧欲厚葬其君親此非有所不忍於死者特欲誇耀淫侈無知之人耳世衰道微禮法既壞無以制其侈心至於秦漢之間窮竭民力以事丘隴其禍有不可勝言者春秋據事直書而其失自見此類是也豈不爲永戒哉

夏公如晉鄭公子去疾帥師伐許公至自晉

宣公薨至是三年之喪畢矣宜入朝京師見天子受王命然後歸

而即政可也嗣守社稷之重而不朝于周以拜汶陽田之故而往朝于晉其行事亦悖矣此春秋所爲作也公行多不致其書公至自晉何其至也必有以也

秋叔孫僑如帥師圍棘

按左氏取汶陽之田棘不服故圍之復故地而民不聽至於命上將用大師環其邑而攻之何也魯於是時初稅畝作丘甲稅役日益重矣棘雖復歸故國所以不願爲之民也歟成公不知薄稅斂輕力役修德政以來之而肆其兵力雖得之亦必失之矣

大雩晉郤克衛孫良夫伐廧咎如

冬十有一月晉侯使荀庚來聘衛侯使孫良夫來聘丙午及荀庚盟丁未及孫良夫盟

劉敞曰諸侯有聘無盟聘禮也盟非禮也庚與良夫不務引其君當道而生事專命爲非禮不信以干先王之典故不繫於國以見其遂事之辱非人臣之操此説然也其言及者公與之盟而不言

公見二卿之伉也盟者春秋所惡於惡之中又有惡焉者此類是矣

鄭伐許

稱國以伐狄之也晉楚爭鄭鄭兩事焉及邲之敗於是乎專意事楚不通中華晉雖加兵終莫之聽也至此一歲而再伐許甚矣夫利在中國則從中國利在夷狄則從夷狄而不擇於義之可否以爲去就其所以異於夷者幾希况又淩弱犯寡一歲之中而再動干戈於鄰國不旣甚乎春秋之法中國而夷狄行者則狄之所以懲惡也以爲告詞略而從告乃實錄耳一字爲襃貶義安在也

四年春宋公使華元來聘三月壬申鄭伯堅卒杞伯來朝夏四月甲寅臧孫許卒公如晉葬鄭襄公秋公至自晉冬城鄆鄭伯伐許

前此鄭襄公伐許旣狄之矣今悼公又伐許乃復稱爵何也喪未踰年以吉禮從金革之事則忘親矣稱爵非美詞所以著其惡也

五年春王正月杞叔姬來歸

前書杞伯來朝左氏以爲歸叔姬也此書杞叔姬來歸則出也春秋於內女其歸其出録之詳者男女居室人之大倫也男子生而願爲之有室女子生而願爲之有家父母之心人皆有之而不能爲之擇家與室則夫婦之道苦淫僻之罪多矣王法所重人倫之本録之詳也爲世戒也

仲孫蔑如宋夏叔孫僑如會晉荀首于穀梁山崩

梁山韓國也詩曰奕奕梁山韓侯受命而謂之韓奕者言奕然高大爲韓國之鎮也後爲晉所滅而大夫韓氏以爲邑焉書而不繫國者爲天下記異是以不言晉也左氏載絳人之語於禮文備矣而未記其實也夫降服乘縵徹樂出次祝幣史詞六者禮之文也古之遭變異而外爲此文者必有恐懼修省之心主於內若成湯以六事撿身高宗克正厥事宣王側身修行欲銷去之是也徒舉其文而無實以先之何足以弭災變乎夫國主山川至於崩竭當時諸侯未聞有戒心而修德也故自是而後六十年間弑君十有

四亡國三十二其應亦憯矣春秋不明著其事應而事應具存其可忽諸

秋大水冬十有一月己酉天王崩十有二月己丑公會晉侯齊侯宋公衛侯鄭伯曹伯邾子杞伯同盟于蟲牢

按左氏許靈公愬鄭伯于楚鄭伯如楚訟不勝歸而請成于晉盟于蟲牢鄭服也鄭服則何以書同盟天王崩赴告已及在諸侯之策矣以所聞先後而奔喪禮也而九國諸侯會盟不廢故特書同盟以見其皆不臣春秋惡盟誓於惡之中又有惡焉者此類是也

六年春王正月公至自會二月辛巳立武宮

武宮武公之宮立武宮非禮也喪事即遠有進而無退宮廟即遠有毀而無立故二昭二穆與太祖而五者諸侯之廟制也曰考廟曰王考廟曰皇考廟皆月祭焉曰顯考廟曰祖考廟享嘗乃止去祖爲壇去壇爲墠壇墠有禱則祭無禱乃止去墠爲鬼諸侯之祭法也武公至是歷卅十一其毀已久而輒立焉非即遠有終之意

故特書曰立立者不宜立也

取鄟

鄟微國也書取者滅之也滅而書取爲君隱也項亦國也其書滅者以僖公在會季孫所爲故直書其事而不隱此春秋尊君抑臣以辨上下謹於微之意也人倫之際差之毫釐繆以千里故仲尼特立此義以示後世臣子使以道事君而無朋附權臣之惡於傳有之犯上干主其罪可救乖忤貴臣禍在不測故臣子多不憚人主而畏權臣如漢谷永之徒直攻成帝不以爲嫌至於王氏則周旋相比結爲死黨而人主不之覺此世世之公患也歸父家遣縁季氏也朝吴出奔因無極也王章殺身忤王鳳也鄴侯寄館避元載也惟殺生在下而人主失其柄也是以黨與衆多知有權臣而不知有君父矣使春秋之義得行尊君抑臣以辨上下每謹於微豈有此患乎

衛孫良夫帥師侵宋夏六月邾子來朝公孫嬰齊如晉壬申鄭伯費

卒秋仲孫蔑叔孫僑如帥師侵宋

魯遣二卿爲主將動大衆焉有事於宋而以侵書者潛師侵掠無名之意蓋陋之也於衛孫良夫亦然上三年嘗會宋衛同伐鄭矣次年宋使華元來聘通嗣君矣又次年魯使仲孫蔑報華元矣是年冬鄭伯背楚求成于晉而魯衛與宋又同盟于蟲牢矣今而有事於宋上卿授鉞大衆就行而師出無名可乎故特書侵以罪之也左氏載此師晉命也後二年宋來納幣請伯姬焉則此師爲晉而舉非魯志明矣兵戎有國之重事邦交人道之大倫聽命於人不得已焉將能立乎春秋所以罪之也

楚公子嬰齊帥師伐鄭冬季孫行父如晉晉欒書帥師救鄭

荆楚僭號稱王聖人比諸夷狄而不赦者大一統以存周使民著於君臣之義也鄭能背夷即華是改過遷善出幽谷而遷喬木也嬰齊爲是帥師又因其喪而伐之不義甚矣經所以深惡之也書卿帥師伐鄭於文無貶詞何以知其深惡楚也下書欒武子帥師

救鄭則知之矣凡書救者未有不善之也而伐者之罪著矣按左氏晉楚遇于桑隧軍帥之欲戰者八人武子遂還則無功也亦何善之有曰此春秋之所以善欒書也兩軍相加兵刃既接折馘執俘計功受賞此非仁人之心王者之事故舞干而苗格者舜也因壘而崇降者文也次于陘而屈完服者齊桓也會于蕭魚而鄭不叛者晉悼也武子之能不遷戮而知還也亦庶幾哉

七年春王正月鼷鼠食郊牛角改卜牛鼷鼠又食其角乃免牛

穀梁子曰郊牛日展斛角而知傷展道盡矣其所以備災之道不盡也改卜牛鼷鼠又食其角則亡乎人矣非人之所能也所以免有司之過也有司免過即變異也其應云何許翰曰小害大下賊上食而又食三桓子孫相繼之象也宣公有虞三桓之志至成始帶戒矣理或然也

吳伐郯

稱國以伐狄之也吳本太伯之後以族屬言則周之伯父也何以

狄之爲其僭天子之大號也按國語云命圭有命固曰吳伯不曰吳王然則吳本伯爵也後雖益熾浸與中國會盟進而書爵不過曰子亦不以本爵與之故紀於禮書曰四夷雖大皆曰子此春秋之法仲尼之制也而以爲不敢擅進退諸侯亂名實者誤矣

夏五月曹伯來朝不郊猶三望

吳郡朱長文曰禮天子有四望諸侯則祭境内山川而已魯當祭太山太山魯之境也禮所得祭故不書三望僭天子禮是以書之其説是矣楚子軫言三代命祀祭不越望而曰江漢沮漳楚之望非也楚始受封濱江之國漢水沮漳豈其境内哉此亦據後世并兼封略言之爾

秋楚公子嬰齊帥師伐鄭公會晉侯齊侯宋公衛侯曹伯莒子邾子杞伯救鄭八月戊辰同盟于馬陵

楚人軍旅數起頻年伐鄭以其背己而從諸夏也與莊之欲討徵舒而入陳亦異矣書大夫之名氏書帥師書伐而無貶詞者所謂

不待貶絕而罪自見者也晉合八國之君親往救鄭則攘夷狄安中國之師也欲著其善故特書救鄭以美之言救則楚罪益明而鄭能背夷即華善亦著矣前此晉遣上將諸國不與焉此則其君自行而會合諸國則楚人暴横憑陵諸夏之勢益張亦可見矣故盟于馬陵而書同盟者同病楚也

公至自會吴入州來冬大雩衛孫林父出奔晉

春秋傳卷第二十

成公下

八年春晉侯使韓穿來言汶陽之田歸之于齊

汶陽之田本魯田也魯人恃大國之威以兵力脅齊得其故地而不正疆里於天王則取之不以其道也郤克戰勝令於齊曰反魯衛之侵地齊既從之今復有命俾歸諸齊則歸之不以其道也而齊人貪得晉有二命穿也列卿無所諫止皆罪矣來言者緩詞也歸之于者易詞也爲國以禮者無憚於強而魯侯微弱遂以歸齊而不能保罪亦見矣

晉欒書帥師侵蔡公孫嬰齊如莒宋公使華元來聘夏宋公使公孫壽來納幣

納幣不書此何以書公孫壽卿也納幣使卿非禮也禮不可略亦不可過惟其稱而已矣略則輕大倫過則溺私愛宋公之請伯姬魯侯之嫁其女皆致其厚者也而不知越禮踰制豈所以重大婚

之禮哉經悉書之爲後法也

晉殺其大夫趙同趙括

按左氏趙莊姬爲趙嬰之亡譖于晉侯曰原屏將爲亂欒郤爲證晉討趙同趙括以其田與祁奚韓厥言於君曰成季之勳宣孟之忠而無後爲善者懼矣乃立武而反其田然則同括無罪爲莊姬所譖而欒郤害之也故稱國以殺而不去其官以見晉之失政刑矣

秋七月天子使召伯來賜公命

諸侯嗣立而入見則有賜已修聘禮而來朝則有賜能敵王所愾而獻功則有賜成公即位服喪已畢而不入見既更五服一朝之歲矣而不如京師又未嘗敵王所愾而有功也何爲來賜命乎召伯者縣內諸侯爲王卿士者也來賜公命罪邦君之不王譏天子之僭賞也臨諸侯曰天王君天下曰天子蓋一人之通稱

冬十月癸卯杞叔姬卒晉侯使士燮來聘叔孫僑如會晉士燮齊人

邾人伐郯

按左氏士燮來聘言伐郯也以其事吴故公請緩師不可吴初伐郯季孫固曰中國不振旅蠻夷入伐而莫之或恤亡無日矣當其時既不能救及其既成豈獲已也而又率諸國伐之何義乎前書來聘下書會伐晉侯之爲盟主可見矣魯既知其不可從大國之令而不敢違其不能立亦可知矣

衛人來媵

媵者何諸侯有三歸嫡夫人行則姪娣從二國來媵亦以姪娣從凡一娶九女所以廣繼嗣三國來媵非禮也夫以禮制欲則治以欲敗禮則亂而諸侯一娶十有二女則是以欲敗禮矣備書三國以明逾制爲後戒也

九年春王正月杞伯來逆叔姬之喪以歸

凡筆於經者皆經邦大訓也杞叔姬一女子尔而四書于策何也有男女然後有夫婦有夫婦然後有父子故春秋慎男女之配重

大昏之禮以是爲人倫之本也事有大於此者乎男而賢也得淑女以爲配則自家刑國可以移風俗女而賢也得君子以爲歸則承宗廟奉祭祀能化天下以婦道豈曰小補之哉夷攷杞叔姬之行雖賢不若宋共姬亦不至如鄫季姬之越禮也杞伯初來朝魯然後出之卒而復逆其喪以歸者豈非叔姬本不應出故魯人得以義責之使復歸葬乎魯在春秋時內女之歸不得其所者有矣聖人詳録其始卒欲爲後鑒使得有終而無弊也其經世之慮遠矣

公會晉侯齊侯宋公衛侯鄭伯曹伯莒子杞伯同盟于蒲

按左氏爲歸汶陽之田故諸侯貳於晉晉人懼會於蒲以尋馬陵之盟夫盟非固結之本也衛獻公言於甯喜求復國喜曰必子鮮在不然必敗小邾射以勾繹來奔曰使季路要我吾無盟夫信在言前者不言而自喻誠在令外者不令而自行晉初下令於齊反魯衛之侵地而齊不敢違者以其順也齊既從之魯君親往拜其

賜矣復有二命俾歸諸齊一與一奪信不可知無或乎諸侯之解
體也晉人不知反求諸已惇信明義以補前行之愆而又欲刑牲
歃血要質鬼神以御之是從事於末而不知本矣特書同盟以罪
晉也

公至自會二月伯姬歸于宋夏季孫行父如宋致女晉人來媵

致女者何女既嫁三月而廟見則成婦矣而後父母使人安之故
謂之致也常事爾何以書致女使卿非禮也經有因褒以見貶者
初獻六羽之類是也亦有因貶以見褒者致女來媵是也伯姬賢
行著於家故致女使卿特厚其嫁遣之禮賢名聞於遠故諸國爭
媵信其無妬忌之行程氏以爲一女子之賢尚聞於諸侯況君子
哉或曰魯女雖賢豈能聞於遠乎曰古者庶女與非敵者則求爲
媵固爲之擇賢小君則諸侯之賢女自當聞矣

秋七月丙子齊侯無野卒晉人執鄭伯晉欒書帥師伐鄭

按左氏楚人以重賂求鄭鄭伯會公子成于鄧秋鄭伯如晉晉人

討其貳於楚執諸銅鞮欒書伐鄭鄭使伯蠲行成晉人殺之楚子重侵陳以救鄭稱人而執者既不以王命又不歸諸京師則非伯討也殺伯蠲不書者既執其君矣則行人爲輕亦不足紀也楚子重侵陳與處父救江何異削而不書者鄭亦有罪焉耳夫背夷即華正也今以重賂故又與楚會則是惟利之從而不要諸義也故鄭無可救之善楚不得有能救之名

冬十有一月葬齊頃公楚公子嬰齊帥師伐莒庚申莒潰楚人入鄆

按左氏楚子重自陳伐莒圍渠丘城惡衆潰楚師圍莒莒城亦惡庚申莒潰楚遂入鄆孟子曰鑿斯池也築斯城也與民守之効死而民不去是則可爲也夫鑿池築城者爲國之備所謂事也効死而民不去爲國之本所謂政也莒恃其陋不修城郭浹辰之間楚克其三都信無備矣然兵至而民逃其上不能使民効死而不去則昧於爲國之本也雖隆莒之城何益乎故經於莒潰特書曰以謹之者以明城郭溝池重門擊柝皆守邦之末務必以固本安民

爲政之急耳

秦人白狄伐晉

經所謹者華夷之辨也晉嘗與白狄伐秦秦亦與白狄伐晉族類不復分矣其稱人貶詞也武王伐商誓師牧野庸蜀羌髳微盧彭濮皆與焉豈亦不謹乎除天下之殘賊而出民於水火之中雖蠻夷戎狄以義驅之可也亦慮其同惡相濟貽患於後也中國友邦自相侵伐已爲不義又與非我族類者共焉不亦甚乎晉既失信復聽婦人讒說殺其世臣而諸侯皆貳秦狄交伐比事以觀可謂深切著明矣

鄭人圍許城中城

經世安民視道之得失不倚城郭溝池以爲固也穀梁子謂凡城之誌皆譏其說是矣莒雖恃陋不設備至使楚人入鄆苟有令政使民効死而不潰寇亦豈能入也城非春秋所貴而書城中城其爲儆守益儆矣王公設險以守其國非歟曰百雉之城七里之郭

設險之大端也謹於禮以爲國辨尊卑分貴賤明等威異物采凡所以杜絶陵僭限隔上下者乃體險之大用也獨城郭溝池之足恃乎

十年春衛侯之弟黑背帥師侵鄭

按左氏衛子叔黑背侵鄭晉命也其曰衛侯之弟者子叔黑背生公孫剽孫林父甯殖出衛侯衎而立剽亦以其父有寵愛之私故得立耳此與齊之夷仲年無異其特書弟以爲後戒可謂深切著明矣

夏四月五卜郊不從乃不郊五月公會晉侯齊侯宋公衛侯曹伯伐鄭齊人來媵丙午晉侯獳卒秋七月公如晉

此葬晉侯也而不書諱之也天子之喪動天下屬諸侯諸侯之喪動通國屬大夫公之葬晉侯非禮也唯天子之事焉可也傳以晉人止公送葬諸侯莫在焉魯人辱之故諱而不書非矣假令諸侯皆在魯人不以爲辱而可書乎

冬十月
十有一年春王三月公至自晉晉侯使郤犨來聘己丑及郤犨盟夏
季孫行父如晉秋叔孫僑如如齊冬十月
十有二年春周公出奔晉
按左氏周公楚惡惠襄之偪且與伯輿爭政不勝怒而出王使劉
子復之盟于鄄而入三日復出奔晉夫人主無誠愨之心而下要
大臣盟是謂君不君人臣無忠信之實而上與人主盟是謂臣不
臣既已要質鬼神以入矣又叛盟失信而出奔則是自絕于天也
自周無出而書曰出者見周室衰微刑政號令不行於天下爾
夏公會晉侯衛侯于瑣澤秋晉人敗狄于交剛冬十月
十有三年春晉侯使郤錡來乞師
晉主夏盟行使諸侯從會討貳誰敢不從以霸主之尊而書曰乞
師何也列國疏封雖有大小土地甲兵受之天子不相統屬曾兵
非晉所得專也今晉不以王命與諸侯之師故特書曰乞以見其

卑伏屈損無自反而縮之意矣聖人作春秋無不重内而輕外至於乞師則内外同辭者蓋皆有報怨復讎貪得之心是以如此若夫誅亂臣討賊子請於天王以大義驅之誰不拱手以聽命何至於乞哉噫此聖人所以垂戒後世見諸行事之深切著明者也

三月公如京師夏五月公自京師遂會晉侯齊侯宋公衛侯鄭伯曹伯邾人滕人伐秦

諸侯每歲侵伐四出未有能修朝覲之禮者今公欲會伐秦道自王都不可越天子而往也故皆朝王而不能成朝禮書曰如京師見諸侯之慢也因會伐而行矣又書公自京師以伐秦爲遂事者此仲尼親筆明朝王爲重存人臣之禮也古者諸侯即位服喪畢則朝小聘大聘終則朝巡狩于方嶽則朝覲春秋所載天王遣使者屢矣十二公之述職蓋闕如也獨此年書公如京師又不能成朝禮不敬莫大焉君臣人道之大倫而至於此極故仲尼嘗喟然嘆曰夷狄之有君不如諸夏之亡也爲此懼作春秋或抑或縱或

與或奪所以明君臣之義者至矣其義得行則臣必敬於君子必敬於父天理必存人欲必消大倫必正豈曰小補之哉此以伐秦爲遂事之意也

曹伯盧卒于師秋七月公至自伐秦冬葬曹宣公

十有四年春王正月莒子朱卒夏衛孫林父自晉歸于衛秋叔孫僑如如齊逆女鄭公子喜帥師伐許九月僑如以夫人婦姜氏至自齊

穀梁曰大夫不以夫人以夫人非正也刺不親迎也僑如之不氏一事而再見者卒名耳然則娶于他邦而道里或遠必親迎乎以封壤則有小大以爵次則有尊卑以道途則有遠邇或迎之於其國或迎之於境上或迎之於所館中禮之節可也

冬十月庚寅衛侯臧卒秦伯卒

十有五年春王二月葬衛定公三月乙巳仲嬰齊卒

嬰齊者公子遂之子公孫歸父之弟也歸父出奔齊魯人徐傷其無後也於是使嬰齊後之故書曰仲嬰齊此可謂亂昭穆之序失

父子之親者以後歸父則弟不可爲兄嗣以後襄仲則以父字爲氏亦非矣

癸丑公會晉侯衛侯鄭伯曹伯宋世子成齊國佐邾人同盟于戚晉侯執曹伯歸于京師

稱侯以執伯討也何以爲伯討晉合諸侯伐秦曹宣公卒于師曹人使公子負芻守使公子欣時逆曹伯之喪負芻殺其太子而自立至是晉侯執之又不敢自治而歸于京師使即天刑夫是之謂伯討春秋執諸侯者衆矣未有執得其罪如此者故獨書其爵

公至自會夏六月宋公固卒楚子伐鄭秋八月庚辰葬宋共公宋華元出奔晉宋華元自晉歸于宋宋殺其大夫山宋魚石出奔楚

宋六卿魚氏蕩氏向氏鱗氏皆桓族也華氏戴族也華元爲右師魚石爲左師蕩氏汰而驕共公卒巳葬蕩澤弱公室殺公子肥華元曰我司君臣之訓而不能正罪大矣不能治官敢賴寵乎乃出奔晉魚石將止之魚府曰元反必討是無桓氏也石曰彼多大勳

國人所與不反懼桓氏之無祀於宋也遂自止元於河上元歸使
國人攻桓氏殺蕩山出魚石國然後定元之出奔晉與歸于宋皆
不省文者著其正也書之重詞之複必有美惡焉詞繁而不殺所
以與之也以不賴寵而出奔以國人與胥皆許之討而後入正可
知矣蘇轍謂使元懷祿顧寵重於出奔則不能討此說是也山不
書氏背其族也背其族者伐其本也人而無本人道絕矣葛藟猶
能芘其本根況於人而忍伐其本乎

冬十有一月叔孫僑如會晉士燮齊高無咎宋華元衛孫林父鄭公
子鰌邾人會吳于鍾離

吳以號舉夷之也會而殊會外之也殊會有二義會王世子于首
止意在尊王室不敢與世子抗也會吳于鍾離于柤于向意在賤
夷狄而罪諸侯不能與之敵也夫以太伯至德是始有吳以族言
之則周之伯父也至其後世遂以號舉者以其僭竊稱王不能居
中國之爵號耳成襄之間中國無霸齊晉大國亦皆俛首東向而

親吴聖人蓋傷之故特殊會可謂深切著明矣

許遷于葉

十有六年春王正月雨木冰

雨木冰者雨而木冰也何休曰木者少陽幼君大臣之象冰者凝陰兵之類也冰脅木者君臣將執於兵之徵未幾而有沙隨苕丘之事天人之際休咎之應焉可誣也而欲盡廢五行傳亦過矣

夏四月辛未滕子卒鄭公子喜帥師侵宋六月丙寅朔日有食之晉侯使欒黶來乞師甲午晦晉侯及楚子鄭伯戰于鄢陵楚子鄭師敗績

不書師敗績以其君親集矢於目而身傷爲重也當是時兩軍相抗未有勝負之形晉之捷也亦幸焉爾幸非持勝之道范文子所以立於軍門有聖人能內外無患盍釋楚以爲外懼之戒乎楚師雖敗其勢益張晉遂怠矣卒有欒氏之譖而誅三郤國內大亂聖人備書以見行事之深切著明也

楚殺其大夫公子側秋公會晋侯齊侯衛侯宋華元邾人于沙隨不見公

臣子之於君父揚其美不揚其惡爲尊者諱爲親者諱禮也聖人假魯史以示王法其於魯事有君臣之義故君弑則書薨易地則書假滅國則書取出奔則書遜屈已而與強國之大夫盟則書及叛盟失信而莫適守則没公而書會凡此類雖不没其實示天下之公必隱避其辭以存臣子之禮然則沙隨之會晋不見公是魯侯之大辱深可耻焉者矣曷爲直書其事而不諱乎曰春秋伸道不伸邪榮義不榮勢正已而無恤乎人以仁禮存心而不憂横逆之至者也沙隨之會魯有内難師出後期所當恤者晋人聽叔孫僑如之譖怒公而不見曲在晋矣魯侯自反非有背仁棄禮不忠之咎也昔曾子嘗聞大勇於夫子曰自反而縮雖千萬人吾往矣孟子言浩然之氣至大至剛以直養而無害則塞乎天地之間沙隨之不見於公何歉乎直書而不諱者示天下後世使知大勇浩

然之氣所以守身應物如此其垂訓之義大矣

公至自會公會尹子晉侯齊國佐邾人伐鄭曹伯歸自京師

曹伯不名其位未嘗絶也不絶其位所以累乎天王也其言自京師王命也言天王之釋有罪也善不蒙賞惡不即刑以堯爲君舜爲臣雖得天下不能一朝居也負芻殺世子而自立不能因晉之執寘諸刑典而使復國則無以爲天下之共主矣

九月晉人執季孫行父舍之于苕丘冬十月乙亥叔孫僑如出奔齊十有二月乙丑季孫行父及晉郤犫盟于扈公至自會乙酉刺公子偃

按左氏宣伯通於穆姜欲去季孟而取其室戰于鄢陵之日公將行穆姜送公而使逐二子公以晉難告曰請反而聽命姜怒公子偃公子鉏趨過指之曰女不可是皆君也公待於壞隤申宫儆備設守而後行是以後使孟獻子守于公宫宣伯使告郤犫曰魯侯待于壞隤以待勝者郤犫取貨于宣伯而訴公于晉侯晉侯不見

公公會諸侯伐鄭將行姜又命公如初公又申守而行宣伯使告郤犨曰魯之有季孟猶晉之有欒范也政令於是乎成今其謀曰晉政多門不可從也寧事齊楚有亡而已蔑從晉矣若欲得志於魯請止行父而殺之我斃蔑也不然歸必叛晉人執季文子于苕丘公還待于鄆使子叔聲伯請季孫于晉郤犨曰苟去仲孫蔑而止季孫行父吾與子國親於公室對曰僑如之情子必聞之矣若去蔑與行父是大棄魯國而罪寡君也若猶不棄使寡君得事晉君則夫二人者魯國社稷之臣也若朝亡之魯必夕亡范文子謂欒武子曰季孫於魯相二君矣妾不衣帛馬不食粟可不謂忠乎信讒慝而棄忠良若諸侯何乃許魯平赦季孫出叔孫僑如而盟之季孫及郤犨盟于扈歸刺公子偃

十有七年春衛北宮括帥師侵鄭夏公會尹子單子晉侯齊侯宋公衛侯曹伯邾人伐鄭六月乙酉同盟于柯陵秋公至自會齊高無咎出奔莒九月辛丑用郊

郊之不時未有甚於此者也故特曰用郊用者不宜用也或曰蓋
以人享叩其鼻血以薦也古者六畜不相爲用況敢用人乎
晉侯使荀罃來乞師冬公會單子晉侯宋公衛侯曹伯齊人邾人伐
鄭十有一月公至自伐鄭壬申公孫嬰齊卒于貍脤十有二月丁巳
朔日有食之邾子貜且卒晉殺其大夫郤錡郤犨郤至楚人滅舒庸
十有八年春王正月晉殺其大夫胥童庚申晉弒其君州蒲
弒君天下之大罪討賊天下之大刑春秋合於人心而定罪聖人
順於天理而用刑固不以大霈釋當誅之賊亦不以大刑加不弒
之人然趙盾以不越境而書弒許世子止以不嘗藥而書弒鄭歸
生以憚老懼讒而書弒楚公子比以不能效死不立而書弒齊陳
乞以廢長立幼而書弒晉欒書身爲元帥親執厲公於匠麗氏使
程滑弒公而以車一乘葬之於翼東門之外而春秋稱國以弒其
君而不著欒書之名氏何哉仲尼無私與天爲一奚獨於趙盾許
止歸生楚比陳乞則責之甚備討之甚嚴而於欒武子闊略如此

乎學者深求其旨知聖人誅亂臣討賊子之大要也而後可與言
春秋矣

齊殺其大夫國佐公如晉夏楚子鄭伯伐宋宋魚石復入于彭城

此伐宋以納魚石其不曰納宋魚石于彭城何也劉敞曰不與納也諸侯失國諸侯納之正也諸侯世也大夫失位諸侯納之非正也大夫不世也諸侯託於諸侯禮也大夫託於諸侯非禮也其言復入者已絕而復入惡之甚者宋魚石晉欒盈是矣

公至自晉晉侯使士匄來聘秋杞伯來朝八月邾子來朝築鹿囿己丑公薨于路寢冬楚人鄭人侵宋晉侯使士魴來乞師十有二月仲孫蔑會晉侯宋公衛侯邾子齊崔杼同盟于虛朾丁未葬我君成公

春秋傳卷第二十一

襄公上

元年春王正月公即位仲孫蔑會晉欒黶宋華元衛甯殖曹人莒人邾人滕人薛人圍宋彭城

按左氏曰非宋地追書也然則書圍彭城者魯史舊文也曰圍宋彭城者仲尼親筆也楚已取彭城封魚石戍之三百乘矣則曷爲繫之宋楚不得取之宋魚石不得受之楚雖專其地君子不登叛人所以正疆域固封守謹王度也

夏晉韓厥帥師伐鄭仲孫蔑會齊崔杼曹人邾人杞人次于鄫

楚人釋君而臣是助事已悖矣晉於是乎降彭城以魚石等歸遂伐鄭而諸侯次于鄫此皆放於義而行者也傳書楚子辛救鄭而經不書者鄭本爲楚以其君之故親集矢於目是以與楚而不貳也棄中國從蠻夷不能以大義裁之惟私欲之從則鄭無可救之善楚不得有能救之名經所以削之不言救也

秋楚公子壬夫帥師侵宋九月辛酉天王崩邾子來朝冬衛侯使公孫剽來聘晉侯使荀罃來聘

簡王崩赴告已及藏在諸侯之策矣則宜以所聞先後而奔喪今邾子方來修朝禮衛侯晉侯方來修聘事於王喪若越人視秦人之肥瘠曾不與焉而左氏以爲禮此何禮乎滕定公薨世子定爲三年喪父兄百官皆不欲曰吾宗國魯先君莫之行也喪紀益廢民習於耳目而不察故後世以日易月人子安而行之不知春秋之義無君臣之禮豈不惜哉

二年春王正月葬簡王鄭師伐宋夏五月庚寅夫人姜氏薨六月庚辰鄭伯睔卒晉師宋師衛甯殖侵鄭秋七月仲孫蔑會晉荀罃宋華元衛孫林父曹人邾人于戚己丑葬我小君齊姜叔孫豹如宋冬仲孫蔑會晉荀罃齊崔杼宋華元衛孫林父曹人邾人滕人薛人小邾人于戚遂城虎牢

虎牢鄭地故稱制邑至漢爲成皐今爲汜水縣巖險聞於天下猶

虞之平陽趙之上黨魏之安邑燕之榆關吳之西陵蜀之漢樂地有所必據城有所必守而不可以棄焉者也有是險而不能守故不繫於鄭然則據地設險亦所貴乎天險不可升也地險山川丘陵也王公設險以守其國大易之訓也城郭溝池以爲固六君子之所謹也鑿斯池築斯城與民同守孟子之所以語滕君也夫狄焉思啓封疆而爭地以戰殺人盈野爭城以戰殺人盈城者固非春秋之所貴守天子之土繼先君之世不能設險守國將至於遷潰滅亡亦非聖人之所與故城虎牢而不繫於鄭程氏以爲責鄭之不能有也其聖人以待衰世之意小康之事耶

楚殺其大夫公子申

三年春楚公子嬰齊帥師伐吳公如晉夏四月壬戌公及晉侯盟于長樗公至自晉六月公會單子晉侯宋公衛侯鄭伯莒子邾子齊世子光己未同盟于雞澤

同盟或以爲有三例一則王臣預盟而書同二則諸侯同欲而書

同三則惡其反覆而書同夫惡其反覆與諸侯同欲而書同信矣王臣預盟而書同義則未安盟于女栗及蘇子也而不書同盟于洮于翟泉會王人也而不書同然則此三盟者正所謂諸侯同欲而書同盟也其同欲柰何同病楚也會于柯陵之歲夏伐鄭楚人師于首止而諸侯還冬伐鄭楚人師于汝上而諸侯還雞澤之盟陳袁僑如會楚師在繁陽而韓獻子懼平丘之行楚棄疾立復封陳蔡而中國恐是知此三盟者諸侯皆有戒心而修盟故稱同不以尹子單子劉子亦預此盟而譏之也夫王臣將命必惇信明義而後可以表正乎天下諸侯守邦必尊王奉法而後可以保其社稷今王臣下與諸侯約誓諸侯亦敢上與王臣要言斯大亂之道也則亦不待書同盟而罪自見矣

陳侯使袁僑如會戊寅叔孫豹及諸侯之大夫及陳袁僑盟秋公至自會冬晉荀罃帥師伐許

四年春王三月己酉陳侯午卒

午者襄公名也孔子作春秋在哀公之世襄宫哀公之皇考也曷不諱乎古者死而無謚不以名爲諱周人以謚易名於是乎有諱禮故孟子曰諱名不諱姓姓所同也名所獨也然禮律所載則有不諱者夫子兼帝王之道參文質之中而作春秋以法萬世如公薨不地滅國書取出奔稱遜之類所以放其文也莊公名同而書同盟僖公名申而書戊申定公名宋而書宋人之類所以從其質也後世不明此義則有以諱易人之名者又有以諱易人之姓者詩書則諱臨文則諱嫌名則諱二名則偏諱愚者違禮以爲孝謟者獻佞以爲忠忌諱繁名實亂而春秋之法不行矣

夏叔孫豹如晉秋七月戊子夫人姒氏薨葬陳成公八月辛亥葬我小君定姒冬公如晉陳人圍頓

五年春公至自晉夏鄭伯使公子發來聘叔孫豹鄫世子巫如晉仲孫蔑衛孫林父會吴于善道秋大雩楚殺其大夫公子壬夫公會晉侯宋公陳侯衛侯鄭伯曹伯莒子邾子滕子薛伯齊世子光吴人鄫

人于戚

吴何以稱人按左氏吴子使壽越如晋請聽諸侯之好晋人將爲之合諸侯使魯衛大夫會吴于善道且告會期然則戚之事乃吴人來會不爲主也來會諸侯而不爲主則進而稱人諸侯往與之會而主吴則貶而稱國聖人之情見矣春秋之義明矣

公至自會冬戍陳楚公子貞帥師伐陳公會晋侯宋公衛侯鄭伯曹伯齊世子光救陳十有二月公至自救陳辛未季孫行父卒

六年春王三月壬午杞伯姑容卒夏宋華弱來奔秋葬杞桓公滕子來朝莒人滅鄫

穀梁子曰莒人滅鄫非滅也立異姓以莅祭祀滅亡之道也公羊亦云莒女有爲鄫夫人者蓋欲立其出也或曰鄫取莒公子爲後罪在鄫子不在莒人春秋應以梁亡之例而書鄫亡不當但責莒人也今直罪莒捨鄫何哉曰莒人之以其子爲鄫後與黄歇進李園之妹於楚王吕不韋獻邯鄲之姬於秦公子其事雖殊其欲滅

人之祀而有其國則一也春秋所以釋鄫而罪莒歟以此防民猶
有以韓謚爲世嗣昏亂紀度如郭氏者
冬叔孫豹如邾季孫宿如晉十有二月齊侯滅萊
七年春郯子來朝夏四月三卜郊不從乃免牲小邾子來朝城費
費季氏邑也按左氏南遺爲費宰叔仲昭伯爲隊正欲善季氏而求媚於南遺謂遺請城費吾多與而役故季氏城費夫文子相三君無衣帛之妾無食粟之馬無藏金玉無重器備則固忠於公室而不顧其所食之私邑也及行父卒宿之不忠遂專魯國之政舉小媚之無故勞民妄興是役季氏益張其後孔子行乎季孫三月不違至於師師墮費其越禮不度可知矣然則書城費乃履霜堅冰之戒強私家弱公室之萌據事直書而義自見矣用人不惟其賢惟其世豈不殆哉
秋季孫宿如衛八月螽冬十月衛侯使孫林父來聘壬戌及孫林父盟楚公子貞帥師圍陳十有二月公會晉侯宋公陳侯衛侯曹伯莒

子邾子于鄬鄭伯髡頑如會未見諸侯丙戌卒于鄵
按鄭僖公三傳皆以爲弑而春秋書卒者左氏則曰以瘧疾赴也公羊則曰爲中國諱也穀梁則曰不使夷狄之民加乎中國之君也夫弑而可以僞赴又順其欲而不彰則亂臣賊子免於見討而春秋非傳信之書矣然則弑而書卒二傳以爲爲中國諱不使夷狄之民加中國之君疑得聖人之意顧習其說者未之察爾夫弑君之賊其惡不待貶絶而自見矣見弑者豈無不善之積以及其身者乎衛桓則以嫡母無寵宋殤則以亟戰疲民齊襄則以行同鳥獸鄭夷則以侮慢大臣蔡固則以淫而不父陳平國則以殺諫臣而通于夏氏楚虔則以多行無禮奚齊則以嬖孽而國人不之君吴餘祭則以輕近刑人而晉州蒲欲盡去羣大夫而立其左右也若夫鄭僖公則異於是矣中國者禮義之所出也夷狄者禽獸之與鄰也僖公欲從諸侯會于鄬則是貴禮義爲中國之君也諸大夫欲背諸夏與荆楚則是近禽獸爲夷狄之民也以中國之君

而見弑於夷狄之民豈有不善之積以及其身者乎聖人至是傷之甚懼之甚故變文而書曰鄭伯髡頑如會未見諸侯丙戌卒于鄵未見諸侯其曰如會何致其志也諸侯卒于境内不地鄵鄭邑也其曰卒于鄵見其弑而隱之也汲鄭伯逃歸陳侯聖人之旨微而公穀之義精矣存天理抑人欲之意遠矣

陳侯逃歸

穀梁子曰逃義曰逃逃者匹夫之事上二年諸侯戍陳令楚令尹來伐諸侯又救之亦既勤矣爲陳侯計者下令國中大申儆備立太子以固守親聽命於諸侯謀禦敵之策當是時晋君方明八卿和睦諸侯聽命必能致力於陳矣不此之顧棄儀衛而逃歸此匹夫之事耳夫義路也禮門也輕棄中國惟蠻夷之懼是不能由是路出入是門故書逃歸以罪之可謂深切著明矣

八年春王正月公如晋夏葬鄭僖公鄭人侵蔡獲蔡公子燮季孫宿會晋侯鄭伯齊人宋人衛人邾人于邢丘

蘇轍曰晉悼公修文襄之業改命朝聘之數使諸侯之大夫聽命於會大夫稱人衆詞也朝聘之節儉而有禮衆之所安也臣則以爲大夫稱人貶之也昔周公戒成王以繼自今我其立政立事夫不自爲政而委於臣下是以國之利器示人而不知實也朝聘事之大者重煩諸侯而使大夫聽命無乃以姑息愛人而不由德乎使政在大夫而諸侯失國又豈所以愛之也後此八年溴梁之會悼公初沒諸侯皆在而大夫獨盟君若贅旒夫豈一朝一夕之故哉故邢丘之事魯公在晉而季孫宿會見魯之失正也諸侯之大夫貶而稱人謹其始也

公至自晉莒人伐我東鄙秋九月大雩冬楚公子貞帥師伐鄭

齊宣王問於孟子交鄰國有道乎孟子曰有唯智者爲能以小事大故大王事熏鬻句踐事吴以小事大畏天者也畏天者保其國鄭介大國之間困強楚之令而欲息肩於晉苟能信任仁賢明其刑政經畫財賦以禮法自守而親比四鄰必能保其封境荆楚雖

大何畏焉而子耳子國加兵於蔡獲公子燮無故怒楚所謂不修文德而有武功者也楚人來討不從則力不能敵從之則晉師必至故國人皆喜而子產獨不順焉以晉楚爭鄭自茲弗得寧矣是以獲公子燮特書侵蔡以罪之而公子貞來伐鄭及楚平不復書矣平而不書以見鄭之屈服於楚而不信也犧牲玉帛待於境上以待強者而請盟其能國乎

晉侯使士匄來聘

九年春宋災夏季孫宿如晉五月辛酉夫人姜氏薨秋八月癸未葬我小君穆姜冬公會晉侯宋公衛侯曹伯莒子邾子滕子薛伯杞伯小邾子齊世子光伐鄭十有二月己亥同盟于戲

鄭之見伐於楚子駟欲從楚子展曰小國無信兵亂日至亡無日矣請完守以老楚杖信以待晉其策未爲失也而子駟遂及楚盟於是晉師至矣諸侯伐鄭晉人令於列國脩器備盛餱糧歸老幼居疾于虎牢肆眚圍鄭鄭人恐乃行成荀偃曰遂圍之以待楚人

之救而與之戰不然無成知罃曰許之盟而還師以敝楚吾三分四軍與諸侯之銳以逆來者於我未病楚不能矣猶愈於戰暴骨以逞不可以爭大勞未艾君子勞心小人勞力先王之制也乃許鄭成同盟于戲夫善爲國者不師善師者不陣善陣者不戰知武子明於善陣之法以佐晉悼公屢與諸侯伐鄭楚輒救之而不與之戰楚師遂屈得善勝之道矣故下書蕭魚之會以美之

楚子伐鄭

十年春公會晉侯宋公衛侯曹伯莒子邾子滕子薛伯杞伯小邾子齊世子光會吴于柤夏五月甲午遂滅偪陽公至自會楚公子貞鄭公孫輒帥師伐宋晉師伐秦秋莒人伐我東鄙公會晉侯宋公衛侯曹伯莒子邾子齊世子光滕子薛伯杞伯小邾子伐鄭冬盜殺鄭公子騑公子發公孫輒

按左氏鄭公子騑當國發爲司馬輒爲司空騑與尉止有爭及爲田洫司氏堵氏侯氏子師氏皆喪田故五族聚羣不逞之徒以作

亂入西宫殺三卿于朝不稱大夫程氏以爲失卿職也卿大夫者國君之陪貳政之本也本強則精神折衝聞有偃息談笑而郤敵國之兵勝千里之難者矣乃至於身不能保而盜得殺之於朝安在其爲陪貳乎故削其大夫爲當官失職者之鑒也

戍鄭虎牢楚公子貞帥師救鄭

虎牢之地城不繫鄭者責在鄭也戍而繫鄭者罪諸侯也曷爲責鄭設險所以守國有是險而不能設犧牲玉帛待盟境上使其民人不享土利辛苦墊隘無所底告然後請成故城不繫鄭者責其不能有也曷爲罪諸侯夫鄭人從楚固云不義然中國所以城之者非欲斷荊楚之路爲鄭蔽也駐師阨險以逼之爾至是伐而復戍焉猶前志也則可謂以義服之乎故戍而繫鄭者若曰鄭國分地受諸天子非列國所得專所以罪諸侯也聖人既以虎牢還繫於鄭又書楚公子貞帥師救鄭諸侯之罪益明矣夫以救許楚所以深罪諸侯不能保鄭肆其陵逼曾荊楚之不若也亦可謂深切

著明也哉

公至自伐鄭

十有一年春王正月作三軍

三軍魯之舊也古者大國三軍次國二軍小國一軍魯侯封於曲阜地方數百里天下莫強焉及僖公時能復周公之宇而史克作頌其詩曰公車千乘說者以為大國之賦也又曰公徒三萬說者以為大國之軍也故知三軍魯之舊耳然車而謂之公車則臣下無私乘也徒而謂之公徒則臣下無私民也若有侵伐諸卿更帥以出事畢則將歸於朝車復於甸甲散於丘卒還於邑將皆公家之臣兵皆公家之衆不相係也文宣以來政在私門襄公幼弱季氏益張廢公室之三軍而三家各有其一季氏盡征焉而舊法亡矣是以譏之作其明年季孫宿救台遂入鄆又其後享范獻子而公臣不能具三耦民不屬公可知矣春秋書其作舍以見昭公失國定公無正而兵權不可去公室有天下國家者之所宜鑒也

夏四月四卜郊不從乃不郊鄭公孫舍之帥師侵宋公會晉侯宋公衛侯曹伯齊世子光莒子邾子滕子薛伯杞伯小邾子伐鄭秋七月己未同盟于亳城北公至自伐鄭楚子鄭伯伐宋

盟于亳城北鄭服而同盟也尋復從楚伐宋故書同盟見其既同而又叛也既同而又叛從子展之謀欲致晉師而後與之也故亳之盟其載書曰或間茲命明神殛之俾失其民隊命亡氏踣其國家雖渝此盟而不顧也噫慢鬼神至於此極而盟猶足恃乎

公會晉侯宋公衛侯曹伯齊世子光莒子邾子滕子薛伯杞伯小邾子伐鄭會于蕭魚

程氏曰會于蕭魚鄭又服而請會也不書鄭會謂其不可信也而晉悼公推至誠以待人信鄭不疑禮其囚而歸焉納斥候禁侵掠遣叔肸告于諸侯而鄭自此不復背晉者二十四年至哉誠之能感人也而悼公又能謀於魏絳以息民聽於知武子而不與楚戰故三駕而楚不能與之爭雖城濮之績不越是矣

公至自會楚人執鄭行人良霄冬秦人伐晉

春秋傳卷第二十二

襄公中

十有二年春王三月莒人伐我東鄙圍台季孫宿帥師救台遂入鄆

鄆莒邑也遂者生事也入者逆詞也大夫無遂事受命而救台不受命而入鄆惡季孫宿之擅權使公不得有爲於其國也或曰古者命將得專制閫外之事有可以安國家利社稷者專之可也曰此爲境外言之也台在邦域之中而專行之非有無君之心者不敢爲也昭公逐定無正夫豈一朝一夕之故哉其所由來者漸矣

夏晉侯使士魴來聘秋九月吴子乘卒冬楚公子貞帥師侵宋公如晉

十有三年春公至自晉夏取邿秋九月庚辰楚子審卒冬城防

十有四年春王正月季孫宿叔老會晉士匄齊人宋人衛人鄭公孫蠆曹人莒人邾人滕人薛人杞人小邾人會吴于向

使舉上客而叔老並書者以内卿行則不得不書矣季孫宿以御

爲介而不使之免叔老介於宿而不敢避蓋兩失之雖晉人輕其
幣而敬其使於君命使人之體豈爲得哉
二月乙未朔日有食之夏四月叔孫豹會晉荀偃齊人宋人衛北宮
括鄭公孫蠆曹人莒人邾人滕人薛人杞人小邾人伐秦巳未衛侯
出奔齊
按左氏衛甯殖將死語其子曰吾得罪於君名在諸侯之策曰孫
林父甯殖出其君夫所謂諸侯之策則列國之史也諸侯則若晉
若魯是也史則若晉之乘魯之春秋是也今春秋書衛侯出奔齊
而不曰孫林父甯殖出其君者蓋仲尼筆削不因舊史之文也欲
知經之大義深考舊文筆削之不同其得之矣或曰孫甯出君衆
所同疾史策書之是也聖人曷爲掩姦藏惡不暴其罪而以歸咎
人主何哉曰臣而逐君其罪已明矣人君擅一國之名寵神之主
而民之望也愛之如父母仰之如日月敬之如神明畏之如雷霆
何可出也所爲見逐無乃肆於民上縱其淫虐以棄天地之性乎

故衛衎出奔使祝宗告亡且告無罪而定姜曰有罪若何告無春秋端本清源之書故不書所逐之臣而以自奔爲名所以警乎人君者爲後世鑒非聖人莫能修之爲此類也

莒人侵我東鄙秋楚公子貞帥師伐吴冬季孫宿會晉士匄宋華閱衛孫林父鄭公孫蠆莒人邾人于戚

十有五年春宋公使向戌來聘二月己亥及向戌盟于劉劉夏逆王后于齊

劉夏何以不稱使不與天子之使夏也昬姻人倫之本王后天下之母劉夏士也士而逆后是不重人倫之本而輕天下之母矣然則何使卿往逆公監之禮也官師從單靖公逆王后于齊書劉夏而不書靖公是知卿往逆公監之禮也春秋昬姻得禮者常事不書

夏齊侯伐我北鄙圍成公救成至遇季孫宿叔孫豹帥師城成郛秋八月丁巳日有食之邾人伐我南鄙冬十有一月癸亥晉侯周卒

十有六年春王正月葬晉悼公三月公會晉侯宋公衛侯鄭伯曹伯莒子邾子薛伯杞伯小邾子于溴梁戊寅大夫盟

牡丘之會諸侯既次于匡則書曰公孫敖帥師及諸侯之大夫救徐雞澤之會諸侯既盟而陳侯使袁僑如會則書曰叔孫豹及諸侯之大夫及陳袁僑盟今溴梁之會諸侯皆在是若欲使大夫盟者則宜書魯卿及諸侯之大夫盟可也而獨書大夫何也諸侯失政大夫皆不臣也上二年春正月會于向十有四國之大夫也夏四月會伐秦十有三國之大夫也冬會于戚七國之大夫也此三會皆國之大事也而使大夫皆專之而諸侯皆不與焉是列國之君不自為政弗躬弗親禮樂征伐已自大夫出矣況悼公既沒晉平初立無先公之明也君若贅旒而大夫張亦宜矣夫豈一朝一夕之故哉善惡積於至微而不可揜常情忽於未兆而不預謀苟偃怒大夫盟而晉靖公廢趙籍韓虔魏斯為諸侯之勢見矣有國者謹於禮而不敢忽此春秋以待後世之意也

晉人執莒子邾子以歸齊侯伐我北鄙夏公至自會五月甲子地震
叔老會鄭伯晉荀偃衛甯殖宋人伐許秋齊侯伐我北鄙圍成大雩
冬叔孫豹如晉
十有七年春王二月庚午邾子牼卒宋人伐陳夏衛石買帥師伐曹
秋齊侯伐我北鄙圍桃高厚帥師伐我北鄙圍防九月大雩宋華臣
出奔陳冬邾人伐我南鄙
十有八年春白狄來
劉敞曰夷狄於中國無事焉其於天子世一見則諸侯雖善其交
際不得而通也是以春秋亦不與其朝不與其朝者懲淫慝一內
外也周公致太平越裳氏重九譯而獻其白雉公曰君子德不及
焉不享其贄此乃天子而讓也況列國之君乎守藩之臣乎
夏晉人執衛行人石買秋齊師伐我北鄙冬十月公會晉侯宋公衛
侯鄭伯曹伯莒子邾子滕子薛伯杞伯小邾子同圍齊
凡侵伐圍入未有書同者而獨於此書同圍齊何也齊環背盟棄

好陵虐神主肆其暴橫數伐鄰國觀加兵於魯則可見矣諸侯所共惡疾故同心而圍之也同心圍齊其以伐致何也見齊環無道宜得惡疾大諸侯之伐而免其圍齊之罪詞也春秋於此有沮橫逆抑強暴之意孟子曰國必自伐而後人伐之自作孽不可逭其齊侯環之謂矣尚誰懟哉

曹伯負芻卒于師楚公子午帥師伐鄭

十有九年春王正月諸侯盟于祝柯晉人執邾子公至自伐齊取邾田自漷水季孫宿如晉葬曹成公夏衛孫林父帥師伐齊秋七月辛卯齊侯環卒晉士匄帥師侵齊至穀聞齊侯卒乃還

穀齊地也還者終事之詞古之爲師不伐喪大夫以君命出境有可以安國家利社稷者則專之可也世衰道微暴行交作利人之難以成其私欲者衆矣士匄乃有惻隱之心聞齊侯卒而還不亦善乎或曰君不尸小事臣不專大名爲士匄者宜墠帷而歸命乎介則非矣使士匄未出晉境如是焉可也已至齊地則進退在士

匄矣猶欲墠帷而歸命乎介則非古者命將不從中覆專制境外之意而況喪必不可伐非進退可疑而待請者故至穀聞齊侯卒乃還善之也

八月丙辰仲孫蔑卒齊殺其大夫高厚鄭殺其大夫公子嘉

按左氏初盜殺鄭三卿於西宮之朝公子嘉知而不言既又欲起楚師以去諸大夫故楚人伐鄭至于純門而返至是嘉之為政也專國人患之乃討西宮之難與純門之師子展子西率國人殺嘉而分其室不稱鄭人者嘉則有罪矣而子展子西不能正以王法肆諸市朝與衆同棄乃利其室而分之有私意焉故稱國以殺而不去其官此春秋原情定罪之意

冬葬齊靈公城西郛叔孫豹會晉士匄于柯城武城

二十年春王正月辛亥仲孫速會莒人盟于向夏六月庚申公會晉侯齊侯宋公衛侯鄭伯曹伯莒子邾子滕子薛伯杞伯小邾子盟于澶淵秋公至自會仲孫速帥師伐邾蔡殺其大夫公子燮蔡公子履

出奔楚
按左氏初蔡文侯欲事晋曰先君與於踐土之盟晋不可棄且兄弟也畏楚不能行而卒楚人使蔡無常公子燮求從先君以利蔡謀國之合於義者也國人乃不順焉而殺燮此何罪矣故稱國而不去其官公子履其母弟也進不能正國退不能遠害懼禍而奔從於夷狄書者罪之也
陳侯之弟黄出奔楚叔老如齊冬十月丙辰朔日有食之季孫宿如宋
二十有一年春王正月公如晋邾庶其以漆閭丘來奔
庶其邾大夫也春秋小國之大夫不書其姓氏微也其以事接我則書其姓氏謹之也莒慶以大夫即魯而圖婚接我不以禮者也邾庶其以地叛其君而來奔接我不以義者也以欲敗禮則身必危以利棄義則國必亂春秋禮義之大宗故小國之大夫接我以利欲則特書其姓氏謹之也漆一邑閭丘一邑而不言及者庶其

之私邑所受於君而食之者也此叛臣何以不書叛書名書地而竊邑叛君之罪見矣夫棄夷狄從諸夏其慕義之心疑可與也然有據城以求援者君子猶以爲不可受而況鄰國乎書來奔而魯受叛臣納其地之罪亦見矣

夏公至自晉秋晉欒盈出奔楚九月庚戌朔日有食之冬十月庚辰朔日有食之曹伯來朝公會晉侯齊侯宋公衛侯鄭伯曹伯莒子邾子于商任

二十有二年春王正月公至自會夏四月秋七月辛酉叔老卒冬公會晉侯齊侯宋公衛侯鄭伯曹伯莒子邾子薛伯杞伯小邾子于沙隨

按左氏會于商任錮欒氏也會于沙隨復錮欒氏也古者大夫去國君不埽其社稷不係纍其子弟不收其田邑使人導之出疆又先之於其所往勑五典厚人倫也今晉不念欒氏世勳而逐盈又將搏執之而命諸侯無得納焉則亦過也楚逐申公巫臣子反請

以重幣錮之楚子曰止彼若能利國家雖重幣晉將可乎若無益
於晉晉將棄之何勞錮焉其賢於商任沙隨之謀遠矣
公至自會楚殺其大夫公子追舒
二十有三年春王二月癸酉朔日有食之三月己巳杞伯匄卒夏邾
畀我來奔葬杞孝公陳殺其大夫慶虎及慶寅
按左氏慶虎無道求專陳國暴蔑其君畏公子黃之偪而愬諸楚
曰與蔡司馬同謀楚人以爲討公子黃奔楚愬之二慶以陳叛楚
屈建圍陳殺二慶夫人君擅一國之利勢使權臣暴蔑其身而不
能遠欲去其親而不能保譖愬之於大國而不能辨至因夷狄之
力然後能克則非君人之道也故二慶之死稱國以殺公子黃之
出特以弟書者譏歸陳侯也凡此皆春秋端本之意
陳侯之弟黃自楚歸于陳晉欒盈復入于晉入于曲沃
欒氏晉室之世臣故盈雖出奔猶繫於晉復入者甚逆之詞爲其
既絕而復入也曲沃者所食之地當是時權寵之臣各以利誘其

下使爲之用至於殺身而不避莫知有君臣之分者也故聞語欒
孺子者則或泣或歎以爲得主而爲之死猶不死也盈從之遂入
絳乘公門若非天棄欒氏又有范鞅之謀晉亦殆矣原其失在於
錮之甚急使無所容於天地之間是以至此極春秋備書之以見
人而不仁疾之已甚亂也其爲後世鑒豈不深切著明也哉

秋齊侯伐衛遂伐晉八月叔孫豹帥師救晉次于雍榆己卯仲孫速
卒冬十月乙亥臧孫紇出奔邾晉人殺欒盈齊侯襲莒

二十有四年春叔孫豹如晉仲孫羯帥師侵齊夏楚子伐吳秋七月
甲子朔日有食之既齊崔杼帥師伐莒大水八月癸巳朔日有食之
公會晉侯宋公衛侯鄭伯曹伯莒子邾子滕子薛伯杞伯小邾子于
夷儀冬楚子蔡侯陳侯許男伐鄭公至自會陳鍼宜咎出奔楚叔孫
豹如京師大饑

古有救災之政若國凶荒或發廩以賑乏或移粟以通用或徙民
以就食或爲粥溢以救餓莩或興工作以聚失業之人緩刑舍禁

弛力薄征索鬼神除盜賊弛射侯而不燕置廷道而不修殺禮物而不備雖有旱乾水溢民無菜色所以備之者如此其至是年秋有陰沴之災而冬大饑蓋所以賑業之者有不備矣故書之以爲戒

二十有五年春齊崔杼帥師伐我北鄙夏五月乙亥齊崔杼弑其君光

齊莊公見弑賈舉州綽等十人皆死之而不得以死節稱何也所謂死節者以義事君責難陳善有所從違而不苟者是也雖在亂車後乘必不肯同入崔氏之宮矣若此十人者獨以勇力聞皆逢君之惡從於昏亂而莊公嬖之者死非其所比諸匹夫匹婦自經於溝瀆而莫之知者猶不逮也晏平仲曰君民者豈以陵民社稷是主臣君者豈爲其口實社稷是養故君爲社稷死則死之爲社稷亡則亡之若爲己死而爲己亡非其私暱誰敢任之此十人者眞其私暱任此宜矣雖殺身不償責安得以死節許之哉

公會晉侯宋公衛侯鄭伯曹伯莒子邾子滕子薛伯杞伯小邾子于夷儀

諸侯會于夷儀將以討齊齊使隰鉏請成慶封如師男女以班賂晉侯以宗器樂器自六正五吏三十帥三軍之大夫百官之正長師旅及處守者皆有賂晉侯許之夫晉本為報朝歌之役來討及會夷儀既聞崔杼之弒則宜下令三軍建而復旆聲於齊人問莊公之故執崔杼以戮之謀於齊衆置君以定其國示天討之義則方伯連帥之職修矣今乃知賊不討而受其賂則是與之同情也故春秋治之如下文所貶云

六月壬子鄭公孫舍之帥師入陳秋八月己巳諸侯同盟于重丘

崔杼既弒其君矣晉侯受其賂而許之成故盟于重丘特書曰同

公至自會衛侯入于夷儀

鄭伯突入于櫟衛侯入于夷儀其入則一或名或不名者鄭伯奪正以立而國人君之諸侯助之不知其義不可以有國也故特書

其名著王法以絕之衛侯蔑其冢卿失國出奔固不爲無罪矣然有世叔儀以守有母弟鱄以出或撫其内或營其外有歸道焉則其義猶未絕也故止書其爵而不名及甯喜弒剽復歸于衛然後書名此聖人俟其改過遷善不輕絕人之意曾子曰夫子之道忠恕而已此類是也

楚屈建帥師滅舒鳩冬鄭公孫夏帥師伐陳十有二月吴子遏伐楚門于巢卒

巢南國也其言門于巢卒者吴子將伐楚引師至巢入其門巢人射諸城上矢中吴子而卒非吴子之自輕而見殺也古者入境必假道過門必釋甲入國則不馳或曰古者大國過小邑小邑必飾城而請罪亦非巢之輕以一矢相加不飾城而請罪也

二十有六年春王二月辛卯衛甯喜弒其君剽

喜嘗受命於其父使納獻公以免逐君之惡衛侯出入皆以爵稱於義未絕而剽以公孫非次而立又未有誥焉則喜之罪應末減

矣亦以弑其君書何也弈者舉棊不定不勝其耦況置君乎於衎則殖也出之喜也納之於剽則殖也立之喜也弑之是弈棋之不君也不思其終亦甚矣故聖人特正其爲弑君之罪示天下後世使知愼於廢立之際而不敢忽也霍光以大義廢昌邑立宣帝猶有言其罪者而朝廷加肅況私意耶范粲桓彝之徒殺身不顧君子所以深取之者知春秋之旨矣

衛孫林父入于戚以叛甲午衛侯衎復歸于衛

按左氏孫林父以戚如晉書曰入于戚以叛者著其據土背君之罪也臣之祿君實有焉專祿以周旋戮也衛侯出奔齊入于夷儀皆以爵稱今既復歸而得國矣乃書其名何也人之有德慧智術者嘗存乎疢疾衛侯淹恤在外十有二年困於心衡於慮久矣此生於憂患之時而一旦得國失信無刑猶夫人也則是困而弗革雖復得國猶非其國也此見春秋俟人改過之深而責人自棄之重欲其強於爲善之意也

夏晉侯使荀吴來聘公會晉人鄭良霄宋人曹人于澶淵秋宋公殺其世子痤

殺世子母弟直稱君者甚之也宋寺人伊戾爲太子内師無寵譖於宋公而殺之則賊世子痤者寺人矣而獨甚宋公何哉譖言之得行也必有嬖妾配適以惑其心又有小人欲結内援者以爲之助然後愛惡一移父子夫婦之閒不能相保者衆矣尸此者其誰乎晉獻之殺申生宋公之殺痤直稱君者春秋正其本之意

晉人執衛甯喜八月壬午許男甯卒于楚冬楚子蔡侯陳侯伐鄭葬許靈公

春秋傳卷第二十三

襄公下

二十有七年春齊侯使慶封來聘夏叔孫豹會晉趙武楚屈建蔡公孫歸生衛石惡陳孔奐鄭良霄許人曹人于宋衛殺其大夫甯喜

甯喜既坐弑君之罪矣不以討賊之詞何也初衛侯使與喜言苟反政由甯氏祭則寡人甯氏納之衛侯復國患甯喜之專也公孫免餘請殺之曰微甯子不及此吾與之言矣對曰臣殺之君勿與知乃攻甯氏殺喜尸諸朝子鮮曰逐我者出納我者死賞罰無章何以勸沮君失其信而國無刑不亦難乎故稱國以殺而不去其官

衛侯之弟鱄出奔晉

衛侯之入使鱄與甯喜約言既殺甯喜鱄病失言遂出奔晉託於木門不鄉衛國而坐木門大夫勸之仕不可曰仕而廢其事罪也從之昭吾所以出也吾不可以立於人之朝矣終身不仕其稱弟

罪衛侯也穀梁子曰專之去合乎春秋

秋七月辛巳豹及諸侯之大夫盟于宋

此一地也曷爲再言宋書之重詞之複其中必有大美惡焉宋之盟合左師欲弭諸侯之兵以爲名而楚屈建請晉楚之從交相見自是中國諸侯南向而朝楚及申之會蠻夷之君篡弒之賊大合十有一國之衆而用齊桓召陵之禮宋左師鄭子產皆獻禮焉宋世子佐以後至遂辭而不見伐吴滅賴無敢違者聖人至是哀人倫之滅傷中國之衰而其事自宋之盟始也故會盟同地而再言宋者貶之也或者乃以宋之盟中國不出夷狄不入玉帛之使交乎天下以尊周室爲晉趙武楚屈建之力而善此盟也其說誤矣

冬十有二月乙亥朔日有食之

二十有八年春無冰夏衛石惡出奔晉邾子來朝秋八月大雩仲孫羯如晉冬齊慶封來奔十有一月公如楚十有二月甲寅天王崩乙未楚子昭卒

甲寅天王崩乙未楚子昭卒相距四十二日則閏月之驗也然不以閏書見喪服之不數閏也齊景公葬書閏月則明殺恩之非禮也

二十有九年春王正月公在楚

歲之首月公如他國者有矣此獨書公在楚者外爲夷狄所制以俟其葬而不得歸内爲強臣所逼欲擅其國而不敢入故特書所在以存君也按左氏楚人使公親襚夏四月送楚子葬至于西門之外還及方城季武子取卞以自封使公冶告曰聞守卞者將叛臣帥師徒以討既得之矣公曰欲而言叛祇見疏也吾不可以入矣將適諸侯有賦式微者乃歸故特於歲首朝正之時而書曰公在楚使後世臣子戴天履地視君父之危且困者必有天威不違顔咫尺食坐見於羹墻之意而不以頃刻忘也此義一行豈敢有顧其身與妻子與其家而不恤國朋附權臣以圖富貴而背其君者乎

夏五月公至自楚庚午衛侯衎卒閽弒吳子餘祭

穀梁子曰閽門者寺人也不稱名姓閽不得齊於人不稱其君閽不得君其君也禮君不使無恥不近刑人不狎敵不邇怨賤人非所貴也貴人非所刑也刑人非所近也舉至賤而加之吳子吳子近刑人也閽弒吳子餘祭仇之也左氏以爲伐越獲俘焉以爲閽使守舟吳子觀舟閽以刀弒之亦邇怨之失也

仲孫羯會晉荀盈齊高止宋華定衛世叔儀鄭公孫段曹人莒人滕人薛人小邾人城杞

晉平公杞出也故合諸侯之大夫以城杞古之建國立家者必親九族然有父族而後及母族有母族而後及妻族此葛藟之詩所爲次也晉主夏盟令行中國平公不能修文襄悼公之業尊奬王室恤宗周之闕而夏肆是屛輕棄諸姬可謂知本乎平王惟不撫其民而遠屯戍于母家周人怨思焉揚之水所以降爲國風不得列于雅也城杞之役亦不待貶絕而可見矣

晉侯使士鞅來聘杞子來盟吴子使札來聘

札者吴之公子何以不稱公子貶也辭國而生亂者札爲之也故因其來聘而貶之示法焉按吴子壽夢有子四人長曰諸樊次曰餘祭次曰夷末札其季子也壽夢賢季札欲立以爲嗣札辭不可然後立諸樊既除喪則致國於季子季子又辭而去之諸樊乃舍其子而立弟約以次傳必及季子故諸樊卒而餘祭立餘祭卒而夷末立夷末卒則季子宜受命以安社稷成父兄之志矣乃徇匹夫之介節辭位以逃夷末之子僚既立諸樊之子光曰先君所以不與子國而與弟者凡爲季子爾將從先君之命歟則季子宜有國也如不從先君之命則我宜立僚烏得爲君於是使專諸刺僚而致國乎季子季子不受去之延陵終身不入吴國故曰季子辭國以生亂因其來聘而貶之示法焉或謂子貢問於孔子曰伯夷叔齊何人也曰古之賢人也怨乎曰求仁而得仁又何怨子貢以先聖賢夷齊知其惡衛輒之爭而不爲也季子辭位獨不爲賢而

奚貶乎曰叔齊之德不越伯夷孤竹捨長而立幼私意也諸樊兄弟父子無及季札之賢者其父兄所爲眷眷而欲立札公心也以其私意故夷齊讓國爲得仁而先聖之所賢以其公心故季子辭位爲生亂而春秋之所貶苟比而同之過矣或曰世衰道微暴行交作臣簒其君者有之子簒其父者有之季子於是焉而辭位則將使聞其風者貪夫廉爭夫讓而簒弑奪攘之禍損矣其於名教豈不有補何貶之深也曰春秋達節而不守者也昔太伯奔吴而不反季歷嗣位而不辭武王繼統受命作周亦不以配天之業讓伯邑考官天下也彼王僚無季歷之賢武王之聖而季子爲太伯之讓豈至德乎使爭弑禍興覆師喪國其誰階之也若季子之辭位守節立名全身自牧則可矣槩諸聖王之道則過矣中庸曰道之不明不行也我知之矣季子所謂賢且智過而不得其中者也使由於季歷武王之義其肯附子臧之節而不受乎惜其擇乎中庸失時措之宜爾此仲尼所以因其辭國生亂而貶之也或曰吴

子使札與楚子使椒秦伯使術一例爾吴楚蠻夷之國秦介戎狄之間其禮未同於中夏故使人之來皆略之而札何以獨爲貶乎曰春秋多變例聖筆有特書荆楚無大夫而屈完書族王朝下士以人通而子突書字諸侯公子以名著而季友書子毋弟之無列者不登其姓名而叔肸書氏皆賢而特書者也季札讓國天下賢之若仲尼亦賢季札必依此例或以字或以氏或以公子特書之矣今乃略以名絶比於楚椒秦術之流無異稱焉是知仲尼不以其讓國爲賢而貶之也噫世之君子盛稱季札之賢於讓國之際以爲禮之大節不可亂也公子喜時春秋猶賢其後世於季札則何獨貶之深也曰仲尼於季子望之深矣責之備矣惟與天地同德而達乎時中然後能與於此非聖人莫能修之豈不信夫

秋九月葬衛獻公齊高止出奔北燕冬仲孫羯如晉

三十年春王正月楚子使薳罷來聘夏四月蔡世子般弑其君固五月甲午宋災宋伯姬卒

穀梁子曰取卒之日加之災上者見以災卒也伯姬之舍失火左右曰夫人少避火乎曰婦人之義傅姆不在宵不下堂遂逮乎火而死婦人以貞爲行者也伯姬之婦道盡矣詳其事賢伯姬也易曰恒其德貞婦人吉夫子凶而或以爲共姬女而不婦非也世衰道微暴行交作女德不貞婦道不明能全其節守死不回見於春秋者宋伯姬爾聖人冠以夫謚書於春秋曰葬宋共姬以著其賢行勵天下之婦道也

天王殺其弟佞夫王子瑕奔晉秋七月叔弓如宋葬宋共姬鄭良霄出奔許自許入于鄭鄭人殺良霄

按左氏良霄汰侈嗜酒諸大夫皆惡之而與公孫黑爭黑因其醉伐之良霄奔許自許襲鄭以伐公門弗勝死于羊肆不言復入者其位未絕也若宋魚石若晉欒盈去國三年其稱復入位已絕矣不言叛者將以滅國非直叛也若華亥之入南里宋辰之入蕭其書叛者皆據土背君以自保未有滅國之謀也不言殺其大夫者

非其大夫矣討賊之詞也
冬十月葬蔡景公晉人齊人宋人衛人鄭人曹人莒人邾人滕人薛人杞人小邾人會于澶淵宋災故
春秋大法君弒而賊不討則不書葬況世子之於君父乎蔡景公何以獨書葬徧刺天下之諸侯也葬送之禮在春秋時視人情之疏密而爲之者也有嘗同盟卒而不赴者有雖同姓赴而不會者則以哀死而致襚爲輕吊生而歸賻爲重必矣今蔡世子般弒其君藏在諸侯之策而往會其葬是恩義情禮之篤於世子般不以爲賊而討之也人之所以異於禽獸中國之所以貴於夷狄以其有父子之親君臣之義爾世子弒君是夷狄禽獸之不若也而不知討豈不廢人倫滅天理乎故春秋大法君弒賊不討則不書葬而蔡景公特書葬者聖人深痛其所爲徧刺天下之諸侯也魯隱宋殤之賊不討則不書葬蔡景公賊亦不討而特書葬猶閔僖二公不承國於先君則不書即位桓宣篡弒以立而反書之也何以

知聖人罪諸侯之意如此乎以下文書會于澶淵宋災故而貶其大夫則知之矣二百四十二年之間列會亦衆而未有言其所爲者此獨言其所爲何遍刺天下之大夫也大夫以智帥人者也智者無不知當務之爲急不能三年之喪而緦小功之察放飯流歠而問無齒決是之謂不知務蔡世子般弒其君天下之大變人理所不容也則會其葬而不討宋國有災小事也則合十二國之大夫更宋之所喪而歸其財則可謂知務乎田常弒簡公孔子沐浴而朝告於哀公請討之公曰告夫三子者子曰以吾從大夫之後不敢不告也之三子告不可子曰以吾從大夫之後不敢不告也叔孫豹晉趙武而下皆諸侯上卿執國之政者也三綱國政之本至於淪絕無父與君是禽獸也禽獸逼人雖得天下弗能一朝處矣昔者伯禹過門而不入放龍蛇也周公坐而俟旦驅猛獸也今世子弒君三綱淪絕禽獸逼人則與之同羣而不恤有國者不戒于火自亡其財苟其來告吊之可也則合十二國之大夫駐於澶

淵而謀更其所喪尚爲知類也乎夫蔡之亂其猶人身有腹心之
疾而宋之災譬諸桐梓與雞犬也謀宋災而不恤蔡之亂奚啻於
養桐梓求雞犬不顧其身有腹心危疾而不知療者哉以爲未之
察也可謂不智苟察此而不謀則亦不仁矣是故諸國之大夫貶
而稱人魯卿諱而不書又特言會之所爲以垂戒後世其欲人之
自別於禽獸之害也可謂深切著明矣或曰夫穆叔趙孟向戌子
皮皆諸侯之良也而所謀若是何也世衰道微邪說交作以利害
謀國家而不本於仁義也久矣是以至此極孔子所爲懼春秋所
以作乎

三十有一年春王正月夏六月辛巳公薨于楚宫秋九月癸巳子野
卒

子般子赤弒而書卒子野過毀亦書卒何以別乎曰閔公内無所
承不書即位則子般之弒可知下書夫人姜氏歸于齊上書公子
遂叔孫得臣如齊赤之卒也隱而不日則子赤之弒可知與子野

異矣子野有命立昭公故穆叔雖不欲而不能止也

己亥仲孫羯卒冬十月滕子來會葬癸酉葬我君襄公十有一月莒人弒其君密州

經以傳爲案傳有乖繆則信經而棄傳可也若密州之事是矣左氏稱莒子生去疾及展輿既立展輿又廢之莒子虐國人患焉展輿因國人以攻莒子弒之乃立信斯言則子弒其父也而春秋有不書乎故趙匡謂其文當曰展輿因國人之攻莒子弒之乃立而後來傳寫誤爲以字爾左氏博通諸史敘事尤詳能令後人得見本末因以求意經文可知而門弟子轉相傳授日月既久寖失本眞如書晉趙盾許世子止等事詳攷傳之所載以求經之大義可也而傳不可疑如莒人弒其君密州獨依經之所書以證傳之繆誤可也而傳不可信盡以爲可疑而廢傳則無以知其事之本末盡以爲可信而任傳則經之弘意大旨或泥而不通矣要在學者詳攷而精擇之可也

春秋傳卷第二十四

昭公上

元年春王正月公即位叔孫豹會晉趙武楚公子圍齊國弱宋向戌衛齊惡陳公子招蔡公孫歸生鄭罕虎許人曹人于虢

此陳侯之弟招也何以不稱弟諸侯之尊弟兄不得以屬通曰公子者其本當稱者也曰弟者因事而特稱之也所以然者諸侯非始封之君則臣諸父昆弟族人不得以其屬戚君也會于虢尋宋之盟而經何以不書在宋之盟楚人先歃若曰狎主諸侯則懼晉之先也故圍請讀舊書加于牲上而晉人許之觀其事雖若楚重得志晉少懦矣然春秋不貴修盟晉人以信爲本故每書必先趙武

三月取鄆

按左氏季孫宿伐莒取鄆莒人訴於會楚告晉曰尋盟未退而魯伐莒瀆齊盟請戮其使有欲求貨於叔孫豹而爲之請者豹弗與

曰諸侯之會衛社稷也我以貨免魯必受師是禍之也何衛之爲雖怨季孫魯國何罪趙孟聞之請於楚曰魯雖有罪其執事不辟難子若免之以勸左右可也莒魯爭鄆爲日久矣苟無大害於其社稷可無元也乃免叔孫其不曰伐莒取鄆者乘莒亂而取邑故不悉書爲內諱也

夏秦伯之弟鍼出奔晉

按左氏秦后子有寵於桓如二君於景其母曰弗去懼選鍼遂出奔書此見人君寵愛其子不差以禮是禍之也鍼之適晉其車千乘司馬侯問焉曰子之車盡於此乎對曰此謂多矣若能少此吾何以得見叔齊曰秦公子必歸能知其過必有令圖令圖天所贊也後五年秦伯卒后子歸書曰弟者罪秦伯也夫后子出奔其父禍之而罪秦伯何也春秋以均愛望人父以能友責人兄父母有愛妾猶沒身敬之不衰況兄弟乎兄弟翕而後父母順矣故不曰公子而特稱秦伯之弟云

六月丁巳邾子華卒晉荀吳帥師敗狄于大鹵

大鹵太原也按六月宣王北伐之詩其詞曰薄伐玁狁至于太原而詩人美之者謂不窮追遠討及封境而止也然則太原在禹服之內而狄人來侵攘斥宜矣其過在毀車崇卒以詐誘狄人而敗之非王者之師耳使後世車戰法亡崇尚步卒爭以變詐相高日趨苟簡皆此等啓之矣書敗狄譏之也

秋莒去疾自齊入于莒

天下國家定于一吳楚僭号經不書葬土無二王也以忽繫之鄭則突不稱國以小白繫之齊則糾不書子國無二君也展輿乃莒子而去疾曷爲又以國氏乎程氏曰去疾假齊之力以入莒討展輿之罪正也其以國氏與去疾之討有罪也此莒之公子曷爲不稱公子自謂先公之子可以有國不疑遂立乎其位而無所禀也其書入者難詞也

莒展輿出奔吳

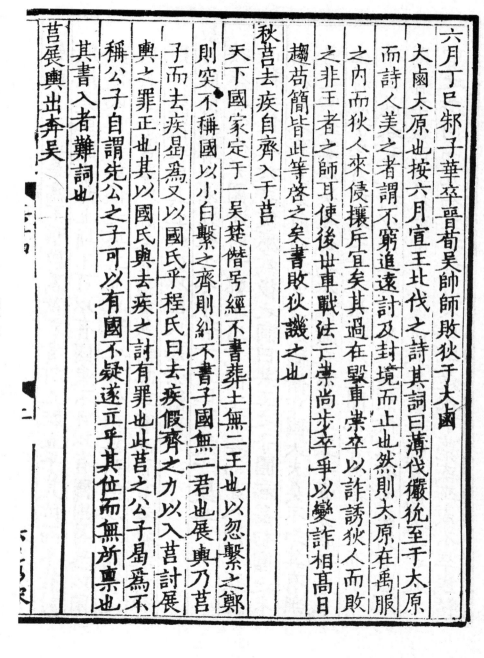

展輿莒子也曷爲不稱爵爲弒君者所立旣立乎其位而不能討賊則是與聞乎故也斯不可以有國矣不可以有國則曷爲以國氏程氏曰罪諸侯之與其立也虢之會展輿無列何以見諸侯之與其立乎莒雖以亂未能預會然訴魯取鄆而在會者欲執叔孫則知諸侯之與其立矣亦以國氏惡崇亂也

叔弓帥師疆鄆田葬邾悼公冬十有一月己酉楚子麇卒

按左氏楚令尹圍將聘于鄭未出竟聞王有疾而還入問王疾縊而弒之使赴於諸侯應爲後之詞曰共王之子圍爲長初圍之未動於惡入預夏盟緝蒲爲宮設服離衛中國大夫莫不知其有無君之心矣雖以疾赴曷爲承僞藏在諸侯之策乎當是時仲尼已生將志于學乃所見之世非祖之所逮聞也又曷爲因之而不革乎曰此春秋之所以爲春秋非聖人莫能修之者也薨則書薨卒則書卒弒則書弒葬則書葬各紀其實載於簡策國史掌之此史官之所同而凡爲史者皆可及也或薨或不薨或卒或不卒或弒

或不弑或葬或不葬筆削因革裁自聖心以達王事此仲尼之所獨而游夏亦不能與焉者也然則郟敖實弑而書卒何歟令尹圍弑君以立中國力所不加而莫能致討則亦已矣至大合諸侯于申與會者凡十有三國其臣舉六王二公之事其君用齊桓召陵之禮而宋向戌鄭子產皆諸侯之良也而皆有獻焉不亦傷乎若革其僞赴而正以弑君將恐天下後世以篡弑之賊非獨不必致討又可從之以主會盟而無惡矣聖人至此憫之甚懼之甚憫之甚者憫中國之衰微而不能振也懼之甚者懼人欲之横流而不能遏也是故察微顯權輕重而略其篡弑以扶中國制人欲存天理其立義微矣

楚公子比出奔晉

二年春晉侯使韓起來聘夏叔弓如晉秋鄭殺其大夫公孫黑

按左氏鄭駟黑好在人上攻良霄而逐之又與公孫楚爭室又將作亂去游氏代其位傷疾作而不果子產使吏數之曰爾有亂心

無厭國不女堪專伐伯有而罪一也兄弟爭室而罪二也矯君之
位而罪三也不速死大刑將至遂縊而尸之黒則有罪而鄭人初
畏其强不之討也因其疾而幸勝之則亦云殆矣故稱國以殺累
乎上也

冬公如晉至河乃復季孫宿如晉

按左氏晉少姜卒公如晉及河晉侯使士文伯來辭曰非伉儷也
請君無辱公還季孫宿遂致服焉舉動人君之大節賢哲量之以
行藏其道姦邪窺之以作止其惡四鄰視之以厚薄其情故有國
者必謹於禮而後動此守身之本保國之基也禮雖自卑而尊人
亦不妄悦人以自辱昭公既不能據經守正失禮而妄動又不能
從權適變無故而輕復終後失國出奔客死他境葢始諸此行矣
或曰禮者明微正於未動之前可也巳至于河而見卻雖欲勿反
將得巳乎曰以周公之胄千乘之國輕身以修鄰好乃欲卻而不
納夫何敢若曰敝邑褊小敬事大國惟恐獲戾聞陳無宇見執於

中都謂少姜之數於守適信也用是不遑寧處跋履山川來修吊事今若不獲進見剪爲仇讎他國誰敢朝夕在廷修事大之禮乎夫小國之去就從違聽大國之令也若非伉儷齊人請陳無宇之罪何以令之也苟有二命又何以爲盟主如此晉人其將謝過之不暇敢不納乎昭公習儀以亟而不明乎禮其及也宜經書公如晉至河乃復季孫宿如晉而昭公失國之因季氏逐君之漸晉人下比之迹不待貶絕而皆見矣

三年春王正月丁未滕子原卒夏叔弓如滕五月葬滕成公秋小邾子來朝八月大雩冬大雨雹北燕伯款出奔齊

按左氏燕簡公多嬖寵欲去諸大夫而立其寵人燕大夫比以殺公之外嬖公懼奔齊書曰北燕伯款出奔齊罪之也君雖不君臣不可以不臣燕伯欲去諸大夫固不君矣而大夫相與比以殺其外嬖是威脅其主而出之也與鬻拳之以兵諫無異而獨罪燕伯何哉大夫國君之陪貳以公心選之而不可私也以誠意委之而

不可疑也以隆禮待之而不可輕也以直道馭之而不可辱也否則是忽其陪貳以自危矣晉厲公殺三郤立胥童而弑於匠麗氏漢隱帝殺楊史立郭允明而弑於蘇村衛獻公蔑冢卿而信其左右亦奔夷儀久而後復也故人主不尊陪貳而與賤臣圖柄臣者事成則失身而見弑事不成則失國而出奔此有國之大戒也春秋凡見逐於臣者皆以自奔為文正其本之意也而垂戒遠矣

四年春王正月大雨雹

陰陽之氣和而散則為霜雪雨露不和而散則為戾氣曀霾雹戾氣也陰脅陽臣侵君之象當是時季孫宿襲位世卿將毀中軍專執兵權以弱公室故數月之間再有大變申豐者季氏之孚也不肯端言其事故暴揚於朝歸咎藏冰之失夫山谷之冰藏之也周用之也徧亦古者本末備舉變調之一事耳謂能使四時無愆伏淒苦之變雷出不震無菑霜雹則亦誣矣意者昭公遇災而懼以禮為國行其政令無失其民雹之災也庶可禦也不然雖得藏冰

之道合於豳風七月之詩其將能乎

夏楚子蔡侯陳侯鄭伯許男徐子滕子頓子胡子沈子小邾子宋世子佐淮夷會于申

申之會楚子爲主而不殊淮夷是在會之諸侯皆狄也其意也何楚虔弑麇以立而求諸侯於晉晉人許之中國從之執徐子圍朱方遷賴於鄢城竟莫校畏其强盛則曰晉楚惟天所相不可與爭滅陳不能救則曰陳亡而楚克有之天道也滅蔡而又不能救則曰天將棄蔡以壅楚盈而降之罰也至使窮凶極惡師潰於訾梁身竄於棘里而縊於申亥人不致討而天自討之是責命于天而以人事爲無益而弗爲也而可乎弑君之賊在春秋時有臣子討之則衛人殺州吁是也有四鄰討之則蔡人殺陳佗是也臣子不能討之於內四鄰不能討之於外有與之會以定其位則齊侯及魯宣公會于平州是也有受其賂以免於討則晉侯及諸國會于扈是也然至此極矣則未有不以爲賊而又推爲盟主相與朝事

之以聽順其所爲而不敢忤者也故申之會不殊淮夷者以在會
諸侯皆爲夷狄之行皆王法之所當斥而不使夏變於夷之意也
或曰晉叔向鄭子產宋向戌皆諸侯之良也謀其國至變於夷而
不校何哉聖人以天自處賢者聽天所命春秋之法以人合天不
任於天以義立命不委於命而宇宙在其手者也故楚子麇書卒不
革其僞赴於前諸侯會申與淮夷累數於後此以恕待人而責備
賢者之意其垂訓之義大矣

楚人執徐子秋七月楚子蔡侯陳侯許男頓子胡子沈子淮夷伐吴
執齊慶封殺之遂滅賴九月取鄫冬十有二月乙卯叔孫豹卒

五年春王正月舍中軍

按左氏舍中軍卑公室也初作三軍三分公室而各有其一及其
舍之也四分公室季氏擇二二子各一皆盡征之而貢于公然則
三軍作舍皆自三家公不與焉公室益卑而魯國之兵權悉歸于
季氏矣兵權有國之司命三綱兵政之本原書其作舍而公孫于

齊薨于乾侯定公無正必至之理也已則不臣三綱淪替南遺叛陽虎專季斯囚而三桓之子孫微矣亦能免乎書曰舍中軍微詞以著其罪也

楚殺其大夫屈申公如晉夏莒牟夷以牟婁及防兹來奔

邾莒之大夫名姓不登於史冊微也牟夷莒大夫曷爲以姓氏通重地也以地叛雖賤必書地以名其人終爲不義弗可滅矣其書來奔是接我以利而我入其利兩譏之也爲國以義不以利如以利則上下交征而國必危矣爲己以義不以利如以利則患得患失亦無所不至矣春秋於三叛人雖賤特書其名以懲不義懼淫人爲後戒也邑而言及者公羊所謂不以私邑累公邑是也

秋七月公至自晉戊辰叔弓帥師敗莒師于蚡泉秦伯卒冬楚子蔡侯陳侯許男頓子沈子徐人越人伐吴

越始見經而與徐皆得稱人何也吴以朱方處齊慶封而富於其舊崇惡也楚圍朱方執齊慶封殺之討罪也吴不顧義入棘櫟麻

以報朱方之役狄道也楚於是以諸侯伐吴則比吴爲善而師亦有名其從之者進而稱人可也或者以詞爲主而謂不可云沈子徐越伐吴故特稱人誤矣以不可爲文詞而進人於越一字褒貶義安在乎且吴楚徐越雖比於夷狄而劉敞以爲其實不同吴太伯之後也楚祝融之後也徐伯益之後也越大禹之後也其上世皆爲元德顯功通于周室與中國冠帶之君無以異徐始稱王楚後稱王吴越因遂稱王王非諸侯所當稱也故春秋比諸夷狄雖然猶不欲絕其類是以上不使與中國等下不使與夷狄均推之可遠引之可來此聖人慎絕人亦春秋之意也

六年春王正月杞伯益姑卒葬秦景公夏季孫宿如晉葬杞文公宋華合比出奔衛

左氏曰宋寺人柳有寵太子佐惡之華合比請殺之柳聞坎用牲埋書而告公曰合比將納亡人之族既盟于北郭矣公使視之有焉遂逐合比於是華亥欲代爲右師乃與柳比從爲之徵公使代

之宋公寵信閹寺殺世適痤而父子之恩絕逐華合比而君臣之義睽刑人之能敗國亡家亦可畏矣猶有任趙高以亡秦信恭顯十常侍以亡漢寵王守澄田令孜以亡唐而不知鑒覆車之轍者不亦悲夫凡此類直書而義自見矣

秋九月大雩楚薳罷帥師伐吴冬叔弓如楚齊侯伐北燕

七年春王正月暨齊平

我所欲曰及不得已曰暨當是時昭公結婚強吴外附荆楚其與齊平無汲汲之意乃齊求於魯而許之平也故曰暨至定公八年魯再侵齊結大國之怨見復必矣其與齊平非不得已乃魯求於齊而欲其平也故曰及平者聖人之所貴然或以賄賂而結平或以臣下而擅平或以附夷狄而得平或以侵犯大國而急於平則皆罪也攷其事而輕重見矣

三月公如楚叔孫舍如齊涖盟夏四月甲辰朔日有食之秋八月戊辰衛侯惡卒九月公至自楚冬十有一月癸未季孫宿卒十有二月

癸亥葬衛襄公

八年春陳侯之弟招殺陳世子偃師

此公子招特以弟稱者著招憑寵稔惡而陳侯失親親之道也招以公子爲司徒乃貴戚之卿親則介弟尊則叔父號令廢立自已而出莫敢干之者也不能援立嫡冢安靖國家而逢君之惡戕殺偃師以致大寇宗社覆没罪固大矣陳侯信愛其弟何以爲失親親乎尊賢者親親之本不能擇親之賢者厚加尊寵以表儀公族而殉其私愛施於不令之人以至亡國敗家豈不失親親之道乎其曰陳侯之弟招殺陳世子偃師交貶之也

夏四月辛丑陳侯溺卒叔弓如晋楚人執陳行人于徵師殺之陳公子留出奔鄭秋蒐于紅

蒐春事也秋興之則違天時有常所矣其于紅則易地利三家專行公不與焉而兵權在臣下則悖人理此亦直書其事不待貶絶而自見者也凡亂臣之欲竊國命必先爲非禮以動民而後上及

於君父昭公至是民食於他不恤其所昧於履霜之戒甚矣

陳人殺其大夫公子過大雩冬十月壬午楚師滅陳執陳公子招放之于越殺陳孔奐葬陳哀公

九年春叔弓會楚子于陳許遷于夷夏四月陳災

凡外災告則書今楚已滅陳夷於屬縣使穿封戌爲公矣必不遣使告於諸侯言亡國之有天災也何以書於魯國之策乎當是時叔弓與楚子會于陳則目擊其事矣雖彼不來告此不往吊叔弓使畢而歸語陳故也魯史遂書之耳或曰國史所書必承赴告豈有憑使人之言而載之於史者曰周景王崩有尹單猛朝之變固無赴告矣叔鞅至自京師言王室之亂也春秋承其言遂書於策亦此類爾仲尼作經存而弗革者蓋興滅國繼絕世以堯舜三代公天下之心爲心異於孤秦罷侯置守欲私一人以自奉者所以歸民心合天德也穀梁以爲存陳得其旨矣

秋仲孫貜如齊冬築郎囿

十年春王正月夏齊欒施來奔秋七月季孫意如叔弓仲孫貜帥師伐莒

前已舍中軍矣曷爲猶以三卿並將乎季氏毀中軍四分公室擇其二二家各有其一至是季孫身爲主將二子各率一軍爲之副則三軍固在其曰舍之者特欲中分魯國之衆爲己私耳以爲復古則誤矣襄公以來既作三軍地皆三家之土民皆三家之兵每一軍出各將其所屬而公室無與焉是知雖舍中軍而三卿並將舊額固存矣

戊子晉侯彪卒九月叔孫舍如晉葬晉平公十有二月甲子宋公成卒

十有一年春王二月叔弓如宋葬宋平公夏四月丁巳楚子虔誘蔡侯般殺之于申楚公子棄疾帥師圍蔡

左氏曰楚子在申召蔡侯其大夫曰王貪而無信幣重言甘誘我也不如無往蔡侯不可楚子伏甲饗般於申執而殺之此討賊也

雖誘殺之疑若無罪春秋深惡楚子貶而稱名何也世子般弑其君諸侯與通會盟十有三年矣是中國變爲夷狄而莫之覺也楚子若以大義唱天下奉詞致討執般於蔡討其弑父之罪而在宫者無赦焉討其弑君之罪而在官者無赦焉殘其身瀦其宫室謀於蔡衆置君而去雖古之征暴亂者不越此矣又何惡乎今虔本心欲圖其國不爲討賊舉也而又挾欺毁信重幣甘言詐誘其君執而殺之肆行無道貪得一時流毒於後葉疾以是殺戎蠻商鞅以是紿魏將秦人以是劫懷王傾危成俗天下大亂劉項之際死者十九聖人深惡楚虔而名之也其慮遠矣後世誅討亂臣者或畏其强或幸其弱不以大義興師至用詭謀詐力僥倖勝之若事之捷反側皆懼苟其不捷適足長亂如代宗之圖思明憲宗之紿王弁昧於春秋垂戒之旨矣

五月甲申夫人歸氏薨大蒐于比蒲

其曰大蒐越禮也君有重喪國不廢蒐不忌君也三綱軍政之本

君執此以御其下臣執此以事其上政之大本於是乎在君有三年之慼而國不廢一日之蒐則無本矣然則君有重喪喪不貳事以簡車徒爲非禮也乃有身從金革而無避者獨何歟曰喪不貳事大比而簡車徒則廢其常可也有門庭之寇而宗廟社稷之存亡係焉必從權制而無避矣伯禽服喪徐夷並興至于東郊出戰之師與築城之役同日並舉度緩急輕重蓋有不得已焉者矣晉王克用薨梁兵壓境而莊宗決勝於夾寨周太祖殂契丹入寇而世宗接戰於高平若此者君行爲顯親非不顧也臣行爲愛君非不忌也惟審於緩急輕重之宜斯可矣

仲孫貜會邾子盟于祲祥秋季孫意如會晉韓起齊國弱宋華亥衛北宫佗鄭罕虎曹人杞人于厥慭

按左氏楚師在蔡晉荀吴曰不能救陳又不救蔡物無以親已爲盟主而不恤亡國將焉用之會于厥慭謀救蔡也使狐父請蔡于楚弗許文十五年晉靈公帥八國之諸侯盟于扈春秋略而不序

者謀伐齊而不克定其亂也襄公三十年叔孫豹會十二國之大夫于澶淵諸國之大夫皆稱人魯卿諱而不書者視蔡亂而不能討其賊也今楚將滅蔡請于楚而弗許晉之不能亦可知矣曷爲諸國猶序而大夫無貶乎扈之盟晉侯受賂弗克而還諸侯略而不序亡義利之分也澶淵之會謀救宋災而不討蔡罪大夫貶而稱人魯卿諱而不書失重輕之别也亡義利之分爲不仁失重輕之别爲不智今晉與諸侯心欲救蔡而力弗加焉則無惡也凡此見春秋明義利審重輕以恕待人而不求其備矣

九月乙亥葬我小君齊歸冬十有一月丁酉楚師滅蔡執蔡世子有以歸用之

内入國而以其君來外滅國而以其君歸皆服而以之易詞也既書滅蔡矣又書執蔡世子有者世子無降服之狀強執以歸而虐用之也或以爲未踰年之君其稱世子者不君靈公故不成其子非也楚虔殺蔡般棄疾圍其國凡八月而見滅世子在窮迫危懼

之中固未暇立乎其位安得以爲未踰年之君而稱子也假使立乎其位而般死於楚其喪未至不斂不葬世子亦不成乎爲君矣然世子繼世有國之稱必以此稱蔡有者父毋之仇不與共天下與民守國効死不降至於力屈就擒虐用其身而不顧也則有之爲世子之道得矣

十有二年春齊高偃帥師納北燕伯于陽三月壬申鄭伯嘉卒夏宋公使華定來聘公如晉至河乃復五月葬鄭簡公楚殺其大夫成熊秋七月冬十月公子慭出奔齊楚子伐徐晉伐鮮虞

左氏曰晉荀吴僞會齊師者假道鮮虞遂入昔陽冬書晉伐鮮虞狄之也獻公假道於虞以滅虢因執虞公則以師與人稱之今晉雖爲諼固可罪也而狄之不亦過乎楚奉孫吴討陳因以滅陳誘蔡般殺之因以滅蔡晉人視其殘虐莫能救則亦已矣而効其所爲以伐人國是中國居而夷狄行也人之所以爲人中國之所以爲中國信義而已矣一失則爲夷狄再失則爲禽獸禽獸逼人人

將相食自春秋末世至于六國亡秦繼以詐並與傾危成俗河決魚

爛不可壅而收之皆失信棄義之明驗也春秋謹嚴於此制治未

亂拔本塞源之意豈曰過乎

春秋傳卷第二十五

昭公中

十有三年春叔弓帥師圍費

費内邑也命正卿爲主將舉大衆圍其城若敵國然者家臣強大夫弱也語不云乎有一言而可以終身行之者其恕矣夫己所不欲勿施於人所惡於下者無以事上也所惡於上者無以使下也然後家齊而國治矣季孫意如以所惡於下者事其上而不忠於其君以所惡於上者使其下而不禮於其臣出乎爾者反乎爾宜南蒯之及此也春秋之法不書内叛反求諸己而已矣其書圍費欲著其實不没之也

夏四月楚公子比自晉歸于楚弑其君虔于乾谿

楚師伐徐楚子虔次于乾谿爲之援公子棄疾君陳蔡主方城之外有觀從者率羣失職以棄疾命召比于晉既至脅比而立之令于乾谿曰先至者復其田里師潰而歸楚子經而死或曰昭元年

楚虔弑立比出奔晉十三年比歸而虔縊于棘圍則比未嘗一日北面事虔爲之臣虔又弑立固非比之君矣而書曰比弑其君虔何也曰凡去國出奔而君不以爲臣則晉於欒盈是也臣不以爲君則公子鱄於衛是也若去國雖久而爵禄有列於朝出入有詔於國不掃其墳墓不收其田里不係纍其宗族即君臣之分猶在也比雖奔晉而晉人以羇待比以國底禄固楚之亡公子也楚又未嘗錮之如晉之於欒盈比又未嘗不向楚而坐如子鮮之於衛安得以爲比非楚臣而虔非比之君乎春秋書比弑其君虔明於君臣之義也或曰虔弑郟敖以立比之獲罪豈其無討賊之心而徒貪夫位歟曰春秋罪比不明乎君臣之義不責其無討賊之心夫比雖當次及之序而棄疾亦居楚國之常以取國言之比具五難而棄疾有五利此事之變也爲比者宜乎効死不立若國有所歸爲曹子臧魯叔肸不亦善乎不然身居令尹都貴戚之卿爲社稷鎮亂不自己亦可也今乃脅於勢而忘其守怵於利而忘其義

被之大惡欲辭而不可得矣爲人臣而不知春秋守經事而不知其宜遭變事而不知其權者若此類是也悲夫聖人垂戒之意明矣

楚公子棄疾殺公子比

棄疾立比爲王而已爲司馬固君比矣而又殺之則宜書曰棄疾弑其君比而曰殺公子比何也初子干歸自晉觀從假棄疾命而召之來則來坎牲加書而强之盟則盟帥四族衆而使之入楚則入殺太子祿而立之爲王則王周走而呼於國中謂衆怒如水火而逼之自殺則自殺其行止遲速去就死生皆觀從與國人所爲而比未嘗可否之也安得爲棄疾之君乎然比兄也黑肱弟也棄疾其季弟也立比爲王肱爲令尹疾爲司馬蓋國人以長幼之序立之也則宜書曰楚人殺比而春秋變文歸獄棄疾者誅其本意在於代比而非討之也所謂輕重之權衡曲直之繩墨而懷惡者亦無所隱其情矣

秋公會劉子晉侯齊侯宋公衛侯鄭伯曹伯莒子邾子滕子薛伯杞
伯小邾子于平丘
按左氏晉成虒祁諸侯朝而歸者皆有貳心齊侯往朝于晉燕而
投壺曰寡人中此與君代興晉人知其亦將貳也叔向曰諸侯不
可以不示威乃並徵會治兵于邾南甲車四千乘遂合諸侯于平
丘方是時楚人暴横陵蔑中華在宋之盟爭晉先歃及虢之會仍
讀舊書遂召諸侯爲申之舉遷賴於鄢縣陳滅蔡此乃敵國外患
臨深履薄恐懼省戒之時其君當倚於法家拂士以德修國政其
臣當急於責難陳善以禮格君心内結夏盟外攘夷狄復悼公之
業若弗暇也今乃施施然安於不競無憤耻自強之志惟宮室臺
榭是崇是飾及諸侯皆貳顧欲示威徵會而以兵甲耀之不亦末
乎春秋之法制治于未亂保邦于未危貴事之預耻以苟成而不
要諸道者也是以深惡此會如下文所貶云明其義者然後知仲
尼作經於一臺囿之築一宮室門觀之作必謹而書以重民力其

弭亂持危固結人心之慮遠矣

八月甲戌同盟于平丘

按左氏晉將尋盟齊人不可叔向曰諸侯有間矣不可以不示衆辛未治兵建而不旆壬申復旆諸侯畏之辭諸魯曰寡君有甲車四千乘在雖以無道行之猶必可畏牛雖瘠僨於豚上其畏不死南蒯子仲之憂庸可棄乎若奉晉之衆間其二憂何求而弗克請君無勤魯人聽命甲戌同盟于平丘其書同盟者劉子與盟同懼楚也會與盟同地再書平丘者書之重詞之複其中必有美惡焉見行事之深切著明故詞繁而不殺也是盟蓋或善之而以爲惡何哉盟雖衰世之事然有定人道之大倫者矣有備天子之明禁者矣有束牲不歃相命而信自喻者矣有納斥候禁侵掠誠格而不復叛者矣其次猶以載書詞命相爭約於大神而不敢越者則未聞主盟中國奉承齊犧而矜其威力恐迫諸侯又信蠻夷之詐絕兄弟之歡求逞私憤間其憂疑如此盟者流及戰國強衆相誇

恫疑恐喝恣行陵暴死者十九積習所致有自來矣春秋禮義之大宗也曾是以爲善乎詞繁而不殺則惡其競力不道爲後世鑒也

公不與盟

臣子之於君父隱諱其耻禮也十二國會于平丘公獨見辭不得與盟斯亦可耻矣曷爲直書其事而不隱也晉主此盟德則不競而矜兵甲之威肆脅持之術以諸侯上要天子之老而歃血以中國同惴夷狄篡立之主而結盟無禮義忠信誠慤之心而以威詐莅之具此五不韙者得不與焉幸也聖人筆削春秋凡魯君可耻者必爲之隱諱至會于沙隨而公不得見盟于平丘而公不得與自衆人常情必深沮喪以爲辱矣仲尼推明其故自反而縮雖晉國之嚴不可及也彼以其威我以其理彼以其勢我以其義夫何歉乎哉直書其事示後世立身行己之道也其垂訓之用大矣

晉人執季孫意如以歸

稱人以執非伯討也自文以來公室微弱三家專魯而季氏罪之首也宿及意如尤爲強逼元年伐莒疆鄆十年伐莒取郠中分魯國以自封殖而使其君民食於家其不臣甚矣何以爲非伯討乎晉人若按邾莒所訴有無之狀究南蒯子仲奔叛之因告於諸侯以其罪執之請於天子以大義廢之選於魯卿更意如之位收斂私邑爲公室之民使政令在君三家臣順則方伯之職修矣今魯與邾通好亦不朝夕伐莒而鄆郠之故又非昭公意也徒以邾莒之言曰我之不共魯故之以遂辭魯君而執意如則是意在貨財而不責其無君臣之義也何得爲伯討乎稱人以執罪晉之偷也

公至自會蔡侯廬歸于蔡陳侯吳歸于陳

楚虔遷六小國於荆山又滅陳蔡而縣之及棄疾即位復諸遷國封蔡及陳隱太子有之子廬歸于蔡悼世子偃師之子吳歸于陳曰歸者順詞也陳蔡昔皆滅矣不稱復歸者不與楚虔之得滅也其稱歸于者國其所宜歸也廬與吳皆亡世子之子也而棄疾封

之可謂有奉矣不言自楚者不與楚子之得封也其稱侯者位其所固有也陳列聖之後蔡王室之親見滅於楚虔而諸侯不能救復封於棄疾而諸侯不能與是以夷狄制諸夏也聖人至是懼之甚蓋有不得已焉制春秋爲後法大要皆天子之事也其義則以公天下爲心興滅國繼絕世異於自私其身欲擅而有之者也故書法如此爲天下國家而不封建欲望先王之治難矣

冬十月葬蔡靈公公如晉至河乃復吴滅州來

十有四年春意如至自晉

按左氏季孫猶在晉子服惠伯私於中行穆子曰魯事晉何以不如夷之小國土地猶大所命能具若爲夷棄之使事齊楚何瘳於晉乃歸季孫其始執之爲乇邾莒之供而非有扶弱擊強之義也其終歸之爲土地猶大所命能具而非有不能救蔡爲夷執親之悔也然則晉人喜怒皆以利發其勸沮皆以利行違道甚矣故平丘之會深加貶斥自是而後諸侯不合二十餘年至于召陵又以

賄敗十有八國之諸侯而書侵楚以譏之於是晉日益衰外攜內叛不復振矣利之能敗人國家乃如此春秋之深戒也

三月曹伯滕卒夏四月秋葬曹武公八月莒子去疾卒

卒自外録者也莒人來赴故魯史書其卒葬自内録者也魯人不往是以闕其葬自昭公以來雖薛杞微國無不會其葬者何獨於莒則不往乎方是時意如專政而莒嘗訴其疆鄆取郠之罪于方伯而見執矣爲是怨莒故獨不會其葬也夫怨不棄義惡不忘親怒不廢禮在桓公時雖與衛戰而宣公卒則往葬之不以私故絕吉凶慶吊往來施報之常禮也以此見意如之專恣矣若意如者其傲很修怨敢施於昭公與莒子及其在晉聞除館西河則恐懼逃歸如一匹夫何也小人無禮喜怒勇怯不中節皆若是耳苟不遠之其能國乎

冬莒殺其公子意恢

十有五年春王正月吳子夷末卒二月癸酉有事于武宮籥入叔弓

卒去樂卒事

左氏曰禘于武宫叔弓莅事籥入而卒去樂卒事有事於宗廟聞大夫之喪則去樂而祭可乎按曾子問君在祭不得成禮者夫子語之詳矣而無有及大臣者是知祭而去樂不可也有事於宗廟遭大夫之變則以聞可乎按禮衛有太史柳莊寢疾君曰若疾革雖當祭必告是知祭而以聞不可也禮莫重於當祭大夫有變而不以聞則内得盡其誠敬之心於宗廟外全隱卹之意於大臣是兩得之也然則有事於宗廟大臣莅事籥入而卒於其所則如之何禮雖未之有可以義起也有事於宗廟大臣莅事籥入而卒於其所去樂卒事其可也緣先祖之心見大臣之卒必聞樂不樂緣孝子之心視已設之饌必不忍輕徹故去樂而卒事其可也宗廟合禮者常事不書苟以爲可則春秋何書乎此記禮之變而書之者也

夏蔡朝吳出奔鄭

朝吳蔡之忠臣雖不能存蔡而能復蔡其從於棄疾者謂蔡滅而棄疾必能封之也棄疾以其忠於舊君而信之使居舊國可謂知所信矣則咼爲出奔費無極害其寵也無極楚之讒人去朝吳出蔡侯朱喪太子建殺連尹奢屏王耳目使不聰明卒使吳師入郢辱及宗廟讒人爲亂可不畏乎爲國有九經而尊賢爲上勸賢有四事而去讒爲首志朝吳出奔而入郢之師兆矣然朝吳身居舊國處危疑之地苟有譖之者則王不能無動也能以忠信自任而杜讒諂之謀則善矣而費無極乃語之曰子亦長矣而在下位辱也欲爲之請以名利累其心而莫之覺不智亦甚矣故特書其出奔以罪吳爲後戒也

六月丁巳朔日有食之秋晉荀吳帥師伐鮮虞

晉滅潞氏甲氏及再伐鮮虞皆用大夫爲主將而或稱人或稱國或稱其名氏何也以殄滅爲期而無矜惻之意則稱人見利忘義而以狄道欺詐行之則稱國以正兵加敵而不納其叛臣則稱名

氏夫稱其名氏非褒之也纔免於貶耳而春秋用兵禦狄之略咸見矣

冬公如晉

十有六年春齊侯伐徐楚子誘戎蠻子殺之

楚子之誘一也或名或不名者虔欲滅中國而棄疾討蠻氏謹華夷之辨也蔡侯與蠻子之見殺一也或名不名者蔡般弒父與君蠻氏亂而無質其罪之輕重亦差矣

夏公至自晉

左氏曰公如晉平丘之會故也至是始歸者晉人止公其不書諱之也昭公數朝于晉三至于河而不得入兩得見晉侯又欲討其罪而止旃其困辱亦甚矣在易之困曰困亨者因困窮而致亨也夫困於心衡於慮而後得徵於色發於聲而後喻此正憤悱自強之時而夏少康衛文公越勾踐燕昭王四君子者由此其選也今昭公安於危辱無激昂勉勵之志即所謂自暴自棄不可與有為

而人亦莫之告矣不亦悲乎諱而不書深貶之也
秋八月己亥晉侯夷卒九月大雩季孫意如如晉冬十月葬晉昭公
十有七年春小邾子來朝夏六月甲戌朔日有食之秋郯子來朝八月晉荀吳帥師滅陸渾之戎
林父之於潞氏士會之於甲氏荀吳之於陸渾戎皆滅之也而林父士會稱人荀吳舉其名氏何哉夷不亂華陸渾之戎密邇王室而縱之雜處則非膺戎狄別內外之義也與闢土服遠以圖強霸則異矣然舉其名氏非褒詞也纔得無貶耳則窮兵於遠虛內事外者可知矣
冬有星孛于大辰
大辰心也心爲明堂天子之象其前星太子後星庶子孛星加心象天子適庶將分爭也後五年景王崩王室亂劉子單子立王猛尹氏召伯立子朝歷數載而後定至哀十三年有星孛于東方不言宿名者不加宿也當是時吳人僭亂憑陵上國日敝於兵暴骨

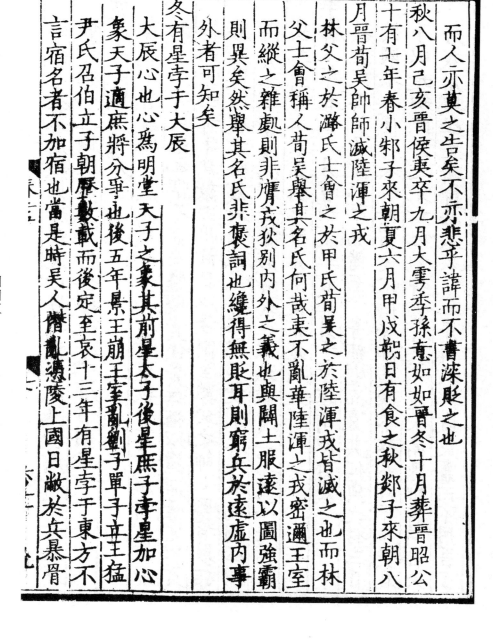

如葬其戾氣所感固將壅吴而降之罰也故彖{?}所指在於東方
假手越人吴國遂滅天之示人顯矣史之有占明矣

楚人及吴戰于長岸

言戰不言敗勝負敵也楚地五千里帶甲數十萬戰勝諸侯威服
天下本非吴敵也惟不能去讒賤貨使貴無極以讒勝囊瓦以貨
行而策士奇才爲敵國用故日以侵削至雞父之師七國皆敗栢
舉之戰國破君奔幾於亡滅吴日益強而楚削矣是故爲國必以
得賢爲本勸賢必以去讒賤貨爲先不然雖廣土衆民不足恃也
致其所書本末强弱之由其爲後世戒明矣

十有八年春王三月曹伯須卒夏五月壬午宋衛陳鄭災

按左氏鄭災子產臨事而備至于書焚室而寬其征與之材三日
哭國不市使行人告於諸侯宋衛皆如是陳不救火許不弔災君
子以是知陳許之先亡也初裨竈言於子產宋衛陳鄭將同日火
若我用瓘斝玉瓚鄭必不火子產弗與及鄭既災竈曰不用吾言

鄭又將火鄭人請用之子產不可曰天道遠人道邇非所及也何以知之亦不復火裨竈所言蓋以象推非妄也而鄭不復火者子產當國方有令政此以德消變之驗矣是知吉凶禍福固有可移之理古人所以必先人事而後言命也

六月邾人入鄅秋葬曹平公冬許遷于白羽

十有九年春宋公伐邾

按左氏宋公伐邾圍蟲取之而經不書圍與取何也初鄅人藉稻邾人襲鄅盡俘之鄅子曰余無歸矣從帑於邾邾子反其夫人而舍其女夫人宋向戌之女也故向寧請師圍蟲取之盡歸鄅俘此所謂聲罪執言之兵歸鄅之俘其善意也故書伐邾而釋其取邑之罪此亦善善長惡惡短之義

夏五月戊辰許世子止弒其君買

按左氏許悼公瘧戊辰飲世子止之藥卒書曰弒其君者止不嘗藥也古者醫不三世不服其藥夫子之所慎者三疾居其一季康

子饋藥曰丘未達不敢嘗敬慎其身如此也而於君父可忽乎君有疾飲藥臣先嘗之父有疾飲藥子先嘗之蓋言慎也止不擇醫而輕用其藥藥不先嘗而誤進於君是有忽君父之心而不慎矣自小人之情度之世子弑君欲速得其位而止無此心故曰我與夫弑者不立乎其位哭泣歠飦粥嗌不容粒未踰年而卒無此心故被以大惡而不受自君子聽之止不嘗藥是忽君父之尊而不慎也而止有此心忽君父之尊而不慎此篡弑之萌堅冰之漸而春秋之所謹也有此心故加以大惡而不得辭書許世子止弑君乃除惡於微之意也而或者顧以操刃而殺與不躬進藥及進藥而不嘗三者罪當殊科疑於三傳之說則誤矣必若此言夫人而能爲春秋奚待於聖筆乎墨翟兼愛豈其無父揚朱爲我豈其無君孟軻氏辭而闢之以爲禽獸逼人人將相食後世推明其功不在禹下未有識其過者知此說則知止不嘗藥春秋以爲弑君之意矣

己卯地震秋齊高發帥師伐莒冬葬許悼公

何以書葬穀梁子曰不使止爲弒父也其說曰子既生不免乎水火母之罪也羈貫成童不就師傅父之罪也就師學問無方心志不通身之罪也心志既通而名譽不聞友之罪也名譽既聞有司不舉有司之罪也有司舉之王者不用王者之過也許世子止不知嘗藥累及許君也觀止自責可謂有過人之質矣乃至以弒君獲罪此爲人臣子而不知春秋之義者也古者太子自其初生固舉以禮有司端冕見之南郊過闕則下過廟則趨爲赤子而其教已有齊肅敬慎之端矣此春秋訓臣子除惡於微積善於早之意也

二十年春王正月夏曹公孫會自鄭出奔宋

奔未有言自者此其言自何劉敞曰待放也古者大夫有罪待放於其境三年君賜之環則復賜之玦則去踰境則爲位向國而哭素衣裳冠不說人以無罪此去國之禮曹無大夫其曰公孫賢之

也待放而後出奔臣子常禮免於貶足矣而何以賢之爲公子喜時之後賢之也喜時者曹之社稷鎮公子能以國讓不取乎爲諸侯所謂子臧是也春秋之義善善也長惡惡也短善善及子孫惡惡止其身以其賢者之後苟可善焉斯進之矣此舜典罰弗及嗣賞延于世之意也後世議者有乞録用賢者之類功臣之世蓋得春秋之旨矣

秋盗殺衛侯之兄縶

左氏以爲齊豹殺之也齊豹爲衛司寇守嗣大夫其書爲盗所謂求名而不得者也若艱難其身以險危大人而有名章徹功難之士將奔走之臣竊以爲仲尼書斷此獄罪在宗魯宗魯孟縶之驂乘也於法應書曰盗非求名而不得者也天下豈有欲求險危大人之惡名而聖人又靳此名而不與者哉然則齊豹首謀作亂宗魯雖預聞行事又以身死之矣今乃釋豹不誅而歸獄於宗魯不亦頗乎曰豹之不義夫人皆知之也若宗魯欲周事豹而死於公

孟蓋未有知其罪者故琴張聞其死將往吊之仲尼曰齊豹之盜孟縶之賊汝何吊焉非聖人發其食姦受亂蓋不義犯非禮之罪書於春秋則齊豹所畜養之盜孟縶所見殺之賊其大惡隱矣

冬十月宋華亥向寧華定出奔陳十有一月辛卯蔡侯廬卒

二十有一年春王三月葬蔡平公夏晉侯使士鞅來聘宋華亥向寧華定自陳入于宋南里以叛

按左氏初宋元公無信多私而惡華向三大夫謀曰亡愈於死先諸乃誘羣公子殺之公如華氏請焉弗許遂劫公取太子及其母弟以爲質公怒攻之華向奔陳至是入于南里以叛凡書叛有入于戚者而不言衛有入于朝歌者而不言晉有入于蕭者而不言宋此獨稱宋南里何也戚與朝歌及蕭皆其所食私邑也若南里則宋國城内之里名也傳稱華氏居盧門南里以叛而宋城舊鄘及桑林門以守是華氏與宋分國而居矣故其入其出皆以南里繫之宋此深罪叛臣逼脅其君已甚之詞也

秋七月壬午朔日有食之八月乙亥叔輒卒冬蔡侯朱出奔楚公如晉至河乃復

春秋傳卷第二十六

昭公下

二十有二年春齊侯伐莒宋華亥向寧華定自宋南里出奔楚

華向誘殺羣公子又刼其君取其太子毋弟爲質又求助於吴楚蠻夷入披其國都以叛此必誅不赦之賊也宋宜竭力必討之於内諸侯宜協心必救之於外楚子宜執叛臣之使而戮之於境今楚人釋君而臣是助諸侯之戍怠於救患固請逸賊而宋又從之則皆罪也故晉荀吴齊苑何忌衛公子朝曹大夫皆略而不書其曰自宋南里者譏宋之縱釋有罪不能致討出奔楚者不待貶絶而亢不衷奬亂人之惡自見矣

大蒐于昌間

昭公之時凡三書蒐或以非其時或以非其地而大意在權臣專行公不與也三綱軍政之本古者春蒐夏苗秋獮冬狩皆於農隙以講事而所主者明貴賤辨等列順少長習威儀則皆納民於軌

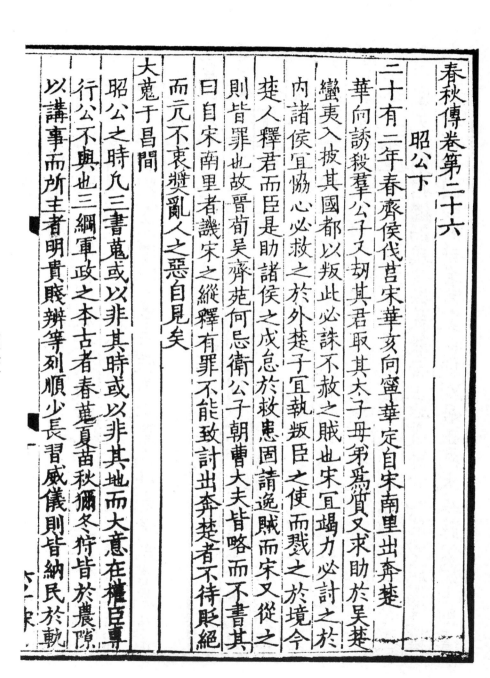

物而非馳射擊刺之末矣是故觀于有莘少長有禮知可用也而
文公遂霸臨于洛陽祖而發喪爲義帝也而漢祖遂王今魯國其
君則設兩觀乘大輅其臣則八佾舞於庭旅大山以雍徹其宰則
據大都執國命而軍政之本亡矣何以蒐爲此春秋所書爲後戒
之意也

夏四月乙丑天王崩六月叔鞅如京師葬景王王室亂

何言乎王室亂王者以天下爲家則以京師爲室京師者本也周
公作立政曰迪惟有夏乃有室大競其作鴟鴞詩以遺成王亦曰
既取我子無毀我室皆指京師言之也以京師爲室王畿爲堂諸
夏爲廷戶四夷爲藩籬治外者先自內治遠者先自近本亂而末
治者否矣景王寵愛子朝使孽子配適以本亂者其言王室譏國
本之不正也本正而天下定矣唐虞公天下則相禪而與賢三代
家天下則相繼而與子春秋兼帝王之道可公也則以達節爲權
故季札辭國貶而稱名可家也則以居正爲大故莊公始生即書

于策鄭突歸而不氏以國陽生入而得係於齊此皆正本以及天下之義也其義苟行無易樹子王室豈有亂離之禍乎春秋書子同生於前而記王室亂於後其爲來世法戒明矣

劉子單子以王猛居于皇

凡稱以者不以者也師而曰以能左右之也地而曰以能取與之也人而曰以能死生之也尊不以乎卑貴不以乎賤大不以乎小劉蚠單旗臣也曷爲能以王猛乎猛無寵於景王不能自定其位制在劉單其曰以者能廢立之也按左氏景王太子壽以昭十五年卒至是八年矣猛與匄皆其母弟禮無疑於當立然久而未立者王愛庶子朝欲立以爲嗣未果而王崩故諸大臣競立君諸王子爭欲立以正則有猛以寵則有朝猛雖正而無寵其威不足以懾羣下朝雖寵而不正其分不足以服人心二子廢立皆恃大臣強弱而後定者也故特稱曰以而景王之弱其後嗣輕其宗社之罪亦著矣易曰王居無咎稱居于皇者明其有土當得位之稱也

秋劉子單子以王猛入于王城

猛未踰年何以稱王亦當立也既當立矣何以稱名明嗣君也曰王猛者見居尊得正又以别乎諸王子也君前臣名劉單不名而王名不嫌於倒置乎曰君前臣名常禮也禮當其變臣有不名名其君而不嫌者矣王不當稱未踰年而稱王名不當稱立爲君而稱猛皆禮之變也惟可與權者能知其變而不越乎道之中再書劉子單子之以王何也春秋詞繁而不殺者必有美惡焉劉子單子蓋挾天子以令諸侯而專國柄者也書而未足故再書于策以著上下舛逆爲後世之深戒也

冬十月王子猛卒十有二月癸酉朔日有食之

二十有三年春王正月叔孫舍如晉癸丑叔鞅卒晉人執我行人叔孫舍晉人圍郊

按左氏晉籍談荀躒帥師軍于侯氏箕遺樂徵濟師軍其東南正月二師圍郊郊子朝邑也既不書大夫之名氏又不稱師而曰晉

人微之也所謂以其事而微之者也當是時天子蒙塵晉爲方伯
不奔問官守省視器具徐遣大夫往焉勤王尊主之義若是乎書
晉人圍郊而罪自見矣
夏六月蔡侯東國卒于楚秋七月莒子庚輿來奔
左氏曰庚輿虐而好劍苟鑄劍必試諸人國人患之又將叛齊烏
存帥國人逐之庚輿來奔齊人納郊公三代之得失天下仁與不
仁而已矣苟無仁心甚則身弑國亡不甚則身危國削庚輿免死
道左而出奔於魯幸耳入國不書而書其出奔惡之也郊公出入
皆不書微之也所謂以其人而微之者也微之爲義或以位或以
人或以事春秋書法達王事名氏不登於史策若此類亦衆矣
戊辰吳敗頓胡沈蔡陳許之師于雞父胡子髡沈子逞滅獲陳夏齧
吳伐州來楚令尹帥師及諸侯之師與吳戰曷爲不書楚令尹既
喪楚師已熸六國先敗楚師遂奔是以不書楚也諸侯之師曷爲
略而不序頓胡沈則其君自將蔡陳許則大夫帥師言戰則未陳

也言敗績則或滅或獲其事亦不同也故摠言吴人以詐取勝於前而以君與大夫序六國於後胡沈書爵書名書滅者二國之君幼而狂不能以禮自守役屬于楚悉師以出一敗而身與衆俱亡也其曰胡子髡沈子逞滅者若曰非有能滅之者咸其自取焉耳亦猶梁亡自亡也鄭棄其師自棄也齊人殲于遂自殲也或曰滅或曰獲別君臣也君死曰滅胡子髡沈子逞是也生得曰獲秦晉戰于韓原獲晉侯是也大夫生死皆曰獲鄭獲宋華元生也吴獲陳夏齧死也書其敗不以國分而以君大夫爲序書其死不以事同而以君臣爲別皆所以辨上下定民志雖顛沛必於是也其義行而亂自熄矣

天王居于狄泉尹氏立王子朝

立者不宜立也王猛當立而未能立故稱大臣以之而不言立敬王當立又能立矣故直稱居于狄泉而不言立子朝庶孽奪正以賤妨貴基亂周室不當立者也故特稱立而目尹氏尹氏天子之

卿也王朝公卿書爵而變文稱氏者見世卿之擅權亂國爲後戒也或曰稱氏者時以氏稱之也詩云王謂尹氏此大雅美宣王詩也亦譏世卿歟爲此説者誤矣詩人主文而不以害意有美而或過有刺而或深以意逆之可也春秋所書或稱爵或稱字或稱名或稱氏或稱子或稱人名分所由正是非所由定禮義所由出皆斷自聖心游夏不能與也徇時之所稱而稱之豈其然乎

八月乙未地震冬公如晉至河有疾乃復

昭公兩朝于晉而一見止五如晉而四不得入焉今此書有疾乃復殺恥也以周公之胄千乘之君執幣帛修兩君之好而不見納斯亦可恥矣有恥而後能知憤知憤而後能自強自強而後能爲善爲善而後能立身身立而後能行其政令保其國家矣昭公内則受制於權臣外則見陵於方伯此正憂患疢疾有德慧智術保生免死之時也而安於屈辱甘處微弱無憤恥自強之心其失國出奔死於境外其自取之哉

二十有四年春王二月丙戌仲孫貜卒叔孫舍至自晉

大夫執而致則名此獨書其姓氏何賢之也叔孫舍以禮立身而不屈於強國以忠事主而不順於強臣此社稷之衛魯之良大夫也使昭公稍有動心忍性強於爲善之意舉國以聽豈其死於乾侯觀意如之稽顙於昭子叔孫之以逐君責意如其事可見矣及意如有異志而昭子使祝宗祈死所謂知其無可柰何安之若命者故舍至自晉特以姓氏書其死也公雖在外而特書曰以卒之所以表其節爲後世勸也

夏五月乙未朔日有食之秋八月大雩丁酉杞伯郁釐卒冬吳滅巢

巢楚之附庸實邑之也書吳入州來著陵楚之漸書吳滅巢著入郢之漸四鄰封境之守既不能制則封境震矣四境國都之守既不能保則國都危矣故沈尹戍以此爲亡郢之始也春秋內失地不書明此爲有國之大罪外取滅皆書明見取滅者之不能有其土地人民則不君矣故諸侯之寶三以土地爲首

葬杞平公

二十有五年春叔孫舍如宋夏叔詣會晉趙鞅宋樂大心衛北宮喜鄭游吉曹人邾人滕人薛人小邾人于黃父

按左氏鄭子大叔如晉范獻子曰若王室何對曰王室之不寧大國之憂晉之恥也吾子其早圖之獻子懼乃徵會於諸侯會于黃父謀王室也趙簡子令諸侯之大夫輸王粟具戍人將納王夫以王猛之無寵單旗劉蚠之屢敗敬王初立子朝之衆召伯奐南宮嚚甘桓公之黨疑若多助之在朝也然會于黃父九十國而諸侯之大夫無異議焉是知邪不勝正久矣猶有寵愛庶孽配適奪正至於滅亡而不寤者不知幽王晉獻之父子亦何足効哉然則黃父之會王事也而無美辭何也王室不靖亦惟友邦冢君克修厥職以綏定王都非異人任亦何美之有免於譏貶足矣此春秋以正待人之體也後世以濫賞報臣子所當爲之事爲臣子者亦受而不辭失此義矣

有鸜鵒來巢

傳曰鸜鵒不踰濟濟水東北會于汶魯在汶南其所無也故書曰有巢者去穴而巢陰居陽位臣逐君象也鸜鵒宜穴處於下而巢居於上季孫宜臣順於家而主祭於國反常爲異之兆能以德消則無其應矣或曰此公子宋有國之祥也

秋七月上辛大雩季辛又雩

左氏以再雩爲旱甚聖人書此者以志禦災之非道而區區於禱祠之末也昭公之時雨雹地震四見於經旱乾爲虐相繼而起有鸜鵒來巢異之甚者季辛又雩災之甚也考諸列位則國有人焉觀諸天時則猶有眷顧之心未終棄也若反身修德信用忠賢災異之來必可禦矣昔高宗肜日雉升鼎耳異亦甚矣聽於祖己克正厥事故能嘉靖殷邦享國長久宣王之時旱魃蘊隆災亦甚矣側身修行遇災而懼故能興衰撥亂王化復行此皆以人勝天以德消變之驗也昭公至是猶不知畏罔克自省而求於禱祠之末

將能勝乎故特書此以爲後世鑒

九月巳亥公孫于齊次于陽州

内出奔稱孫隱也次于陽州待齊命也昭公欲伐季氏子家子曰季氏得民巳久君無多辱公不從意如登臺而請待於沂上以察罪弗許請囚于費弗許請以五乘亡弗許子家子曰君其許之政自之出久矣隱民多取食焉爲之徒者衆矣日入慝作弗可知也弗聽叔孫氏之司馬陷西北隅以入孟氏殺郈昭伯遂伐公徒公與臧孫如墓謀遂行以君伐臣曷爲不勝魯自東門遂殺適立庶魯君於是乎失政祿去公室政在季氏於此君也四公矣作三軍盡征其一舍中軍兼有其二民賦入於其家半矣受命救台也遂入鄆帥師取下也不以聞軍政在其手專矣行父片言而東門氏逐南蒯一動而公子慭奔魯之羣臣亦無敢忠於公室而獻謀者所謂屯難之時也在易屯之六五曰屯其膏小貞吉大貞凶象曰屯其膏施未光也昭公不明乎消息盈虛之理正身率德擇任忠

賢待時循致不忍一朝之忿求逞其私欲而以羣小謀之其及也宜矣

齊侯唁公于野井

唁者弔也生事曰唁死事曰弔齊侯唁公于野井以遇禮相見孔子曰其禮與其詞足觀矣然則何以失國而不反乎禮有本末正身治人禮之本也威儀文詞禮之末也昭公喪齊歸無慼容而不顧娶孟子爲夫人而不命政令在家而不能取有子家子之賢而不能用而屑屑焉習儀以亟能有國乎雖齊侯來唁其禮與詞是矣而方伯連帥之職則未修也又豈所以爲禮哉其言曰自莒疆以西請致千社將帥敝賦以從而子家子曰失魯而以千社爲臣誰與之立且齊君無信不如早之晉書曰唁公亦明其無納公之實譏之也

冬十月戊辰叔孫舍卒十有一月巳亥宋公佐卒于曲棘

按左氏宋元公爲公故如晉卒于曲棘曲棘宋地也宋元之夫人

曹氏生子妻意如或謂曹氏勿與魯將逐之曹氏告元公公告樂祁祁曰與之如是魯君必出無民而能逞其志者未之有也魯君失民久矣然則宋元意如之外舅也不比之顧而求欲納公是以正倫恤患爲心而不匿其私親之惡者也其賢於當時諸侯遠矣故雖卒于封內而特書其地以別之也

十有二月齊侯取鄆

鄆魯邑也直書齊侯取之何也齊不自取而爲公取鄆使居之也昭公出奔經書次于陽州見公於魯未絕而季氏逐君爲不臣及書齊侯取鄆則見公已絕於魯而逐於季氏爲不君君者有其土地人民以奉宗廟之典籍者也已不能有而他人是保則不君矣春秋之義欲爲君盡君道爲臣盡臣道各守其職而不渝也昭公失君道季氏爲亂臣各渝其職而不守矣其爲後世戒深切著明矣

二十有六年春王正月葬宋元公三月公至自齊居于鄆

居者有其土地人民之稱也昭公失國出奔而稱居于鄆者存一國之防也襄王已出而稱居于鄭敬王未入而稱居于狄泉者存天下之防也天子之於天下率土之濱莫非王臣非諸侯所敢擅也諸侯之於封國四境之内莫非其土非大夫所得專也故諸侯避舍以待巡守而大夫專邑是謂叛君曰居于鄆其爲防也至矣

夏公圍成

成者孟氏之邑左氏曰齊侯將納公命無受魯貨申豐適齊貨梁丘據據受之言於齊侯曰羣臣不盡力于魯君者非不能事君也據有異焉宋元公爲魯君如晉卒于曲棘叔孫昭子求納其君無疾而死不知天之棄魯邪抑君有罪於鬼神故及此也若使羣臣從魯君以卜師有濟也而繼焉茲無敵矣齊侯從之使公子鉏帥師從公圍成不書齊師者景公怵於邪說爲義不終故微之也書公圍成則季氏之不臣昭公之不君齊侯之不能修方伯連帥之職其罪咸具矣

秋公會齊侯莒子邾子杞伯盟于鄟陵公至自會居于鄆九月庚申

楚子居卒冬十月天王入于成周

左氏曰晉知躒趙鞅帥師納王入于成周使成公般戍周而還不曰入于京師者京師衆大之稱不可繫之入也其曰成周者黍離而次不列于雅降爲國風之意而景王寵愛庶孽弱其世適之罪著矣

尹氏召伯毛伯以王子朝奔楚

取國有五利寵居一焉子朝有寵於景王爲之黨者衆矣卒不能立至於奔楚何也是非有出於人之本心者不可以私愛是亦不可以私惡非卒歸於公而止矣景王寵愛子朝將蘄於見是而天下不以爲是踈薄子猛將蘄於見非而天下卒不以爲非徒設此心兩棄之也庶孽憑寵爲羣小之所宗而人心不附適子恃正人心之所向而羣小不從故伯服雖殺而平王亦不能復宗周之盛申生已死而奚齊卓子亦不能勝里克之兵是兩棄之也景王不

鑒覆車王猛子朝之際危亦甚矣春秋詳書爲後世戒可謂深切著明也哉

二十有七年春公如齊公至自齊居于鄆夏四月吴弑其君僚

此公子光使專諸弑之而稱國何也吴子壽夢有四子長諸樊次餘祭次夷末次季札光諸樊之子也僚夷末之子也諸樊兄弟以次相及必欲致國於季子而季子終不受則國宜之光者也僚烏得爲君故稱國以弑而不歸獄於光其稱國以弑者吴大臣之罪也大臣任大事事莫大於置君矣故君存而國本定君終而嗣子立社稷嘉靖人無間言此秉政大臣之任伊召之所以安商周孔明之所以定劉漢也若廢立進退出於羣小闇寺而當國大臣不預焉則將焉用彼相矣此春秋歸罪大臣稱國弑君之意其經世之慮深矣

楚殺其大夫郤宛秋晉士鞅宋樂祁犂衛北宫喜曹人邾人滕人會于扈

按左氏扈之會令戍周且謀納公也宋衛皆利納公固請之士鞅取貨於季孫謂樂祁北宮喜曰魯君守齊三年而無成季氏甚得其民淮夷與之有十年之備有齊楚之援有堅守之心有列國之權而弗敢宣也事君如在國鞅以爲難二子皆圖國者也而欲納魯君請從二子以圍魯無成死之二子懼皆辭乃辭小國而以難復文十五年諸侯盟于扈將爲魯討齊齊侯賂之而不克討故在會諸侯略而不序今此謀納公亦以賂故不克納而諸國之大夫皆序何也曰利於納公者宋衛之大夫也受賂而不欲納公者獨范鞅主之耳又況戍周之令行乎所以列序而不略也以此見聖人取捨之大情而輕重審矣

冬十月曹伯午卒邾快來奔公如齊公至自齊居于鄆

二十有八年春王三月葬曹悼公公如晉次于乾侯夏四月丙戌鄭伯寧卒六月葬鄭定公秋七月癸巳滕子寧卒冬葬滕悼公

二十有九年春公至自乾侯居于鄆齊侯使高張來唁公

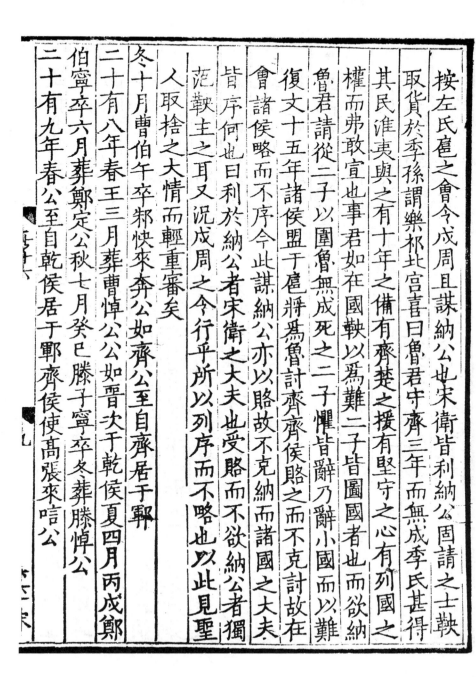

遣使來唁淺事也亦書于經者罪齊侯不能修方伯連帥之職也昔狄人迫逐黎侯黎侯寓于衛衛人弗恤黎之臣子勸其君以歸而賦式微其一章曰微君之故者以事求人而人不有其事是謂微君之故若昭公見逐出奔而齊莫之討淹恤日久而齊莫之納微君之故矣其二章曰微君之躬者以身下人而人不有其身是謂微君之躬若齊侯設禮以享而使宰獻遣使來唁而稱主君微君之躬矣諸侯失國託於諸侯禮也諸侯失國諸侯納之正也齊之先世常主夏盟而太公受先王五侯九伯之命矣魯爲鄰境甥舅之國也昭公朝夕立於其朝曾不能陳師境上討意如逐君之罪而遣使唁公豈得禮乎

公如晉次于乾侯夏四月庚子叔詣卒秋七月冬十月鄆潰

民逃其上曰潰自是昭公削迹於魯尺地一民皆非其有矣公之出奔處鄆四年民不見德亡無愛徵至于潰散豈非昏迷不反自納於罟擭陷穽之中其從者又皆艾殺其民視如土芥其下不堪

所以遺歟然則去宗廟社稷出奔而猶不惕然恐懼斬改過以補
前行之愆也自棄甚矣欲不亡得乎噫故書以爲後世戒

三十年春王正月公在乾侯

公去社稷于今五年每歲首月不書公者在魯四封之内則無適而非其所也至是鄆潰寄乾侯非其所矣歲首必書公之所在者蓋以存君不與季氏之專國也而罪臣子譏諸侯之意具矣唐武后廢遷中宗革命自立史臣列于本紀欲著其罪而君子以爲非春秋之法其言曰天下者唐之天下中宗受之於其父武后安得絶先君之世復繫嗣君之年黜武氏之號自以爲竊取春秋之義信矣

夏六月庚辰晉侯去疾卒秋八月葬晉頃公冬十有二月吴滅徐徐子章羽奔楚

三十有一年春王正月公在乾侯季孫意如會晉荀躒于適歷

左氏曰晉侯將以師納公士鞅曰若召季孫而不來則信不臣矣

然後伐之若何晉人召季孫鞅使私焉曰子必來我受其無咎意如出君不事事有魯國晉實主盟不能致討而寵以會禮不亦逆哉或曰季孫事君如在國未知其罪而君伐之是昭公之過也則非矣行貨齊晉使不納公禱於煬宮求君不入及其復也猶欲絶其兆域加之惡謚安在乎事君如在國猶曰未知其罪乎齊晉不能誅亂禁姦悖君臣之義不知其從自及也陸淳以謂逐君之臣晉不之罪而反與爲會書曰意如會晉荀躒于適歷晉侯之爲盟主可見矣荀躒之爲人臣可知矣此不待貶絶而罪惡見者也得春秋所書之意矣

夏四月丁巳薛伯穀卒晉侯使荀躒唁公于乾侯秋葬薛獻公冬黑肱以濫來奔十有二月辛亥朔日有食之

三十有二年春王正月公在乾侯取闞夏吳伐越秋七月冬仲孫何忌會晉韓不信齊高張宋仲幾衛世叔申鄭國參曹人莒人薛人杞人小邾人城成周

天子有道守在四夷今至於城王都可以不書乎不曰城京師而曰城成周者京師衆大之稱成周地名也與列國等矣

十有二月己未公薨于乾侯

諸侯失國出奔者衆矣鄭伯突爲祭仲所逐而出奔入于櫟而復國衛侯衎爲孫甯所逐而出奔入于夷儀而復國昭公在外八年終以客死爲天下笑何也祭仲雖專而世權不重於季氏衛侯失國猶夫人也而有推挽之者所以雖失而復得也魯自季友受費以爲上卿至于意如專執國命四世矣其臣皆季氏之孚也其民皆季氏之獲也而昭公有一子家駒言不見聽計不行也不能復國宜矣故春秋詳録其所因爲後世之戒公雖失國然每歲之首月必書公在乾侯誅意如也書齊侯取鄆公圍成鄆潰絕昭公也爲人臣者觀每歲必書公所在必不敢萌跋扈不臣之心爲人君者觀春秋所書圍成鄆潰知社稷之無常奉也亦必少警矣嗚呼可謂深切著明者矣

春秋傳卷第二十七

定公上

元年春王

元年必書正月謹始也定何以無正月昭公薨於乾侯不得正其終定公制在權臣不得正其始魯於是曠年無君春秋欲謹之而不可也季氏廢太子衍及務人而立公子宋宋者昭公之弟其主社稷非先君所命而專受之於意如者也故不書正月見魯國無君定公無正主人習其讀而問其傳則未知已之有罪焉爾

三月晉人執宋仲幾于京師

按左氏諸侯會城成周宋仲幾不受功曰滕薛郳吾役也爲是執之則有罪矣書晉人執仲幾于京師則貶詞也以王事討有罪何貶乎按周官司隸掌凡囚執人之事屬於司寇凡諸侯之獄訟定以邦典凡卿大夫之獄訟斷以邦法則大司寇之職也不告諸司寇而執人於天子之側故雖以王事討有罪猶貶凡此類皆篡弑

之萌履霜之漸執而書其地謹之也每謹於初而禍亂熄矣

夏六月癸亥公之喪至自乾侯戊辰公即位

昭公之薨已越葬期猶未得返至于六月癸亥然後喪至而定之即位乃在是月之戊辰蓋遲速進退爲意如所制不得專也以周書顧命攷之成王之崩在四月乙丑宰臣太保即於是日命仲桓南宮毛俾爰齊侯吕伋以二干戈虎賁百人逆王世子釗于南門之外延入翼室宅憂爲天下主不待崇朝而後定也今昭公喪至在葬期之後公子宋自壞隤先入猶未得立是知爲意如所制不得以時定非謂正棺乎兩楹之間故定之即位不可不察也夫即位大事也宗嗣先定則變故不生蓋代君享國而主其祭宜戚宜懼一失幾會或萌窺伺之心至於生變則爲不孝矣古人所以貴於早定國家之本也今昭公之薨定之即位春秋詳書于策非爲後法乃見諸行事爲永鑒耳

秋七月癸巳葬我君昭公九月大雩立煬宫

煬公伯禽之子其曰立者不宜立也喪事即遠有進而無退宮廟
即遠有毀而無立
冬十月隕霜殺菽
穀梁子曰菽舉重也未可以殺而殺舉重可殺而不殺舉輕其象
則刑罰不中之應
二年春王正月夏五月壬辰雉門及兩觀災秋楚人伐吳冬十月新
作雉門及兩觀
書新作者譏僭王制而不能革也雉門象魏之門其外爲庫門而
皐門在庫門之外其内爲應門而路門在應門之内是天子之五
門也僖公嘗修泮宮復閟宮非不用民力也而春秋不書新作南
門則獨書者南非一門也必有不當爲者子家駒以設兩觀爲僭
天子是非諸侯之制明矣夫撥亂反正者必本諸身身正者物必
正春秋於僭君必書者必正之意也使定公遇災而懼革其僭禮
三家陪臣雖欲僭諸侯執國命其敢乎習舊而不知以爲非何以

禁季氏之脅其主矣故特書新作以譏之也
三年春王正月公如晉至河乃復二月辛卯邾子穿卒夏四月秋葬
邾莊公冬仲孫何忌及邾子盟于拔
四年春王二月癸巳陳侯吳卒三月公會劉子晉侯宋公蔡侯衛侯
陳子鄭伯許男曹伯莒子邾子頓子胡子滕子薛伯杞伯小邾子齊
國夏于召陵侵楚
按左氏傳書伐而經書侵楚者楚爲無道憑陵諸夏爲一裘一馬
拘唐蔡二君三年而後遣蔡侯既歸請師於晉晉人請命于周大
合諸侯天子之元老在焉若能暴明其罪恭行天討庶幾哉王者
之師齊桓晉文之功褊矣有荀寅者求貨於蔡侯弗得遂辭蔡人
晉由是失諸侯無功而還書曰侵楚陋之也
夏四月庚辰蔡公孫姓帥師滅沈以沈子嘉歸殺之
沈人不會于召陵晉人使蔡伐之書滅沈罪公孫姓也書以歸罪
沈子嘉也書殺之罪蔡侯也奉詞致討而覆其邦家爲敵所執不

死于位皆不仁矣所惡於前無以先後出乎尒者反乎尒者也蔡侯視楚猶沈視蔡也昭公拘於郢三年而後反非以國小而弱乎沈雖不會召陵未有大罪惡也而恃强殺之甚矣能無公孫翩之及哉宋以曹伯陽歸蔡以沈子嘉歸皆殺之也而或書或不書其不書者賤而略之也

五月公及諸侯盟于皐鼬

定公之立上不請於天王下不告於方伯而受國於季孫意如故三年朝晉至河而復今會諸侯求爲此盟書公及者内爲志也召陵之會必序不序十有八國之諸侯則無以見侵楚之陋皐鼬之盟序與不序非義所係則以凡舉可矣

杞伯成卒于會六月葬陳惠公許遷于容城秋七月公至自會劉卷卒葬杞悼公楚人圍蔡晉士鞅衛孔圉帥師伐鮮虞葬劉文公冬十有一月庚午蔡侯以吴子及楚人戰于柏舉楚師敗績楚囊瓦出奔鄭

吴何以稱子善伐楚解蔡圍也荆楚暴横盟主不能致其討天王

不得達其命長惡不悛復興師而圍蔡王法所當討而不赦也吳能自卑聽蔡侯之義以達天子之命興師救蔡戰于柏舉大敗楚師成伯討之功善矣晉主夏盟中國所仰若嘉穀之望雨也有請于晉如彼其難吳國天下莫強焉非諸侯所能以也有請于吳如此其易故召陵之會大合諸侯而書侵楚柏舉之戰蔡用吳師特書曰以者深罪晉人保利棄義難於救蔡也然則何以不言救乎救大矣闔閭子胥宰嚭皆懷謀楚之心蔡人往請會逢其適非有救災恤鄰從簡書憂中國之實也聖人道大德宏樂與人爲善故因其從蔡特進而書爵囊瓦貪以敗國又不能死可賤甚矣故記其出奔特貶而稱人春秋之情見矣

庚辰吳入郢

及楚人戰則稱爵入郢則舉其號何也君舍于其君之室大夫舍于大夫之室狄道也聖人誰毀誰譽救災恤鄰則進而書爵非有心於與之順天命也乘約肆淫則黜而舉號非有心於貶之奉天

討也伐國者固將拯民於水火之中而鳩集之耳殺其父兄係其子弟毁其宗廟遷其重器而亂男女之配也如水益深如火益熱則善小而惡大功不足以掩之矣聖人心無毁譽如鏡之無妍醜也因事物善惡而施褒貶焉不期公而自公爾明此義然後可以司賞罰之權得春秋之法矣

五年春王三月辛亥朔日有食之夏歸粟于蔡於越入吳六月丙申季孫意如卒

内大夫有罪見討則不書卒公子翬是也仲遂弑惡及視罪與翬同而書卒者以事之變卒之也意如何以書卒見定公不討逐君之賊以爲大夫全始終之禮也定雖受國於季氏苟有叔孫舍之見不賞私勞致辟意如以明君臣之義則三綱可正公室强矣今苟於利而忘其讎三綱滅公室益侵陪臣執命宜矣故意如書卒主人習其讀而問其傳則未知己之有罪焉爾

秋七月壬子叔孫不敢卒冬晉士鞅帥師圍鮮虞

六年春王正月癸亥鄭游速帥師滅許以許男斯歸二月公侵鄭公至自侵鄭夏季孫斯仲孫何忌如晉秋晉人執宋行人樂祁犂

稱人以執非伯討也祁犂聘于晉主趙簡子飲酒焉獻楊楯六十范趙方惡其宰曰昔吾主范氏今子主趙氏是賈禍也范獻子果怒言於晉侯曰以君命越疆未致使而私飲酒不敬二君不可不討也乃執樂祁執非無名何以非伯討也使范趙方睦皆有獻焉則弗執之矣執異國行人出於列卿私意威福之柄移矣三卿分晉而靖公廢爲家人豈一朝一夕之故哉

冬城中城季孫斯仲孫忌帥師圍鄆

七年春王正月夏四月秋齊侯鄭伯盟于鹹齊人執衛行人北宮結以侵衛齊侯衛侯盟于沙大雩齊國夏帥師伐我西鄙九月大雩冬十月

八年春王正月公侵齊公至自侵齊二月公侵齊三月公至自侵齊曹伯露卒夏齊國夏帥師伐我西鄙公會晉師于瓦

按左氏晉士鞅荀寅救魯則其書公會晉師何也春秋大法雖師次於君而與大夫敵至用大衆則君與大夫皆以師爲重而不敢輕也故棐林之會不言趙盾而言晉師瓦之會言晉師而不書士鞅於以見人臣不可取民有衆專主兵權之意陳氏厚施於齊以移其國季孫盡征於魯以奪其民皆王法所禁也春秋之義行則不得爲爾矣

公至自瓦秋七月戊辰陳侯柳卒晉士鞅帥師侵鄭遂侵衛葬曹靖公九月葬陳懷公季孫斯仲孫何忌帥師侵衛冬衛侯鄭伯盟于曲濮從祀先公

蜀人馮山曰昭公至是始得從祀於太廟其說是也季氏逐君而制其死生之命公薨乾侯不得終於正寢既薨七月又不得以時歸葬既葬絶其兆域又不得同於先君而在墓道之南至孔子爲司寇然後溝而合諸墓則其主雖久未得從昭穆而祔祭宜矣其意如已卒陽虎專季氏將殺季孫斯而亂魯國託於正以售其

正始以昭公之主從祀太廟蓋欲著季氏之罪以取媚於國人矣其事雖順其情則逆春秋原情制法故不書禘事與日特曰從祀先公於盜竊寶玉大弓之上見事出陽虎而不可詳也其亦深切著明矣

盜竊寶玉大弓

九年春王正月夏四月戊申鄭伯蠆卒得寶玉大弓

穀梁子曰寶玉封圭大弓武王之戎弓周公受賜藏之魯或曰夏后氏之璜封父之繁弱也子孫世守罔敢失墜以昭先祖之德存肅敬之心爾古者告終易代弘璧琬琰天球夷玉兊之戈和之弓垂之竹矢莫不陳列非直爲美觀也先王所寶傳及其身能全而歸之則可以免矣魯失其政陪臣擅權雖先公分器猶不能守而盜得竊諸公宮其能國乎故失之書得之書所以譏公與執政之臣見不恭之大也此義行則有天下國家者各知所守之職不敢忽矣

六月葬鄭獻公秋齊侯衛侯次于五氏秦伯卒冬葬秦哀公

定公下

十年春王三月及齊平夏公會齊侯于夾谷公至自夾谷

夾谷之會孔子相犂彌言於齊侯曰孔丘知禮而無勇若使萊人以兵劫魯侯必得志焉齊侯從之兩君就壇兩相相揖齊人鼓譟而起欲以執魯君孔子歷階而升不盡一等而視歸乎齊侯曰兩君合好而裔夷之俘以兵亂之非齊君所以命諸侯也裔不謀夏夷不亂華俘不干盟兵不逼好於神爲不祥於德爲愆義於人爲失禮齊侯遽止之而屬其臣曰夫人率其君與行古人之道二三子獨率我入夷狄之俗使寡人獲罪於魯侯如之何晏子曰小人之謝過也以文君子之謝過也以質君已知過則謝之以質齊[illegible]是歸鄆讙龜陰之田仲尼一言威重於三軍亦順於理而已矣其天下莫大於理而強衆不與焉

晉趙鞅帥師圍衛齊人來歸鄆讙龜陰田

齊人前此嘗歸濟西田矣後此嘗歸讙及闡矣而此獨書來歸[illegible]
也曰歸者魯請而得之也曰來歸者齊人心服而歸之也定公
侯會于夾谷孔子攝相事具左右司馬以從至于會所以禮[illegible]
郤犄脅拒兵車之命而罷享禮之設于野由是齊侯歸三邑以[illegible]
過故揚子法言曰仲尼用於魯齊人章章歸其侵疆桓公以[illegible]
楚而楚人求盟夫子以禮責齊而齊人歸地皆書曰來序績[illegible]
秋夫子之筆削自序其績可乎聖人會人物於一身萬象具形而
同體通古今於一息百王異世而同神於土皆安而無所避也於
我皆眞而無所忘也其曰天之將喪斯文也後死者不得與於斯
文也天之未喪斯文也匡人其如予何是以天自處矣而亦何嫌
之有

叔孫州仇仲孫何忌帥師圍郈秋叔孫州仇仲孫何忌帥師圍郈
郈叔孫氏邑也侯犯以郈叛不書于策書圍郈則叛可知矣再書
二卿帥師圍郈則強亦可知矣天子失道征伐自諸侯出而後大

夫強諸侯失道征伐自大夫出而後家臣強其逆彌甚則其失彌速故自諸侯出十世希不失矣自大夫出五世希不失矣陪臣執國命三世希不失矣三家專魯爲日既久至是家臣爭叛亦其理宜矣春秋制法本忠恕施諸已而不願亦勿施諸人故所惡於上不以使下所惡於下不以事上二三子知傾公室以自張而不知家隸之擬其後也凡此類皆據事直書深切著明矣

宋樂大心出奔曹宋公子地出奔陳冬齊侯衛侯鄭游速會于安甫

叔孫州仇如齊宋公之弟辰暨仲佗石彄出奔陳

按左氏宋公子地有白馬四公以與桓魋地怒抶魋奪之魋懼將走公泣之母弟辰曰子爲君禮不過出竟君必止子地出奔陳公弗止辰爲之請弗聽辰曰是我迋吾兄也吾以國人出君誰與處書曰宋公之弟辰暨仲佗石彄出奔陳其弟云者罪宋公以嬖寵故而失二弟無親親之恩暨云者罪辰以兄故帥其大夫出奔無尊君之義夫暨者不得已之詞又以見仲佗石彄見脅於辰不能

自立無大臣之節也

十有一年春宋公之弟辰及仲佗石彄公子地自陳入于蕭以叛夏四月秋宋樂大心自曹入于蕭

出奔陳則稱暨入于蕭以叛則稱及及非不得已之詞得已而不已者也夫事君者可貧可賤可殺而不可使爲亂令不得已而輕於去國猶之可也得已不已而果於叛君則無首從之別其罪一施之故不稱暨而稱及四卿在蕭以叛而大心自曹從之其叛可知矣故不書叛而曰入于蕭入逆詞也書自陳自曹者結鄭國以入叛陳與曹之罪亦著矣

冬及鄭平叔還如鄭涖盟

十有二年春薛伯定卒夏葬薛襄公叔孫州仇帥師墮郈衛公孟彄帥師伐曹季孫斯仲孫何忌帥師墮費

按左氏仲由爲季氏宰將墮三都於是叔孫氏墮郈季氏將墮費公山不狃叔孫輒帥費人襲魯公與三子入季氏之宮登武子之

臺費人攻之入及公側仲尼命申句須樂頎下伐之二子奔齊遂墮費禮曰制國不過千乘都城不過百雉家富不過百乘以此坊民諸侯猶有叛者故家不藏甲邑無百雉之城禮所當謹也郈費成者三家之邑政在大夫三卿越禮各固其城公室欲張而不得也三桓既微陪臣擅命憑恃其城數有叛者三家亦不能制也而問於仲尼遂墮三都是謂以禮爲國可以爲之兆也推而行諸魯國而準則地方五百里凡侵小而得者必有興滅國繼絕世之義諸侯大夫各謹於禮不以所惡於上者使其下亦不以所惡於下者事其上上下交相順而王政行矣故曰苟有用我者期月而可三年有成

秋大雩冬十月癸亥公會齊侯盟于黃十有一月丙寅朔日有食之

公至自黃十有二月公圍成公至自圍成

按左氏將墮成公斂處父謂孟孫曰墮成齊人必至于北門且成孟氏之保障無成是無孟氏也子僞不知我將不墮書公圍成強

也其致危之也仲由爲季氏宰孔子爲魯司寇而不能墮成何也

按是冬公圍成弗克越明年孔子由大司寇攝相事然後誅少正卯與聞國政三月而商賈信於市男女别於途及齊人饋女樂孔子遂行然則圍成之時仲尼雖用事未能專得魯國之政也而辯言亂政如少正卯等必肆疑阻於其間矣成雖未墮無與爲比亦不能爲患使聖人得志行乎魯國以及朞月則不待兵革而自墮矣

十有三年春齊侯衛侯次于垂葭夏築蛇淵囿大蒐于比蒲衛公孟彄帥師伐曹秋晉趙鞅入于晉陽以叛

按左氏趙鞅謂邯鄲午曰歸我衛貢五百家吾舍諸晉陽午許諾歸告其父兄皆不可趙孟怒遂殺午圍邯鄲午荀寅之甥荀寅士吉射之姻也而相與睦遂伐趙氏鞅奔晉陽晉人圍之趙鞅之入拒范中行也而直書曰叛何也人臣專土與君爲市則是簒弑之階堅冰之戒豈無以有已之義乎後世大臣有因於讒間遷延居

外不敢釋其卒以憂死者亦未明人臣之義故爾故直書入于晉陽以叛入者不順之詞叛者不赦之罪

冬晉荀寅士吉射入于朝歌以叛

按左氏知文韓簡魏襄子與荀寅范吉射相惡將逐荀范言於晉侯曰君命大臣始禍者死載書在河今三臣始禍而獨逐鞅刑不均矣請皆逐之遂奉公以伐二子二子敗奔朝歌晉主夏盟威服天下及大夫專政賄賂公行内外離析示威平丘而齊叛辭請召陵而蔡叛盟于沙鹹而鄭叛次于五氏而衛叛涖于鄭會于夾谷歃于黃而魯叛諸侯叛于外大夫叛于内故奔于晉陽而趙鞅叛入于朝歌而荀寅與士吉射叛以晉國之大天下莫強焉邦分崩而不能守也春秋於晉事或略而不序或賤而稱人或書侵以陋之責亦備矣至是三卿内叛直書于策見其効也故臧哀伯曰國家之敗由官邪也官之失德寵賂彰也晉卿始禍緣衛貢也樂祁見執獻楊楯也蔡侯從吴荀寅貨也昭公弗納范鞅賂也而晉室

自是不復能主盟矣故爲國以義不以利春秋之大法在焉見諸行事亦可謂深切著明矣

晉趙鞅歸于晉

按左氏荀范奔朝歌韓魏以趙氏爲請鞅入于絳盟于公宫然則書歸者易詞也韓魏爲之請晉侯許之復而寅與吉射去國出奔則無有難之者故其歸爲易矣三子之叛其罪一也鞅以有援故得復寅吉射以無助故終叛春秋書鞅歸于晉非與之也以罪晉侯縱失有罪無政刑耳叛逆人臣之大惡始禍晉國之載書既不能致辟于鞅奉行天討以警亂臣又亢不衷徇韓魏之請而許之復無政刑矣其能國乎先儒或謂言歸者以地正國也鞅取晉陽之甲以逐君側之惡人則其説誤矣以地正國而可是人主可得而脅人臣擅興無罪以兵諫者真愛其君也使後世賊臣稱兵向闕以誅君側爲名而實欲脅君取國者則此説啓之也大失春秋之意矣

薛弑其君比

稱國以弑者當國大臣之罪也孫復以爲舉國之衆皆可誅非矣三晉有國半天下若皆可誅刀鋸不亦濫乎潁川常秩曰孫復之於春秋動輒有罪蓋商鞅之法耳棄灰於道者有誅步過六尺者有罰其不即人心遠矣王回以是尚秩此善議復者

十有四年春衛公叔戍來奔衛趙陽出奔宋

公叔戍將去南子之黨夫人愬曰戍將爲亂故公叔來奔趙陽北宮結皆戍黨也故亦出奔而靈公無道不能正家以喪其大臣之罪著矣戍又以富見惡於衛侯夫富者怨之府也使戍積而能散以財發身不爲貪人之所怨於以保其爵位儻庶幾乎

二月辛巳楚公子結陳公孫佗人帥師滅頓以頓子牂歸夏衛北宮結來奔五月於越敗吴於檇李吴子光卒

按左氏吴伐越勾踐禦之患其整也使罪人三行屬劍於頸吴師屬目因伐之闔閭傷而卒書敗者詐戰也定公五年於越入吴至

是敗吴于檇李會黄池之歲越又入吴悉書于史以其告也哀之元年吴子敗越棲勾踐於會稽之上豈獨不告而史册不書疑仲尼削之也吴子光卒夫差使人立於庭苟出入必謂己曰而忘越王之殺而父乎則對曰唯不敢忘三年乃報越然則夫椒之戰復父讎也非報怨也春秋削而不書以爲常事也其旨微矣

公會齊侯衛侯于牽公至自會秋齊侯宋公會于洮天王使石尚來歸脤衛世子蒯聵出奔宋

世子國本也以寵南子故不能保世子而使之去國以欲殺南子故不能安其身至於出奔是輕宗廟社稷之所付託而恣行矣春秋兩著其罪故特書世子其義不繫於與蒯聵之世其國也而靈公無道不能正家以危其國本至使父子相殘毁滅天理之所由著矣

衛公孟彄出奔鄭宋公之弟辰自蕭來奔大蒐于比蒲邾子來會公城莒父及霄

十有五年春王正月邾子來朝鼷鼠食郊牛牛死改卜牛二月辛丑

楚子滅胡以胡子豹歸

按左氏吴之入楚胡子盡俘楚邑之近胡者楚既定又不事楚曰存亡有命事楚何爲爲是楚滅之夫滅人之國其罪大矣然胡子豹乘楚之約盡俘其邑之近胡者所謂國必自滅而後人滅之非滅之者獨有罪也國君造命不可委命者既以爲有命而又貪生忍辱不死于社稷則是不知命矣書以歸罪豹之不能死位而與歸也故楚子書爵而胡子豹名

夏五月辛亥郊壬申公薨于高寢鄭罕達帥師伐宋齊侯衛侯次于渠蒢邾子來奔喪秋七月壬申姒氏卒八月庚辰朔日有食之九月滕子來會葬丁巳葬我君定公雨不克葬戊午日下昃乃克葬辛巳葬定姒

公羊曰有子則廟廟則書葬曾子問並有喪則如之何子曰葬先輕而後重其奠也其虞也先重而後輕

冬〻城漆

春秋傳卷第二十九

哀公上

元年春王正月公即位楚子陳侯隨侯許男圍蔡

按左氏曰報栢舉也蔡人男女以辨使疆于江汝之間夫男女以辨則是降也疆于江汝則遷其國也而獨書圍蔡何也蔡嘗以吳師入郢昭王奔隨壞宗廟徙陳器撻平王之墓矣至是楚國復寧帥師圍蔡降其衆遷其國而春秋書之略者見蔡宜得報而楚子復讎之事可恕也聖人本無怨而怨出於不怨故議讎之輕重有至於不與共戴天者今楚人禍及宗廟辱逮父母若包羞忍恥而不能一洒之則不可以有立而天理滅矣故特書圍蔡而稱爵恕楚之罪詞也

鼷鼠食郊牛改卜牛夏四月辛巳郊

鼷鼠食郊牛改卜牛志不敬也夏四月郊書不時也四卜非禮五卜強也全曰牲傷曰牛巳牛矣其尚卜免之何也嘗置之上帝矣

故卜而後免之不敢專也昔者周公郊祀后稷以配天此成王亮陰之時位冢宰攝國政行天子之事也魯何以得郊成王追念周公有大勳勞於天下而欲尊魯故賜以重祭得郊禘大雩然則可乎孔子曰魯之郊禘非禮也周公其衰矣欲尊魯而賜以人臣不得用之禮樂豈所以康周公也哉天子祭天地諸侯祭社稷大夫祭五祀庶人祭其祖此定理也今魯得郊以爲常事春秋欲削而不書則無以見其失禮盡書之乎則有不勝書者故聖人因其失禮之中又有失焉者則書于策所謂由性命而發言也聖人奚容心哉因事而書以誌其失爲後世戒其垂訓之義大矣

秋齊侯衛侯伐晋冬仲孫何忌帥師伐邾

二年春王二月季孫斯叔孫州仇仲孫何忌帥師伐邾取漷東田及沂西田癸巳叔孫州仇仲孫何忌及邾子盟于句繹

曷爲列書三卿哀公得國不張公室三卿並將魯衆悉行伐國取地以盟其君而已不與焉適越之辱兆矣定公之薨邾子來奔喪

事魯恭矣而不免於見伐徒自辱焉不知以禮爲國之故也邾在邦域之中不加矜恤而諸卿相繼伐之既取其田而又強與之盟不知以義睦鄰之故也故詳書以著其罪三人伐則曷爲二人盟盟者各盟其所得也莫強乎季孫何獨無得季氏四分公室有其二昭公伐意如叔孫氏救意如而昭公孫陽虎囚桓子孟孫氏救桓子而陽虎奔今得邾田蓋季氏以歸二家而不取也

夏四月丙子衛侯元卒滕子來朝晉趙鞅帥師納衛世子蒯聵于戚

世子不言納位其所固有國其所宜君謂之儲副則無所事乎納矣凡公子出奔復而得國者其順且易則曰歸有奉焉則曰自其難也則曰入不稱納矣況世子哉今趙鞅帥師以蒯聵復國而書納者見蒯聵無道爲國人之所不受也國人不受而稱世子者罪衛人之拒之也所以然者緣蒯聵出奔靈公未嘗有命廢之而立他子及公之卒大臣又未嘗謀於國人數聵之罪選公子之賢者以主其國乃從輒之所欲而君之以子拒父此其所以稱世子也

人莫不愛其親而忘於殺莫不敬其父而忘其喪莫不慈其子欲其子之富且貴也而奪其位蒯聵之於天理逆矣何疑於廢黜然父雖不父子不可以不子輒乃據國而與之爭可乎故特係納衛世子蒯聵于戚於趙鞅帥師之下而鞅不知義靈公與衛國大臣不能早正國家之本以致禍亂其罪皆見矣

秋八月甲戌晉趙鞅帥師及鄭罕達帥師戰于鐵鄭師敗績冬十月葬衛靈公十有一月蔡遷于州來蔡殺其大夫公子駟

州來吳所滅也蔡雖請遷于吳而中悔吳人如蔡納聘而師畢入蔡侯告大夫殺公子駟以說哭而遷墓如此則實吳人之所遷也而經以自遷爲文何也楚既降蔡使疆于江汝蔡人聽命而還師矣復倍楚請遷于吳而又自悔也其謀之不臧甚矣夫遷國大事也盤庚五遷利害甚明衆猶胥怨不適有居至於丁寧反復播告之修而後定也今蔡介于吳楚二大國之間倍楚誑吳及其事急又委罪於執政其誰之咎也故經以自遷爲文而殺公子駟則書

大夫而稱國言君與用事大臣擅殺之也故公孫獵則書大夫而稱人言國亂無政衆人擅放之也駟與獵其以請遷于吴爲非者乎而委之罪以説誰敢復有盡忠而與謀其國者哉

三年春齊國夏衛石曼姑帥師圍戚

按左氏靈公遊于郊公子郢御公曰余無子將立汝對曰郢不足以辱社稷君其改圖君夫人在堂三揖在下君命祗辱靈公卒夫人曰命公子郢爲太子君命也對曰郢異於他子且君没於吾手若有郢必聞且亡人之子輒在乃立輒以拒蒯聵蒯聵前稱世子者所以深罪輒之見立不辭而拒其父也輒若可立則蒯聵爲未絶未絶則是世子尚存而可以拒乎主兵者衛也何以序齊爲首罪齊人與衛之爲惡而黨之也公孫文仲主兵伐鄭而序宋爲首以誅殤公石曼姑主兵圍戚而序齊爲首以誅國夏訓天下後世討亂臣賊子之法也古者孫從祖又孫氏王父之字考於廟制昭常爲昭穆常爲穆不以父命辭王父命禮也輒雖由嫡孫得立然

非有靈公之命安得云受之王父辭父命哉故冉有謂子貢曰夫子爲衛君乎子貢曰諾吾將問之入曰伯夷叔齊何人也曰古之賢人也怨乎曰求仁而得仁又何怨出曰夫子不爲也伯夷以父命爲尊而讓其弟叔齊以天倫爲重而讓其兄仲尼以爲求仁而得仁者也然則爲輒者柰何宜辭於國曰若以父爲有罪將從王父之命則有社稷之鎮公子在我焉得爲君以爲無罪則國乃世子之所有也天下豈有無父之國哉而使我立乎其位如此則言順而事成矣是故輒辭其位以避父則衛之臣子拒蒯聵而輔之可也輒利其位以拒父則衛之臣子舍爵禄而去之可也烏有父不慈子不孝爭利其國滅天理而可爲者乎

夏四月甲午地震五月辛卯桓宫僖宫災

桓僖親盡矣其宫何以存季氏者出於桓立於僖世專魯國之政其諸以是爲悦而不毁歟何以不稱及等也稱及則祖有尊卑矣或謂祖有功宗有德所以勸也則如之何曰孝子慈孫事其祖考

仁也或七廟或五廟自是以襃禮也奚問其功德之有無也必若此言是子孫得選擇其祖宗而尊事之矣豈理也哉

季孫斯叔孫州仇帥師城啓陽宋樂髡帥師伐曹秋七月丙子季孫斯卒蔡人放其大夫公孫獵于吴冬十月癸卯秦伯卒叔孫州仇仲孫何忌帥師圍邾

四年春王二月庚戌盜殺蔡侯申

按左氏蔡侯將如吴諸大夫恐其又遷也公孫翩逐而射之卒然則翩非微者其以盜稱何也蔡侯倍楚誑吴又委罪於執政其誅國如是則信義俱亡禮文並棄無以守身而自衛夫人得而害之矣故變文書盜以警有國之君也翩弑君而略其名氏姓與賤皆翩之黨稱國以殺而不去其官者二公孫蓋嘗謀國不使其君至於是而弗見庸者也故書法如此而惑者以翩非微者而稱盜爲轍以謂求名而不得非矣天下豈有欲求弑君之名春秋又惜此名而不與者哉

蔡公孫辰出奔吳葬秦惠公宋人執小邾子夏蔡殺其大夫公孫姓
公孫霍晉人執戎蠻子赤歸于楚
楚圍蠻氏蠻子赤奔晉楚謂晉曰晉楚有盟好惡同之若將不廢
則寡人之願也不然將通於少習以聽命趙鞅曰晉國未寧安能
惡楚必速與之乃詐執蠻子以畀楚師其曰晉人云者罪之也蠻
子赤何以名夷狄也無罪見執亦書名外之也文公執曹伯則曰
畀宋人今此曷云歸于楚歸于楚者猶曰京師楚也晉主夏盟爲
日久矣不競至此春秋所惡
城西郛六月辛丑亳社災秋八月甲寅滕子結卒冬十有二月葬蔡
昭公葬滕頃公
五年春城毗夏齊侯伐宋晉趙鞅帥師伐衛秋九月癸酉齊侯杵臼
卒冬叔還如齊閏月葬齊景公
六年春城邾瑕晉趙鞅帥師伐鮮虞吳伐陳夏齊國夏及高張來奔
叔還會吳于柤秋七月庚寅楚子軫卒齊陽生入于齊齊陳乞弒其

君荼

陽生曷爲不稱公子非先君之子也爲人子者無以有已則以父毋之心爲心者景公命荼世其國已則奪荼而自立是自絕於先君豈復得爲先君之子也不稱公子誅不子也陽生不子則曷爲繫之齊春秋端本之書也正其本則事理陽生之不子也其誰使之然也不有廢長立少以啓亂者乎故齊景問政於孔子孔子對曰君君臣臣父父子子君不君則臣不臣父不父則子不子以陽生繫之齊著亂之所由生也然而弒荼者陽生與朱毛也曷爲書陳乞初景公謂陳乞吾欲立荼如何對曰所樂乎爲君者欲立則立之不欲立則不立也君如欲立則臣請立之陽生謂乞曰吾聞子蓋將不欲立我也對曰千乘之主將廢正而立不正必殺正者吾不立子者所以生子也與之玉節而走之魯景公死荼立陳乞使人迎陽生寘諸家召諸大夫而示之曰此君也諸大夫知乞有備不得已逡巡北面再拜而君之尔故里克中立不免殺身之刑

陳乞獻諛終被弑君之罪是皆不明春秋之義陷於大惡而不知者也

冬仲孫何忌帥師伐邾宋向巢帥師伐曹

七年春宋皇瑗帥師侵鄭晉魏曼多帥師侵衛夏公會吳于鄫秋公伐邾八月己酉入邾以邾子益來

春秋隱君之惡故滅國書取婉以成章而不失其實也恃強陵弱無故伐人而入其國處其宫晝夜掠以其君來獻于亳社囚于負瑕此天下之惡也吴師爲是克東陽齊人爲是取吾二邑辱國亦甚矣何以備書于策而不諱乎聖人道隆而德大人之有惡務去之而不積也則不念其惡而進之矣以邾子益來惡也歸邾子益于邾是知其爲惡能去之而不積也故書以邾子來而不諱者欲見後書歸邾子之爲能去其惡而與之也聖人之情見矣明此然後可以操賞罰之權不明乎此以操賞罰之權而能濟者鮮矣

宋人圍曹冬鄭駟弘帥師救曹

春秋傳卷第三十

哀公下

八年春王正月宋公入曹以曹伯陽歸

此滅曹也曷為不言滅滅者亡國之善詞上下之同力也曹伯陽好田弋鄙人公孫彊獲白鴈獻之且言田弋之說因訪政事大說之彊言霸說於曹伯因背晉而奸宋宋人伐之晉人不救書宋公入曹以曹伯陽歸而削其見滅之實猶虞之亡書晉人執虞公而不言滅也春秋輕重之權衡故書法若此有國者妄聽辯言以亂舊政自取滅亡之禍可以鑒矣

吴伐我

吴為邾故興師伐魯兵加國都而盟于城下經書伐我不書四鄙及與吴盟者諱之也來戰于郎直書不諱盟于城下何諱之深也楚人圍宋易子而食析骸而爨亦云急矣欲盟城下則曰有以國斃不能從也晉師從齊齊侯致賂晉人不可國佐對曰子若不許

請合餘燼背城借一敝邑之幸亦云從也遂盟于爰婁而春秋與之今魯未及虧不能少待遂有城下之盟是棄國也夫棄國者其能國乎使有華元國佐之臣則不至此矣故春秋不言四鄙及與吴盟者欲見其實而深諱之以爲後世謀國之士不能以禮義自强偷生惜死至於侵削陵遲而不知耻者之戒也

夏齊人取讙及闡歸邾子益于邾秋七月冬十有二月癸亥杞伯過卒齊人歸讙及闡

按左氏邾子益齊出也魯以益來則齊人取讙及闡又如吴請師而怒猶未怠也以此見國君之造惡不悛則四鄰謀取其國家莫能保矣歸邾子益于邾則齊人歸讙及闡又辭師于吴而德猶未泯也以此見國君去惡而不積則四鄰不侵其封境而自安矣曰以曰取者逆詞也曰歸者順詞也去逆効順息諍休兵齊無取地之罪魯無失地之辱以此見遷善之優改過之大而春秋不諱入邾以邾子益來者以明歸益于邾之能掩其前惡而美之也

九年春王二月葬杞僖公宋皇瑗帥師取鄭師于雍丘夏楚人伐陳

秋宋公伐鄭冬十月

十年春王三月邾子益來奔公會吳伐齊三月戊戌齊侯陽生卒

按左氏公會吳伐齊齊人弒悼公赴于師春秋不著齊人弒君之罪而以卒書者亦猶鄭伯髡頑弒而書卒不忍以夷狄之民加中國之君也其存天理之意微矣魯人入邾以其君來罪也齊侯爲是取讙及闡如吳請師討之也魯人悔懼歸益于邾是知其罪而能改也齊侯爲是歸讙及闡又辭師于吳是變之正也夫變之正者禮義之所在中國之君也吳人欲遂前言而背違正理狄道也齊之臣子不能將順上及其君此天下大變常理之所無也故沒其見弒之禍而以卒書其旨深矣春秋弒君大惡不待貶絶而自見也君而見弒豈無不善之積以及其身乎若夫悼公變而克正則無不善之積矣故以卒書而沒其見弒所謂不忍以夷狄之民加中國之君也而存天理之意微矣

夏宋人伐鄭晉趙鞅帥師侵齊五月公至自伐齊葬齊悼公衛公孟彄自齊歸于衛薛伯夷卒秋葬薛惠公冬楚公子結帥師伐陳吳救陳

春秋惡首亂善解紛自誅亂臣討賊子之外凡書救者未有不善之也救在王室則罪諸侯子突救衛是也救在遠國則罪四鄰晉陽處父救江是也救在夷狄則罪中國楚公子貞救鄭狄救齊吳救陳是也吳雖蠻夷之國來會于戚則進而書人矣使季札聘則又進而書子矣救而果善曷爲獨以號舉而不進之也其以號舉而不進之者深著楚罪而傷中國之衰也陳者有虞之後嘗爲楚滅而僅存耳今又無故興師肆行侵伐而列國諸侯縱其暴橫不能修方伯連帥之職而吳能救之故獨以號舉深著楚罪而傷中國之衰也子欲居九夷乘桴浮海而曰夷狄之有君不如諸夏之亡也其書吳救陳之意乎

十有一年春齊國書帥師伐我

諸侯來伐無有不書四鄙者今齊師及清涉泗非有城下之盟可諱之辱亦書伐我何也傳說復于高宗曰惟甲冑起戎惟干戈省厥躬夫省厥躬者自反之謂也自反而縮則爲壯自反而不縮則爲老師之老壯在曲直曲直自我而不繫乎人者也邾子齊之甥魯嘗入邾以其君來齊人爲是取讙及闡請師于吳曲在我矣及歸邾益而齊人歸讙及闡又辭吳師直在齊矣魯人何名會吳伐之也故春秋之記斯師特曰伐我者欲省致師之由而躬自厚也垂訓之義大矣

夏陳轅頗出奔鄭五月公會吳伐齊甲戌齊國書帥師及吳戰于艾陵齊師敗績獲齊國書秋七月辛酉滕子虞毋卒冬十有一月葬滕隱公衛世叔齊出奔宋

十有二年春用田賦

哀公問於有若曰年饑用不足如之何有若對曰盍徹乎曰二吾猶不足如之何其徹也曰百姓足君孰與不足百姓不足君孰與

足古者公田什一助而不稅魯自宣公初稅畝後世遂以爲常而不復矣至是二猶不足故又以田賦也夫先王制土籍田以力而砥其遠邇賦里以入而量其有無里廛也謂商賈所居之區域令用田賦軍旅之征非矣田以出粟爲主而足食賦以出軍爲主而足兵周制宅不毛者有里布無職事者征夫家漆林之稅二十而五則強力薄征當以農民爲急而增賦竭作不使末業者獨幸而免也今二猶不足而用田賦是重困農民而削其本何以爲國書曰用田賦用者不宜用也近世議強商賈之征達於時政者欲先省國用首寬農民後及商賈知春秋譏田賦之意矣

夏五月甲辰孟子卒

孟子吳女昭公之夫人其曰孟子云者諱取同姓也禮取妻不取同姓買妾不知其姓則卜之厚男女之別也同姓從宗合族屬異姓主名治際會名著而男女有別矣四世而緦服窮也五世而袒免殺同姓也六世親屬竭矣其庶姓別於上戚單於下昏姻可以

通乎綴之以姓而弗別合之以食而弗殊雖百世而昏姻不通周道然也昭公不謹於禮欲結好强吳以去三家之權忍取同姓以混男女之別不命於天子以弱其配不見於廟不書於册以廢其常典禮之大本喪矣其失國也宜故陳司敗問昭公知禮乎子曰知禮子退揖巫馬期而進之曰吾聞君子不黨君子亦黨乎君娶於吳爲同姓謂之吳孟子君而知禮孰不知禮巫馬期以告子曰丘也幸苟有過人必知之書孟子卒雖曰爲君隱而實亦不可揜矣

公會吳于橐皋秋公會衛侯宋皇瑗于鄖宋向巢帥師伐鄭冬十有二月螽

十有三年春鄭罕達帥師取宋師于嵒夏許男成卒公會晉侯及吳子于黄池

黄池衛地其言及者會兩伯之詞也春秋内中國而外諸夏吳人主會其先晉紀常也春秋四夷雖大皆曰子吳僭王矣其稱子正

名也以會兩伯之詞而言及者先吳則拂經而失序列書則泯實而傳疑特書曰及順天地之經著盟會之實又以見夷狄之強而抑其横也定公以來晉失霸業不主夏盟夫差暴横勢傾上國自稱周室於已爲長蓋太伯之後以族屬言則伯父也而黄池之會聖人書法如此者訓後世治中國御四夷之道也明此義則知漢宣帝待單于位在諸侯王上蕭傳之議非矣唐高祖稱臣於突厥倚以爲助劉文靖之策失矣況於以父事之如石晉者將欲保國而免其侵暴可乎或曰苟不爲此至於亡國則如之何曰存亡者天也得失者人也不可逆者理也以人勝天則事有在我者矣必若顛倒冠履而得天下其能一朝居乎故春秋撥亂反正之書不可以廢焉者也

楚公子申帥師伐陳於越入吳

吳自柏舉以來憑陵中國黄池之會遂主夏盟可謂強矣而春秋繼書於越入吳所謂因事屬詞垂戒後世而見深切著明之義也

曾子曰戒之戒之出乎爾者反乎爾老氏曰佳兵不祥之器其事好還夫以力勝人者人亦以力勝之矣吳嘗破越遂有輕楚之心及其破楚又有驕齊之志既勝齊師復與晉人爭長自謂莫之敵也而越已入其國都矣吳侵中國而越滅之越又不監而楚滅之楚又不監而秦滅之秦又不監而漢滅之老氏曾子其言豈欺也哉春秋初書於越入吳在柏舉之後再書於越入吳在黃池之後皆因事屬詞垂戒後世不待貶絕而見深切著明之義也而可發乎

秋公至自會晉魏曼多帥師侵衛葬許元公九月螽冬十有一月有星孛于東方盜殺陳夏區夫十有二月螽

十有四年春西狩獲麟

河出圖洛出書而八卦畫簫韶作春秋成而鳳麟至事應雖殊其理一也易曰大人者先天而天弗違後天而奉天時舜孔子先天者也先天而天弗違志壹之動氣也伏羲氏後天者也後天而奉

天時氣壹之動志也有見乎此者則曰文成而麟至無見乎此以爲妖妄而近誣周南關雎之化王者之風而麟之趾關雎之應也召南鵲巢之德先公之教而騶虞鵲巢之應也世衰道微暴行交作臣弒其君者有之子弒其父者有之夫子爲是作春秋明王道正人倫氣志天人交相感勝之際深矣制作文成而麟至宜矣商王恭默思道帝賚良弼得於傅巖周公欲以身代其兄植璧秉圭而武王疾愈啓金縢之策天乃反風出罪己之言熒惑退舍至於勇夫志士精誠所格上致日星之應召物產之祥蓋有之矣況聖人之心感物而動見於行事以遺天下與來世哉簫韶九奏鳳儀于庭魯史成經麟出于野亦常理爾詩以正情書以制事禮以成行樂以養和易以明變垂教亦備矣則曷爲作春秋子曰我欲載之空言不如見之於行事之深切著明也知我者其惟春秋乎何以約乎魯史子曰我欲觀夏道是故之杞而不足徵也我欲觀殷道是故之宋而不足徵也我欲觀周道幽厲傷之吾舍魯何適矣

無所承者可也然亂倫失正則天王所當治聖人恐此義未明又於衛侯朔發之朔殺伋壽受其父宣公之命嘗有國矣然四國納之則貶王人拒之則褒於以見雖有父命而亂倫失正者王法所宜絶也由此推之王命重矣雖重天王之命若非制命以義亦將壅而不行故魯武公以括與戲見宣王王欲立戲仲山甫不可王卒立之魯人殺戲立括之子諸侯由是不睦聖人以此義非盡倫者不能斷也又特於首止之盟發之夫以王世子而出會諸侯以列國諸侯而上與王世子會此例之變也而春秋許之鄭伯奉承王命不與是盟此禮之常也而春秋逃之所以然者主將以愛易儲貳桓公糾合諸侯仗正道以翼世子使國本不揺而天下之為父子者定所謂一匡天下民到于今受其賜者也至是變而之正以大義為主而崇高之勢不與焉然後即位謹始之義終矣萬世之大倫正矣故曰春秋之法大居正非聖人莫能修之謂此類爾

敘傳授

傳春秋者三家左氏敘事見本末公羊穀梁詞辨而義精學經以傳爲按則當閱左氏玩詞以義爲主則當習公穀如載惠公元妃繼室及仲子之歸于魯即隱公兄弟嫡庶之辨攝讓之實可按而知也當閱左氏謂此類也若夫來賵仲子以爲豫凶事則誣矣王正月之爲大一統及我欲之暨不得已也當習公羊氏謂此類也若夫母以子貴媵妾許稱夫人則亂矣段弟也弗謂弟公子也弗謂公子賤段而甚鄭伯之處心積慮成於殺也當習穀梁氏謂此類也若夫曲生條例以大夫日卒爲正則鑿矣萬物紛錯懸諸天衆言淆亂折諸聖要在反求於心斷之以理精擇而慎取之則美玉之與武玞必有能辨之者自晉杜預范甯唐啖助趙匡此數子者用力甚勤時有所取雖造宮牆之側幾得其門而入要皆未見宗廟之美百官之富者也故不預七家之列七家所造固自有淺深獨程氏嘗爲之傳然其說甚略於意則引而不發欲使後學慎思明辨自得於耳目見聞之外者也故今所傳事按左氏義採公

羊穀梁之精者大綱本孟子而微詞多以程氏之説爲證云